经世济民

诚信服务

德法兼修

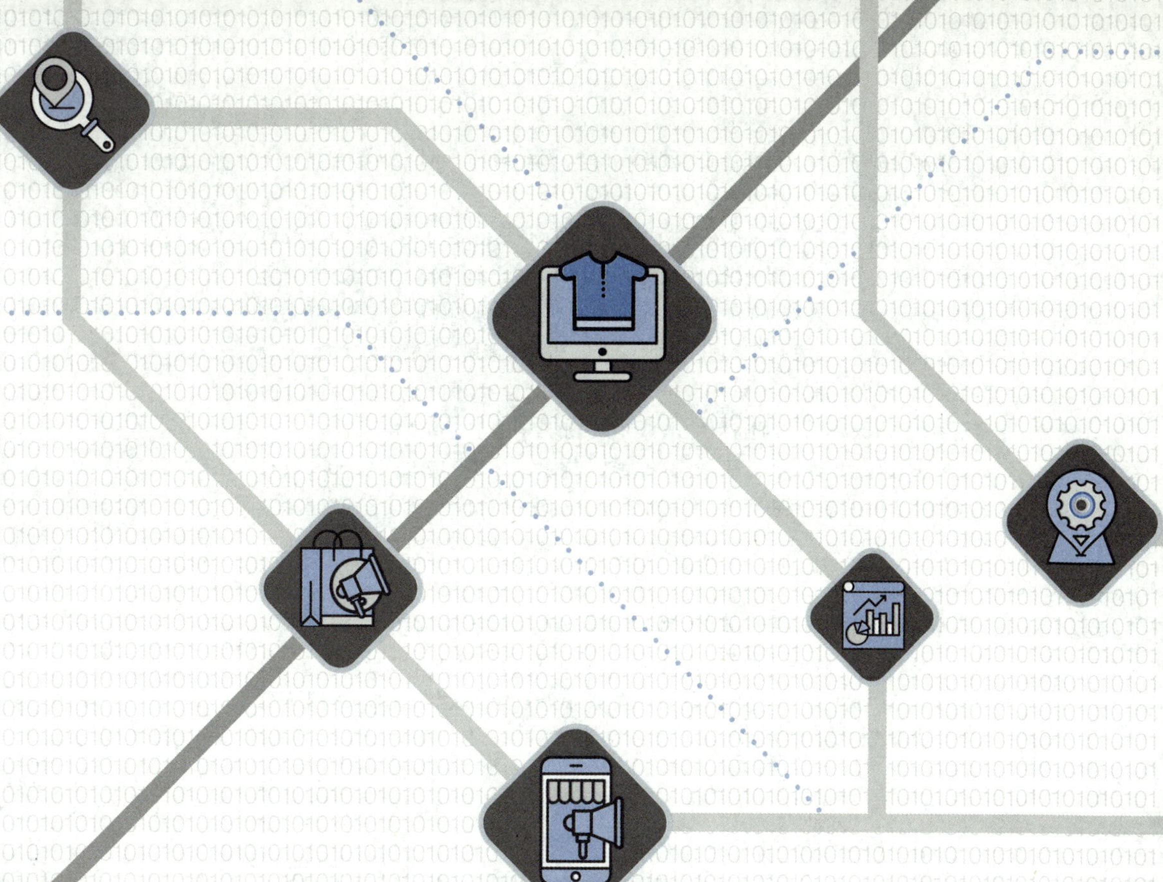

数字商贸“岗课赛证”融通新形态一体化教材

数字营销技术应用 1+X 证书制度系列教材

数字广告营销

——数字营销技术应用（中级）（第二版）

◆ 中教畅享科技股份有限公司 组织编写

◆ 主 编 徐汉文 全 盼

◆ 副主编 杨国良 刘 宁 孔 韬

中国教育出版传媒集团

高等教育出版社·北京

内容提要

本书是数字商贸“岗课赛证”融通新形态一体化教材，也是数字营销技术应用1+X证书制度系列教材之一。

本书依据《数字营销技术应用职业技能等级标准》（中级）编写，以企业的数字营销需求为导向，以提高目标受众的品牌认知为核心，将数字营销思维与新质生产力相结合，融入党的二十大与二十届三中全会精神，构建数字广告营销知识体系和技能体系。全书共五个项目，包括数字广告营销策划、搜索排名优化、搜索竞价营销、推荐引擎营销，以及数字广告效果分析与综合应用。全书结构清晰、内容新颖，“岗课赛证”融通特色突出，具有较强的实用性、创新性和前瞻性。

本书配有教学课件、习题答案等类型丰富的数字化教学资源，精选其中具有典型性和实用性的优质资源以二维码形式标注在教材边白处，供读者即扫即学。读者如需获取资源，请登录“高等教育出版社产品信息检索系统”（xuanshu.hep.com.cn）免费下载。

本书可以作为高等职业教育专科、本科院校和应用型本科院校市场营销、网络营销与直播电商、电子商务、连锁经营与管理等专业的教材，也可以作为数字营销技术应用职业技能等级证书的培训教材，还可以作为数字营销相关从业人员和社会人士的自学参考用书。

图书在版编目（CIP）数据

数字广告营销 : 数字营销技术应用 : 中级 / 中教畅享科技股份有限公司组织编写 ; 徐汉文，全盼主编. 2版. -- 北京 : 高等教育出版社，2025. 7. -- ISBN 978-7-04-063317-7

Ⅰ. F713.812；F713.365.2

中国国家版本馆CIP数据核字第20242FZ842号

数字广告营销——数字营销技术应用（中级）（第二版）
SHUZI GUANGGAO YINGXIAO——SHUZI YINGXIAO JISHU YINGYONG（ZHONGJI）

策划编辑 康 蓉　责任编辑 康 蓉　封面设计 赵 阳　版式设计 马 云
责任绘图 裴一丹　责任校对 陈 杨　责任印制 存 怡

出版发行 高等教育出版社
社　　址 北京市西城区德外大街4号
邮政编码 100120
印　　刷 中煤（北京）印务有限公司
开　　本 787mm×1092mm 1/16
印　　张 17.5
字　　数 400千字
购书热线 010-58581118
咨询电话 400-810-0598
网　　址 http://www.hep.edu.cn
　　　　 http://www.hep.com.cn
网上订购 http://www.hepmall.com.cn
　　　　 http://www.hepmall.com
　　　　 http://www.hepmall.cn
版　　次 2021年11月第1版
　　　　 2025年7月第2版
印　　次 2025年7月第1次印刷
定　　价 59.80元

物 料 号 63317-00

◆ 总序

2023 年 2 月，中共中央、国务院印发《数字中国建设整体布局规划》，明确了未来数字中国的建设目标和关键工作任务，并指出“建设数字中国是数字时代推进中国式现代化的重要引擎，是构筑国家竞争新优势的有力支撑。加快数字中国建设，对全面建设社会主义现代化国家、全面推进中华民族伟大复兴具有重要意义和深远影响。”

2024 年 7 月，党的二十届三中全会通过的《中共中央关于进一步全面深化改革、推进中国式现代化的决定》将“健全因地制宜发展新质生产力体制机制”和“健全促进实体经济和数字经济深度融合制度”作为“健全推动经济高质量发展体制机制”的前两项任务。发展新质生产力和实数深度融合成为推动经济高质量发展的新动能。

2025 年 4 月，习近平总书记在中共中央政治局第二十次集体学习时指出：“人工智能作为引领新一轮科技革命和产业变革的战略性技术，深刻改变人类生产生活方式”“要推动人工智能科技创新与产业创新深度融合，构建企业主导的产学研用协同创新体系，助力传统产业改造升级，开辟战略性新兴产业和未来产业发展新赛道”。新一代人工智能技术的快速演进为经济发展注入了更加鲜活的力量，同时也为产业优化升级、生产力整体跃升提供了重要的战略资源。

2024 年 4 月，商务部印发的《数字商务三年行动计划（2024—2026 年）》提出了发展目标：“到 2026 年底，商务各领域数字化、网络化、智能化、融合化水平显著提升，数字商务规模效益稳步增长，产业生态更加完善，应用场景不断丰富，国际合作持续拓展，支撑体系日益健全。”数字商务成为数字经济和新质生产力发展最迅速、创新最活跃、应用最丰富的重要组成。数字营销成为企业市场营销发展的最新趋势和必然选择。数字营销具有更快的传播速度、更精准的营销方式、更高的营销转化率。品牌通过数字营销，可以更精准地捕捉消费者行为，以更高的效率满足消费者需求，实现“品效双赢”。“针对数字化目标受众分析用户画像，进行人群洞察；针对品牌未知受众传播广告，塑造品牌认知；针对已知受众开展互动营销，形成品牌认同；针对交易人群激发行动，促成品牌认购”是数字经济时代营销人才的新定位，企业需要“善策划、会传播、精互动”的新型数字营销人才。

新的技术衍生出更复杂多变的营销策略，加剧了市场竞争的激烈程度，也蕴含了新的政策法规风险，这些变化对于数字营销人员而言既是机遇又是挑战。生成式人工智能技术发展日新月异，对包括数字营销在内的诸多行业产生了深刻影响。虽然许多数字营销操作已经可以被人工智能所取代，但营销渠道的选择、营销策略的制定、创意内容的确定等核心环节依然离不开“人”的决策。因此，数字化、智能化的高速发展对营销人员提出了更高的要求——要具备更加扎实的营销知识，并保持持续学习的能力，强化职业判断力，能够充分利用智能化工具创造更具有营销优势的内容，为企业提供更精准、更智能、更高效的营销支持。

职业教育作为教育强国建设中的“铜腰”，发挥着为现代化产业体系培育高技能人才、为新质生产力培养新型劳动者的重要作用。为了应对新技术、新产业、新业态和新模式下对营销人才的新要求，负责开发第四批职业技能等级证书“数字营销技术应用”的职业教育培训评价组织中教畅享科技股份有限公司依据行业发展情况，以实际岗位需求为导向，联合行业、企业、院校，组织有关专家在开发《数字营销技术应用职业技能等级标准》的基础上开发并将持续更新数字营销技术应用 1 + X 证书制度系列教材。本系列教材依据《数字营销技术应用职业技能等级标准》和《职业教育专业教学标准》（2025 年）编写，落实“X”证书对“1”的“强化、补充、拓展”的作用，有效实现了数字商贸“岗课赛证”融通综合育人。本系列教材共 3 本，《数字营销基础》及升版教材注重数字营销核心知识技能体系横向单元的构建；《数字互动营销——数字营销技术应用（初级）》《数字广告营销——数字营销技术应用（中级）》及升版教材的内容聚焦关键工作领域的典型工作任务，注重纵向单元的深入。本系列教材采用校企双元合作开发、项目导向、任务驱动、场景构建的方式，引导学习者解决不同场景下的数字营销实际问题，体现产教融合特色。

本系列教材自 2021 年 11 月出版以来，不仅推动了数字营销技术应用职业技能等级证书制度的落地实施，而且随着《职业教育专业简介（2022 年修订）》的发布，“数字营销基础”“数字互动营销”“数字广告营销”广泛进入中高职财经商贸类专业的专业核心课而深入课堂，受到广大职业院校的高度认可。为了保持教材的与时俱进，体现新技术、新工艺、新规范和新要求，编写团队融入了大数据、人工智能、新质生产力等新要素，对本系列教材进行了全面修订。

数字营销领域的技术发展日新月异，行业标准与规范也在发展中不断完善。本系列教材在编写过程中力求准确、完善，但书中难免存在疏漏与不足之处，恳请广大读者批评指正。本项目建设委员会将努力做好相关支撑服务工作，与广大院校一同努力，培养合格且与时俱进的数字营销人才。

数字营销技术应用职业技能等级证书
项目建设委员会
2025 年 5 月

第二版前言

数字经济支撑新质生产力的蓬勃发展，成为经济高质量发展的新引擎。数字商贸作为数字经济的重要支柱，正在引领现代商业变革的潮流，它利用大数据、云计算、人工智能等数字技术，实现商业活动的全面数字化和智能化。

习近平总书记在 2025 年 4 月 25 日的中共中央政治局第二十次集体学习时强调："坚持自立自强，突出应用导向，推动我国人工智能朝着有益、安全、公平方向健康有序发展。"数字营销是数字商贸的重要组成部分之一，它与人工智能等新一轮科技革命和产业变革的战略性技术结合，通过精准的数据分析和创新的营销手段为数字商贸提供强大的市场推广动力，不仅提升了企业的市场竞争力，而且推动了整个经济体系的数字化转型。

随着互联网、移动设备和大数据的普及，数字广告成为数字营销中的重要一环，并凭借着其覆盖面广、精准度高、成本较低等优势，全面改变了传统营销局面。数字广告通过搜索引擎、推荐引擎、社交媒体等数字媒体传播品牌信息，塑造品牌认知，并在大数据、人工智能技术的赋能之下，一方面助力企业更精准、更高效地提升品牌价值，进行品牌延伸；另一方面助力国家品牌强国战略，推动新质生产力的蓬勃发展。

随着《职业教育专业教学标准》(2025 年)的发布，广大高职院校开设了"数字广告营销"课程。本教材更加广泛地进入课堂并受到读者的好评。本次修订融入了具有时代特征的大数据技术、人工智能技术、新质生产力等，旨在培养与时俱进、掌握新时代营销工具的综合性营销人才。修订后的教材具有如下特色：

1. 落实立德树人根本任务，培养德才兼备的数字广告营销人才

本书以党的二十大和二十届三中全会精神为指导，落实立德树人根本任务，突出诚信、守法、爱岗、敬业等职业精神，努力实现全员育人、全程育人、全方位育人。通过增设素养目标和"博文约礼"栏目，挖掘育人元素，使学习者在学习数字广告营销核心知识与技能的同时，不断提高思想道德素养和职业素养，成为社会主义核心价值观的践行者和传播者。

2. 职业技能等级标准与专业教学标准双覆盖，体现数字经济时代特色

本书遵循"X"是"1"的"强化、补充、拓展"的基本原则，实现职业技能等级标准

与专业教学标准双覆盖，科学梳理出数字广告营销的核心知识点和技能点，补充数字经济时代的新技术、新工艺、新规范和新要求，紧跟科技发展的步伐，融入了大数据技术、新质生产力、人工智能技术、AIGC、智能搜索等新要素，帮助学生了解数字广告营销的前沿技术动态，掌握新型营销工具的使用方法，强化职业技能、知识和素养，拓展职业领域和职业能力。

3. 体现“岗课赛证”融通综合育人的职业教育类型特色

本书在编写过程中，突出了数字商贸“岗课赛证”融通综合育人理念，在对接岗位方面，根据数字广告营销岗位要求编写相关内容；在对接课程方面，坚持课程与教材同步建设的思路，全方位助力教师教学能力提升；在对接大赛方面，设置了“大赛直通车”栏目，使教材内容与市场营销赛项内容相结合；在对接证书方面，设置“1+X 证书知识训练”模块，深化证书理论知识的培养。

4. 理实一体，形式创新，构建新型活页式教材并配套开发数字化教学资源

本书采用理实一体化设计理念，每个任务都由“知识准备”和“任务演练”两大模块组成。采用新型活页式教材设计理念，可根据教学需要灵活组装项目、任务、任务演练和 1+X 证书知识训练，满足个性化教学需求，提高学习效率。同时，本书还配套开发了一系列数字化教学资源，包括教学课件、微课、习题答案等，提高学习的趣味性和便捷性。

本书由中教畅享科技股份有限公司组织编写，由徐汉文、全盼担任主编，由杨国良、刘宁、孔韬担任副主编。在本书的编写过程中，编写团队参阅了大量文献和报告，并得到了高等教育出版社的悉心指导和大力支持。在此，谨对各位专家、老师的辛勤工作表示衷心感谢！

由于数字广告营销涉及的内容具有较强的前瞻性和时效性，相关的营销策略、营销工具会随着时代的发展而不断更新，加之编写时间及作者水平有限，书中难免存在不足之处，恳请广大读者批评指正，以使本书日臻完善。

编者

2025 年 5 月

◆ 第一版前言

数字经济已成为中国经济发展的一种核心驱动力，有力推动了围绕数字化、产业化的变革升级。作为其中一环，数字营销是数字经济时代产业和商业模式升级的重要方向。数字广告是数字营销的重要组成部分，它以受众为中心进行信息传播，以数字媒体为传播载体和技术手段，已充分融入数字经济时代企业的营销体系。数字广告借助搜索引擎、推荐引擎、社交媒体等数字媒体传播品牌信息、塑造品牌认知，是企业摆脱产品同质化竞争，提高品牌价值，进行品牌延伸的重要手段。

《数字广告营销——数字营销技术应用（中级）》结合《数字营销技术应用职业技能等级标准》（中级）进行“岗课赛证”融通的一体化开发，为相关课程和对应的职业技能等级证书的学习和考核提供系统性的内容支撑。本书承接《数字营销基础》理论教材中的“数字广告营销”章节，立足关键项目，通过构建工作情境来解析典型工作任务中的业务逻辑和要点。全书包括数字广告营销策划、搜索排名优化、搜索竞价营销、推荐引擎营销、广告效果分析与综合应用 5 个项目。同时，本书精心设置了“行业洞察”“职场透视”“大赛直通车”“博文约礼”四个特色栏目，聚焦于与数字营销行业、岗位、职业技能大赛和职业素养相关的重要内容。

在本书创作过程中，编写团队调研了许多数字营销行业龙头企业主要岗位的职业技能要求，搜集并查阅了大量国内外文献资料，形成了如下鲜明特色。

1. 职业技能等级标准与专业教学标准衔接，实现双标准覆盖

本书内容依据《数字营销技术应用职业技能等级标准》（中级）开发，以职业能力需求为基础，由院校与企业共同组成创作团队，经过多次研讨、论证，最终编写而成。全书按照数字广告营销策划、不同广告方式的选择和具体策略实施、整体营销效果评估的数字营销逻辑，建立起数字广告营销的知识框架与技能体系，旨在促进从知识教学向技能教学、从理论教学向学习实践的转变。

2. 寓价值观引导于知识传授与能力培养之中

本书为项目任务式教材，设置知识、技能、素养三维学习目标，将价值观和职业素养培养融入各任务的知识准备和任务演练之中，设置“博文约礼”栏目，以此聚焦于数字营

销从业者需要遵守的相关法律法规，不仅引导学习者运用理论知识解决实际问题，而且注重提升学习者的职业素养和法治意识，将社会主义核心价值观的树立与践行贯穿始终。

3. 理实一体化设计，“岗课赛证”融通，职业教育类型特色鲜明

本书以理实一体化设计和“岗课赛证”融通的系统化实现方案来体现职业教育类型特色。每个任务均包含知识准备与任务演练两个相互关联的部分，立足课堂教学与学生实践，理实一体化设计核心知识技能体系。为了紧跟数字营销产业发展特点，融入行业人才需求和岗位技能要求，书中设置了特色栏目“行业洞察”和“职场透视”；为了对接高职市场营销职业技能大赛（数字营销）模块，围绕大赛的企业背景解读数字广告综合应用的要点，书中设置了“大赛直通车”栏目；为了满足 1 + X 证书考试需求，在本书各项目后均设置有 1 + X 证书知识训练。

4. 创新教材表现形式，构建新型活页式教材并配套开发数字化教学资源

本书采用新型活页式设计，可根据教学需要灵活组装项目、任务、任务演练和 1+X 证书知识训练，满足个性化教学需求。同时，本书建设有教学课件、任务工单、微课、动画、习题答案等类型丰富的数字化教学资源，精选其中具有典型性、实用性的优质资源和工作任务中的详细工单在教材中以二维码的方式进行了标注，供读者即扫即学。本书同步建设有在线开放课程，充分体现了数字技术对教育教学和 1 + X 证书学习评测的有力支撑。

本书由中教畅享科技股份有限公司组织编写，徐汉文、全盼担任主编，杨国良、刘宁、孔韬担任副主编。在本书的编写过程中，编写团队参阅了大量文献和报告，并得到高等教育出版社的悉心指导和大力支持，在此对各位专家、老师的辛勤工作表示衷心感谢！

由于数字营销与数字广告涉及的内容具有较强的前瞻性和时效性，加之编写时间及作者水平有限，书中难免存在不足之处，恳请广大读者批评指正，以使本书日臻完善。

编者

2021 年 11 月

◆ 目录

项目1

数字广告营销策划

学习目标

素养目标

- 树立公平竞争意识，努力营造公平竞争的数字营销环境，合法合规地获取、分析竞争对手数据
- 遵守法律法规，遵循公序良俗，注重数字广告营销内容价值导向的正确性，营造良好的网络生态环境
- 与时俱进了解新质生产力，了解数字营销的时代发展需求，树立人工智能应用思维
- 引导学生树立积极的职业心态和正确的职业价值观

知识目标

- 了解数字广告营销的市场分析维度和方法
- 了解数字广告营销确定目标的方法与营销指标
- 熟悉广告内容常见的表现形式、广告创意和落地页的策划方法
- 掌握数字广告账户搭建的原则与方法
- 掌握数字广告的投放时间、投放地域、预算设置的技巧

技能目标

- 能够结合营销市场分析的维度与方法，完成企业产品分析、目标受众分析和竞争对手分析
- 能够运用广告内容策划的技巧和方法，结合广告内容常见的表现形式，完成广告创意策划和落地页策划
- 能够根据广告策划的实施步骤，选择广告渠道、搭建广告账户、设置广告投放地域与投放时段

思维导图

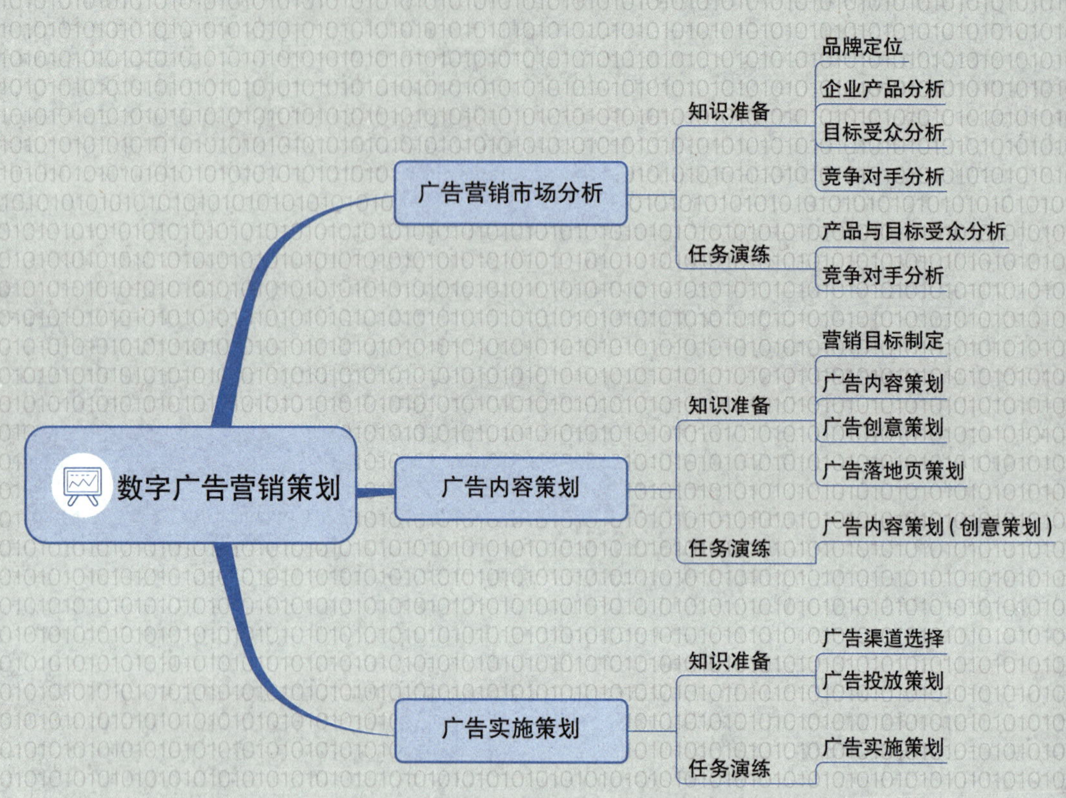

学习计划

素养提升计划

知识学习计划

技能训练计划

案例导入

AI 赋能，数字营销如何“拥抱”新质生产力

2024 年 1 月，中共中央政治局就扎实推进高质量发展进行第十一次集体学习。习近平总书记指出：“新质生产力是创新起主导作用，摆脱传统经济增长方式、生产力发展路径，具有高科技、高效能、高质量特征，符合新发展理念的先进生产力质态。”总书记还强调：“发展新质生产力是推动高质量发展的内在要求和重要着力点，必须继续做好创新这篇大文章，推动新质生产力加快发展。”

2024 年 3 月，政府工作报告提出：“大力推进现代化产业体系建设，加快发展新质生产力。”其中，在深入推进数字经济创新发展方面，提到深化大数据、人工智能等研发应用，开展“人工智能 +”行动。这是“人工智能 +”首次被写入政府工作报告，为人工智能产业发展再添了一把火。

如今，人工智能（AI）技术越来越成熟，应用领域也越来越宽，并逐渐从生活端走向了生产端。从技术特点来看，人工智能高度契合新质生产力“高科技、高效能、高质量”的特征，在带动传统产业转型升级的同时，也大大提升了信息服务业的水平——在人工智能技术的加持下，内容生成效率更高，更符合用户兴趣需求。

在数字营销中，人工智能可应用于以下场景：

1. 分析与预测

在营销和销售过程中，每时每刻都会产生大量数据，如广告流量数据、产品销量数据、产品评价数据等。营销人员可利用人工智能进行大数据分析，预测市场变化，明晰客户需求，优化营销活动。相比于传统的数据分析，人工智能技术通过先进的算法和模型进行深度挖掘，使数据分析更加高效、精准。

2. 内容生成

目前，新媒体平台上很多内容，都出自人工智能之手。比如，某饮料品牌利用人工智能和 3D 技术结合实拍，创作出一则短片，将世界名画融入广告剧情，展示了名画角色与该品牌饮料的互动场景；某品牌推出牛奶新包装，通过人工智能技术绘制了包装盒面的水墨画，表现出烟雨入江南的朦胧美感。

3. 广告投放自动化

人工智能驱动的智能投放体系，实现了营销信息的精准匹配与高效分发。首先，人工智能基于复杂的算法模型，识别最具影响力的传播渠道；其次，通过自然语言理解技术，确保营销诉求的准确传达；再次，利用图像识别和语义分析，实现快速而准确的内容审查；最后，通过智能竞价策略，结合机器学习预测模型，实时响应市场变化，自动调整竞价策略，确保广告曝光的最佳性价比。

4. 个性化营销与精准推送

人工智能可以根据用户的个人特征和偏好，实现个性化营销和精准推送。通过分析用户的浏览记录、购买历史、兴趣爱好、地理位置等数据，人工智能可以为用户推荐符合其需求的产品和服务，提高广告的点击率和转化率。

人工智能对数字营销的影响是深远的，并且在未来几年将变得更加显著。企业应以更加积极开放的心态迎接人工智能，“拥抱”新质生产力，实现数字营销的智能化，以提高企业的市场竞争力。

引思明理：

数字广告营销不仅是推动经济增长的关键引擎，而且是促进产业升级、品牌出海和文化传播的重要力量，为国家的经济繁荣和社会进步做出重要贡献。党的二十届三中全会关于全面深化改革提出了一系列新概念、新观点、新论断，如“未来产业”“数智技术”“生成式人工智能”等，国家正在大力推进新质生产力在多个行业的应用。人工智能等新技术在数字广告营销中的应用，包括生成创意丰富的广告内容、优化投放策略、精准匹配用户需求等，可显著提升数字广告营销的效果与效率，推动营销行业的持续创新与发展，助力实体经济与数字经济深度融合。

任务1.1
广告营销市场分析

◆ 任务描述

广告营销市场分析是企业开展数字广告营销活动的立足点和根本前提，只有深入细致地调查、研究、分析企业市场营销环境，才能准确、及时地把握目标受众需求与市场需求，认清本企业所处环境的优劣势，便于后期有针对性地开展数字广告营销活动，取长补短，达到更好的营销效果。

进行数字广告营销市场分析时必须具备品牌定位、产品分析、目标受众分析和竞争对手分析的能力。本任务的主要工作流程包括：

（1）根据企业发展情况和现状，梳理出品牌定位步骤；

（2）了解公司产品的价值与特点；

（3）跟踪、分析并把握市场与技术的发展趋势；

（4）进行市场热点及行业发展趋势调研，完成目标受众分析；

（5）对竞争对手或同类产品进行市场调研，完成竞争对手分析。

◆ 知识准备

1.1.1 品牌定位

品牌定位是企业在市场定位和产品定位的基础上，对特定的品牌在文化取向及个性差异上的商业性决策。它是建立一个与目标市场有关的品牌形象的过程和结果，即为某个特定品牌确定适当的市场位置，使商品在消费者心中占领一个特殊地位，以确保当某种需要突然产生时，人们会先想到这一品牌。总之，品牌定位重点聚焦品牌和目标受众的相关性，以及与竞争对手的差异性，其目的是将产品转化为品牌，以利于目标受众的正确认知。

动画：开展品牌定位

1. 品牌定位的步骤

（1）产品价值提炼与分析。品牌是产品的形象化身，产品是品牌的物质载体，两者必须和谐统一。通过提炼产品的核心价值，可以获得品牌的定位点。

（2）目标受众需求分析。品牌定位必须要针对目标受众，只有目标市场才是其特定的传播对象。只有深入了解目标受众，才能更有效地进行品牌定位。

（3）竞争对手定位分析。品牌定位的实质就是与竞争品牌相区别，以给消费者留下独特的印象，通过对比竞品，提炼出“人无我有”“人有我新”的核心竞争优势。例如，某主题乐园分析其他主题乐园后，提出自己的核心价值是“快乐的家庭娱乐”。

2. 多维度品牌定位

（1）利益维度品牌定位。利益维度品牌定位是根据产品所能为消费者提供的利益、解决问题的程度来定位。一般品牌产品会具有多重功效，定位时向顾客传达单一功效还是多种功效并没有定论。由于顾客能记住的信息是有限的，往往容易对某一强烈诉求产生较深的印象，因此，品牌向顾客承诺一个功效点的单一诉求时通常更能突出品牌个性，成功定位。

（2）情感维度品牌定位。情感维度品牌定位是将人类的爱情、关怀、牵挂、思念、温暖、怀旧等情感内涵融入品牌，使顾客在购买、使用产品的过程中获得这些情感体验，从而唤起顾客内心深处的认同和共鸣，最终收获对品牌的喜爱和忠诚。

（3）目标受众维度品牌定位。目标受众维度品牌定位直接以产品的目标受众为诉求对象，突出产品专为该类目标受众服务的特点，来获得目标受众群体的认同。把品牌与目标受众结合起来，有利于增强目标受众的归属感，使其产生“这是我自己的品牌”的感觉。

（4）竞争对手维度品牌定位。竞争对手维度品牌定位是指通过与竞争对手的客观比较来定位自己的品牌，也可称为排挤竞争对手的品牌定位。企业设法改变竞争对手在顾客心目中的现有形象，找出其缺点或弱点，与自己的品牌进行对比，从而确立自己的市场地位。

（5）文化维度品牌定位。文化维度品牌定位是将文化内涵融入品牌，形成文化上的品牌识别，大大提高品牌的品位，使品牌的形象更独具特色。例如，某医药保健品牌的 logo 是一幅“孝亲图”，弘扬孝敬父母的传统美德；上海民族乐器一厂的某乐器品牌将民族乐器制作与敦煌文化相融，定位于“国潮有韵”的民乐艺术。

（6）档次维度品牌定位。不同档次的品牌带给顾客不同的心理感受和体验。在实际操作中，常见的是高档次品牌定位策略。高档次品牌传达了产品高品质的信息，往往通过高价位来体现其价值，并被赋予很强的表现意义和象征意义。如飞亚达、海鸥表、依波表等品牌的手表表达的就是“高贵、成就、完美、优雅”的品牌形象，能给顾客高档次的精神体验。

（7）概念维度品牌定位。概念维度品牌定位就是使产品、品牌在顾客心中占据一个新的位置，形成一个新的概念，甚至造成一种思维定式，以获得顾客的认同，使顾客产生购买欲望。该类产品可以是老产品，也可以是新产品。例如，某功能饮料品牌定位在“能量与活力”，打出功能概念，不断传播“有能量，无限量”“我的能量，我的梦想”等品牌理念。

（8）企业理念维度品牌定位。企业理念维度品牌定位就是企业用自己具有鲜明特点的经营理念和企业精神作为品牌的定位诉求，体现企业的本质。一个企业如果具有正确的宗旨、良好的精神面貌和完善的经营哲学，那么，企业采用理念定位策略就容易树立起令公众产生好感的企业形象，借此提高品牌价值和品牌形象。例如，安踏的“永不止步”，招商银行的“因您而变”等，都是该维度的品牌定位。

（9）其他维度品牌定位。除了以上维度外，还可以利用比附定位、USP[①]定位、抢先定位、首席定位、质量 / 价格定位、自我表现定位、产品类别定位等多种维度、方法，定位品牌。

比附定位是指希望借助知名品牌的光环来提升本品牌的形象；USP定位是指在对产品和目标消费者进行研究的基础上寻找产品特点中最符合消费者需要，而竞争对手不具备的最为独特的部分；抢先定位是指发现并占领顾客心中一个富有价值却尚无人占据的区域，使其在受众心中占据重要位置；首席定位强调品牌在同行业或同类中的领导性、专业性地位和独到特色；质量 / 价格定位即企业将质量和价格结合起来，构筑品牌识别力，往往表现为宣传产品物美价廉和物超所值；自我表现定位是通过表现品牌的某种独特形象和内涵，让品牌成为顾客表达个人价值观、审美情趣、自我个性、生活品位、心理期待的一种载体和渠道，使顾客获得某种自我满足；产品类别定位是指与某些知名而又司空见惯的产品做出明显的区别，或将自己的品牌定位为与之不同的品类。

1.1.2 企业产品分析

产品是指提供给市场，被人们使用和消费，并能满足人们某种需求的任何商品，包括有形物品、无形服务、组织、观念或它们的组合。针对产品进行分析是数字广告营销活动的起点，产品分析主要是分析企业的产品结构，确定不同产品的生命周期和价值。通过产品分析，营销人员能够更了解产品的特点，有针对性地采取营销策略。

1. 产品结构分析

产品结构分析可以帮助企业了解现有产品的竞争实力，从而对不同竞争实力的产品做出营销策略的调整，利用企业营销资源，创造最大利益。通常可以采用波士顿矩阵法和三维空间图法分析产品结构。

（1）波士顿矩阵法。在波士顿矩阵中，将企业产品按照各自的销售增长率和市场占有率归入不同的象限（如图 1–1 所示），分别代表公司四种类型的产品。企业应根据产品特征及企业发展方向的差异，制定不同的广告营销策略。

（2）三维空间图法。在三维空间坐标上，X、Y、Z 三个坐标轴分别表示市场占有率、销售增长率，以及利润率，每一个坐标轴都分为高、低两段，这样就能得到八种可能的位置，如图 1–2 所示。

---

① USP是指 Unique Selling Proposition，意为独特销售主张。

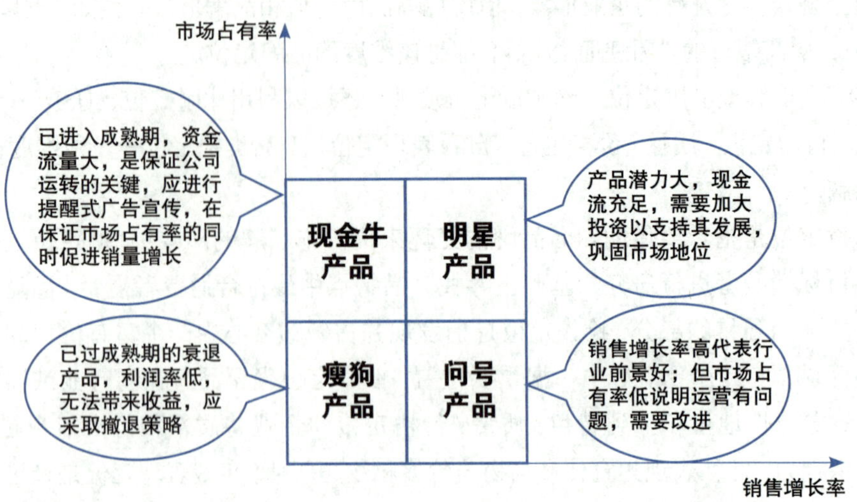

图1-1　采用波士顿矩阵法分析产品结构

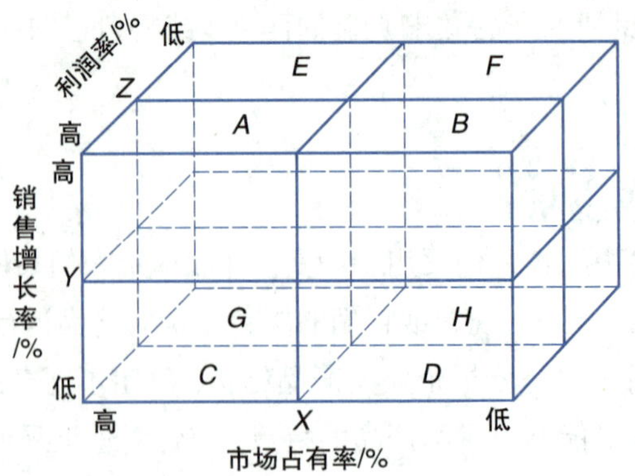

图1-2　三维空间图

企业应根据产品特征制定不同的广告营销策略。不同空间位置的产品特征和营销策略的制定如表 1-1 所示。

表1-1　不同空间位置的产品特征和营销策略的制定

空间位置	产品特征			策略
	市场占有率	销售增长率	利润率	
A	高	高	高	发展，通过数字广告增加销售量
B	低	高	高	发展，通过数字广告提高市场占有率
C	高	低	高	维持，通过数字广告和促销活动增加销售量
D	低	低	高	稳定，通过数字广告和促销活动提高市场占有率与销售量

续表

空间位置	产品特征			策略
	市场占有率	销售增长率	利润率	
E	高	高	低	提高利润率
F	低	高	低	降低成本，通过免费广告提高市场占有率和利润率
G	高	低	低	维持现有市场占有率
H	低	低	低	淘汰

2. 产品生命周期分析

产品生命周期是指某种产品从投入市场直到被市场淘汰的整个产品生命过程。依据产品的销售额、利润额的不同，产品生命周期可以分为导入期、成长期、成熟期和衰退期四个阶段，不同阶段的产品销售额与利润额呈现不同的特征，如图 1-3 所示。

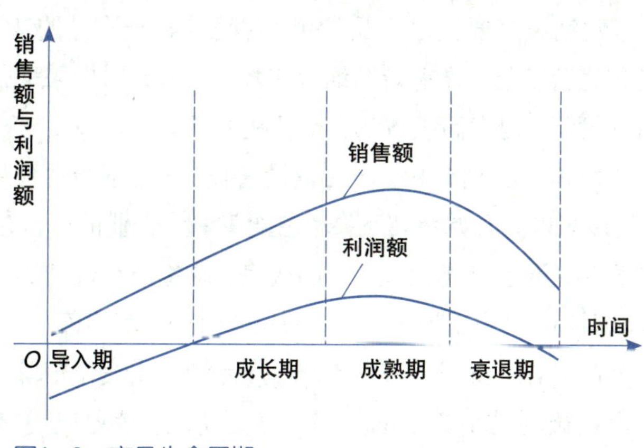

图1-3　产品生命周期

企业必须根据不同阶段的产品特征制定相适宜的广告营销策略，如表 1-2 所示。

表1-2　产品生命周期各阶段的广告营销策略

项目	导入期	成长期	成熟期	衰退期
市场占有率	不稳定	迅速增长	增长至最高点，逐渐下降	低
利润率	不稳定	迅速增长	增长至最高点，逐渐下降	下降，低或亏
销售增长率	不稳定	大于 10%	小于 10%	负值

续表

项目	导入期	成长期	成熟期	衰退期
策略重心	拓展市场	渗透市场	保持市场占有率	持续或退出
营销重点	产品认知	品牌偏好	品牌忠诚	品牌选择
营销目的	提高产品知名度	追求市场最大占有率	竞争，保护市场占有率及利润率	减少支出，增加利润回收，留住忠诚客户
广告策略	提高产品与品牌认知	突出产品特色	突出品牌差异及利益	提示老客户，促进二次销售

（1）导入期。产品是新进入市场的产品，消费者对产品不了解，产品销量小且不稳定，在此阶段，企业的广告营销策略要优先确保消费者知晓产品，快速扩大产品销量，加速提高企业产品的市场占有率，加快推进产品进入成长期。

（2）成长期。产品迅速被市场接受，消费者对新产品已熟悉，老客户会重复购买并带来新客户；销量激增，生产规模逐步扩大，产品成本逐渐降低，利润迅速上升。在此阶段，企业的广告营销策略要突出产品特色，尽可能延长产品的成长期。除此之外，企业要进一步改进和完善产品，寻求新的细分市场，在适当时期采取价格调整策略，同时加强对分销渠道的管理，建立高绩效的分销渠道体系。

（3）成熟期。市场需求达到饱和，产品销量增长缓慢，逐步达到最高峰，然后缓慢下降；销售利润达到最高点并开始缓慢下降。在此阶段，企业的广告营销策略应优先进行品牌差异及利益宣传，通过市场改良、产品改良、调整产品价格等方式，延长产品生命周期或促使其再度循环，巩固市场占有率，获取较大的市场份额，以便延长产品寿命。

（4）衰退期。产品老化，新产品进入市场，产品销量由缓慢下降变为迅速下降，销售利润大幅下降，呈现微利甚至负利的状态。在此阶段，企业应通过广告提示老客户购买，同时研究产品在市场上的真实地位，决定是否继续经营。企业应有计划、稳步地撤出老产品，同时有目的、有步骤地开发新产品。

3. 产品价值分析

企业在进行广告营销之前需要确定广告营销点，广告营销点的确定其实就是产品价值的确定。可以按照产品价值层次确定产品价值，如图 1-4 所示。

（1）核心产品价值层。核心产品价值层是指目标受众在购买产品或服务时所获得的能够解决问题的核心利益，即产品满足目标受众的基本功能或效用。例如，不同品牌的手机尽管有着各自不同的卖点，但其核心价值都是访问网络和语音通话。

（2）形式产品价值层。形式产品价值层是指产品得以实现的具体形式和外在特征，是产品的载体，是目标受众识别和选择的主要依据。有形产品由质量水平、特色、款式、品牌名称、包装等构成；服务类产品则由服务的程序、人员、地点、时间和品牌等构成。例如，餐饮行业的形式产品价值应包括菜品、味道、服务速度和质量、气氛、地点，以及价格等。

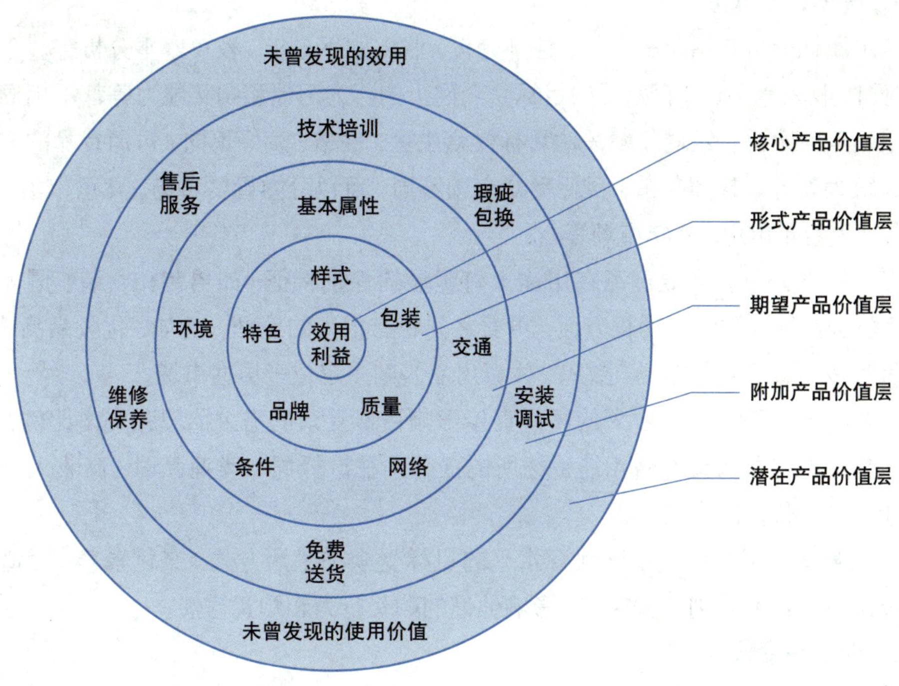

图1-4　产品价值层次

(3) 期望产品价值层。不同的消费环境中目标受众预期获得的期望产品不同，期望产品价值层是指目标受众在购买产品时期望得到的与产品密切相关的一系列基本属性和条件。例如，酒店住宿人员希望房间清洁、环境安静、服务周到、交通便利、网络通畅等。

(4) 附加产品价值层。附加产品价值层是指企业提供产品时增加的目标受众希望得到的附加服务和利益，主要是指售前、售中、售后为客户提供的各种服务。例如，目标受众购买家电产品，希望获得产品知识介绍、送货上门、安装调试、技术指导和维修等附加服务。

(5) 潜在产品价值层。潜在产品价值层是指现有产品包括所有附加产品在内的、未来可能发展出现的潜在状态的产品，包括现有产品的所有延伸和演进部分。例如，现在一般酒店均配置有加大、加床的家庭房，未来还可能会出现全套的家庭式房间。

确定产品价值后，可以根据目标受众的需求，结合不同层次的产品价值，确定产品的营销点。例如，目标受众注重产品的附加价值，产品营销点可以从提供的售前、售中、售后服务入手介绍产品。

1.1.3　目标受众分析

向正确的人推送正确的信息才能达成广告营销的目的。目标受众的基础属性、地域因素、兴趣偏好、消费心理、消费频率、购买来源等信息都是决定营销效果的关键。要设计出优质的营销策略，就必须以目标受众分析为前提，可以从以下几个方面分析目标受众。

1. 基本属性分析

基本属性分析包括年龄分析、性别分析、收入水平分析、教育水平分析等。不同年龄、性别、收入水平、教育水平的目标受众网上的行为习惯和购买能力等都不相同。

（1）年龄分析。不同年龄段的目标受众生理、性格、爱好不同，对消费品的需求往往存在很大差异。按照年龄，目标受众市场不同，可以分为母婴市场、儿童市场、青少年市场、中老年市场、老年市场等。

（2）性别分析。多数产品在用途上有明显的性别特征，如男装和女装、男表与女表，而在购买行为和购买动机方面，男女之间也有很大的差异。例如，化妆品品牌、零食品牌等多定位于女性市场，数码、体育用品等则多定位于男性市场。

（3）收入水平分析。收入的高低直接影响目标受众的需求欲望和支出比例，笼统来说，主要表现为购买价格和消费场所的区分。在选择同一类商品时，高收入群体更有可能选择高价位的产品。

（4）教育水平分析。不同教育水平的目标受众在生活方式、文化素养、价值观念等方面都会有很大差别，这会直接影响他们的购买行为和购买习惯。

2. 地域因素分析

地域因素分析包括地理位置分析和地理环境分析。不同地理位置和地理环境下的目标受众在消费需求上也会有诸多区别。

（1）地理位置分析。地理位置不同，目标受众的需求也存在较大差异。例如，同样是选购自行车，城市居民喜欢样式新颖的轻便车，而农村居民喜欢坚固的耐用车。

（2）地理环境分析。不同地理环境下的消费群体对防暑降温、御寒保暖等不同的产品有不同的需求。例如，南方城市空气湿润，目标受众对洗烘一体洗衣机的需求大于北方；而北方城市空气干燥，目标受众对加湿器的需求大于南方。

3. 心理因素分析

心理因素分析包括性格分析和购买动机分析，目标受众心理不同，产品购买偏好不同。

（1）性格分析。性格不同的目标受众需求也不相同。例如，性格外向、容易冲动的目标受众往往喜欢表现自己，因而他们喜欢购买能够表现自己个性的产品；性格内向、保守的目标受众则喜欢大众化产品，购买的产品偏向于朴实平常的商品。

（2）购买动机分析。购买动机是指为了满足一定需要而引起购买行为的欲望或意念。目标受众购买产品主要有求实、求廉、求新、求美等动机。例如，有的人购买服装更侧重于材质，是求实动机；有的人则会更侧重于款式，是求美动机。

4. 行为因素分析

行为因素分析包括购买时间分析和购买频率分析，目标受众行为因素影响企业营销策略的制定。

（1）购买时间分析。许多产品的消费具有时间性，企业可以根据产品的购买时间，在适当的时候加大促销力度，采取优惠价格以促进产品销售。例如，烟花爆竹的购买主要在春节期间，月饼的购买主要在中秋节以前；再如，旅游景点在旅游旺季生意最兴隆，可在旺季加大广告投放。

（2）购买频率分析。购买频率大多对应商品的消耗速度，如果确定了商品的消耗速度，就可以制定出更合理的营销频率。不同人群对于同类商品的消耗速度也有明显区分。例如，儿童牙膏消耗与成人牙膏消耗的频率不同，冬季服装更换与夏季服装更换的频率不同，男装消费频率与女装消费频率不同，等等。

1.1.4 竞争对手分析

竞争对手分析包括定位竞争对手和分析竞争对手两部分。在分析竞争对手时，要对其级别和策略进行研究。

1. 定位竞争对手

定位竞争对手有助于深入了解对手，洞悉对手的市场策略，有针对性地调整己方营销策略。竞争对手既包括基于产品视角的竞争对手，也包括基于受众需求视角的竞争对手。

以某彩电生产企业为例，基于产品视角可以确定创维、长虹等国内彩电企业作为直接竞争对手。基于受众需求视角主要考虑替代性产品竞争对手和跨界性竞争对手。例如，智能手机、平板和计算机的网络视频平台可能成为彩电的替代品，是替代性竞争对手；小米、华为开始进入电视领域并推出了各种互联网电视，它们以低于传统电视企业的价格进行市场销售，是跨界性竞争对手，如表 1–3 所示。

表1–3 某彩电生产企业需要关注的竞争对手

竞争对手	分类	举例
基于产品视角	直接竞争对手	创维、长虹
基于受众需求视角	替代性竞争对手	网络视频平台
	跨界性竞争对手	小米、华为

2. 分析竞争对手

（1）竞争对手级别分类。通过评估竞争对手的实力，可以把竞争对手划分为五个级别，如表 1–4 所示。

表1–4 不同级别的竞争对手

分级	标准	特点	关注程度
第一级别	行业领先	是同行学习和追赶的目标	高

续表

分级	标准	特点	关注程度
第二级别	实力相当	行业中强劲的对手，相互竞争大	高
第三级别	实力略弱	把同行视作追赶的目标	较高
第四级别	实力最弱	竞争力较小，不构成威胁的对手	低
第五级别	行业新秀	有可能是黑马，迅速进入行业前列	较高

了解竞争对手的实力与地位决定了采取何种营销手段。行业领先的竞争对手是学习和模仿的对象；而实力相当或实力略弱的竞争对手则是重点关注的对象，因为企业很有可能在短期内被它们赶上或是超越；实力最弱的竞争对手只需要偶尔关注一下即可；行业新秀在起步阶段也是要重点关心的，因为行业新秀很可能就是市场上的一匹黑马，直接进入第二级别或者第三级别。

(2) 竞争对手营销策略分析。确定竞争对手并了解竞争对手的实力之后，可以详细分析竞争对手的广告策略，通常可以从渠道选择、推广时段、推广地域、创意与落地页四个维度分析。

① 渠道选择。从不同广告渠道查找竞争对手的广告，分析竞争对手的广告投放渠道，再根据具体广告渠道进行具体分析。

② 推广时段。每个时间段的竞争力度不一样，流量也有所区别，流量的不同直接反映了竞争对手广告投放力度的不同。例如，在分析竞争对手的搜索竞价营销策略时，可以通过搜索重点关键词记录排名的形式收集不同时间段内对手营销策略的调整动向。

③ 推广地域。如果是实体店，大多以本地域为主进行推广。如果是招商加盟类店铺，则推广区域比较大，甚至会在全国推广，这说明其整体规模和体量比较大。可以根据竞争对手的投放地区确定自己的投放方向。

④ 创意与落地页分析。创意在数字广告营销中一般指在媒体平台上第一时间展示给目标受众的广告内容。落地页也称着陆页，在数字广告营销中一般指目标受众点击广告或搜索结果后访问的页面。如果竞争对手更新了一条创意，就需要分析这条创意主要表达的内容和撰写的方式。此外，还要分析创意下的流量承载落地页，包括落地页的形式、风格及其所包含的内容。

(3) SWOT 分析。SWOT 分析是指基于内外部竞争环境和竞争条件，将与企业密切相关的各种主要内部优势、劣势和外部机会、威胁等依照矩阵形式排列，然后用系统分析的思想，把各种因素相互匹配起来加以分析的方法。

① 优势与劣势分析。优势与劣势分析主要用来分析内部环境条件。在做优劣势分析时，必须在整个价值链的每个环节上，将企业与竞争对手进行详细对比。例如，分析产品是否新颖，制造工艺是否复杂，以及价格是否具有竞争性，品牌知名度高低，广告

渠道是否畅通，现有广告市场占有率与竞争力如何等。

② 机会与威胁分析。机会与威胁分析主要用来分析外部环境条件。威胁指的是环境中一种不利的发展趋势所形成的挑战，如果不采取果断的战略行为，这种不利趋势将削弱公司的竞争地位，如因政治环境发生变化导致目标受众需求改变、原料短缺、成本增加等。环境机会就是对公司行为具有吸引力的领域，如公司新技术生产的产品更加符合目标受众需求；竞争对手广告实力下降，企业广告市场有望快速突破等。

博文约礼

公平竞争

在分析竞争对手的过程中，要寻求公平而诚实的方法超越竞争对手，要通过卓越的表现而非不道德或非法的商业行为寻求竞争优势，要尊重并公平对待竞争对手。在竞争过程中，不可以通过操纵、隐藏、滥用特权信息，误传重大事实或其他非法交易行为向他人获取不合理的利益。

根据《中华人民共和国反不正当竞争法》第九条的规定，经营者不得实施下列侵犯商业秘密的行为：

（一）以盗窃、贿赂、欺诈、胁迫、电子侵入或者其他不正当手段获取权利人的商业秘密；

（二）披露、使用或者允许他人使用以前项手段获取的权利人的商业秘密；

（三）违反保密义务或者违反权利人有关保守商业秘密的要求，披露、使用或者允许他人使用其所掌握的商业秘密；

（四）教唆、引诱、帮助他人违反保密义务或者违反权利人有关保守商业秘密的要求，获取、披露、使用或者允许他人使用权利人的商业秘密。

经营者以外的其他自然人、法人和非法人组织实施前款所列违法行为的，视为侵犯商业秘密。

第三人明知或者应知商业秘密权利人的员工、前员工或者其他单位、个人实施本条第一款所列违法行为，仍获取、披露、使用或者允许他人使用该商业秘密的，视为侵犯商业秘密。

本法所称的商业秘密，是指不为公众所知悉、具有商业价值并经权利人采取相应保密措施的技术信息、经营信息等商业信息。

◆ 任务演练

演练任务 1　产品与目标受众分析

1. 任务目标

• 能够根据企业主营业务和行业人群数据，分析全网人群及行业人群的地域分布、基础属性分布、兴趣分布情况。

• 能够根据全网及行业人群数据，计算 TGI[①] 值，确定主要目标受众的基本特征。

2. 任务背景

某公司是一家专注于高端智能手机、互联网电视、智能家居生态链建设的创新型科技企业，该公司官网直营公司旗下的所有产品，为了将品牌文化及产品理念有效地传递给目标受众，开拓更大的目标市场，该公司市场部决定通过数字广告的方式对自家品牌与产品进行深入推广。杨军是此次营销活动的主要负责人，根据自己的专业知识清楚地知道在进行推广之前必须了解自己所推广的产品或服务对应的目标受众群体是哪些人，他们有哪些共同的特征和需求等。因此，杨军决定从人群地域分布、人群属性分布、兴趣分布等方面对目标受众进行数据分析，同时计算目标受众的 TGI 值，掌握目标受众的基本特征，从而更好地进行精准营销，更广泛地开拓目标市场。

3. 任务分析

目标受众分析是从全网角度和行业角度对目标受众进行数据分析，主要是对全网及行业人群的地域、人群属性（包括年龄、性别等）、兴趣等几个方面进行分布情况和 TGI 值的分析。其中，TGI 值是反映在特定研究范围（如地域、性别、年龄）内的目标受众对当前行业或产品的关注程度。TGI 值越高，表示目标受众对当前行业或产品的关注程度越高。在完成本任务时，要先根据企业的主营产品确定行业，再进行详细的目标受众分析。TGI 值的计算公式为：

$$\text{TGI 值}=\frac{\text{目标群体中具有某一特征的群体所占比例}}{\text{总体中具有相同特征的群体所占比例}}\times 100$$

4. 任务操作

（1）进行行业人群洞察，统计行业人群的地域分布、基础属性分布和兴趣分布情况，分析确定当前行业人群主要的地域、性别、年龄和兴趣偏好分布，完成人群分析表格整理，样例如表 1-5 所示。

---

① TGI 是指 Target Group Index，意为目标群体指数，在本书项目五中会详细介绍。

表1-5 行业人群洞察

排序（按分布情况从高到低）	地域	基础属性		兴趣
		性别	年龄	
1	例如：山东省	例如：女	例如：18—24岁	例如：汽车
2				

（2）进行全网人群洞察，统计全网人群的地域分布、基础属性分布、兴趣分布情况，分析确定全网人群主要的地域、性别、年龄和兴趣偏好分布，完成相应表格，样例如表1-6所示。

表1-6 全网人群洞察

排序（按分布从高到低）	地域	基础属性		兴趣
		性别	年龄	
1	例如：山东省	例如：女	例如：18—24岁	例如：汽车
2				

（3）结合行业人群的主要性别、年龄和兴趣偏好分布，综合目标受众的性别、年龄、兴趣，初步确定主要目标受众特征，并计算目标受众的TGI值，分析目标受众对行业的关注程度，完成目标受众分析表，如表1-7所示。

表1-7 目标受众分析

排序（从高到低）	目标受众	TGI值
1	例如：25—34岁，男性，喜欢汽车	例如：200
2		
3		
4		
5		

5. 任务评价

本任务评价见表1-8。

表1-8 产品与目标受众分析任务评价

评价方式	客观评价
评价内容	正确分析目标受众的地域分布、基础属性分布和兴趣分布
	正确分析全网人群的地域分布、基础属性分布、兴趣分布
	正确计算行业人群分布前 5 位的目标受众的 TGI 值

6. 任务拓展

某服装公司是一家集服装设计、生产、销售、服务于一体的公司，旗下拥有自有App、实体门店、线上商城。为了将品牌文化及产品理念有效地传递给目标受众，市场部决定对旗下自有 App、实体门店、线上商城进行营销推广。请为该公司进行目标受众分析。

演练任务 2　竞争对手分析

1. 任务目标

● 能够根据行业洞察数据，确定并查看同类 App 市场数据，完成企业 App 竞争分析。

● 能够根据行业洞察数据，确定并查看同类周边门店市场数据，完成企业门店竞争分析。

● 能够根据行业洞察数据，确定并查看同类线上商城落地页市场数据，完成企业线上商城落地页竞争分析。

2. 任务背景

该公司市场部决定通过推荐引擎营销的方式，对旗下自有 App、实体门店、线上商城进行营销推广。推广之前，部门主管周义需要根据市场数据，结合企业背景，对 7 日内市场同类 App、周边门店及线上商城落地页的展现量、点击率、转化率等主要营销指标进行调研和分析。针对不同的推广目标，周义分别选定了同行业的四个竞争对手，通过行业洞察统计并分析 7 日内自身及竞争对手广告的投放情况，确定推荐引擎营销的推广目标。

3. 任务分析

市场数据分析是推荐引擎营销过程中不可缺少的一部分，通过分析，能从量化角度指导如何投放广告，如何优化投放组合，从而降低用户的获取成本。

(1) 数据调研。对市场同类 App、周边门店、线上商城落地页进行展现及转化分析时，关键分析指标为展现量、点击率、转化率。

(2) 数据分析。根据指标数值可计算不同推广目标所对应的点击率和转化率。

4. 任务操作

(1) 通过行业洞察调研，找到 7 日内“市场同类 App 对比”“市场同类周边门店对比”“市场同类线上商城落地页对比”分析报表，分别统计展现量、点击量指标数值并记录。

(2) 将统计数据按照计算公式分别计算对应的点击率和转化率，并在市场同类 App 对比表、市场同类周边门店对比表、市场同类线上商城落地页对比表中记录，如表 1-9 至表 1-11 所示。

表1-9　同类App对比表

App 名称	展现量	点击量	点击率	转化率		
				下载率	安装率	激活率
例如：优选商城	例如：20 000 次	例如：500 次	例如：2.5%	例如：0.12%	例如：0.10%	例如：0.09%

表1-10　市场同类周边门店对比表

门店名称	展现量	点击量	点击率	转化率	
				到客率	成交率
例如：可可宝安店	例如：20 000 次	例如：500 次	例如：2.5%	例如：0.12%	例如：0.10%

表1-11　市场同类线上商城落地页对比表

商城名称	展现量	点击量	点击率	转化率		
				在线咨询率	表单提交率	订单成交率
例如：爱鞋网	例如：20 000 次	例如：500 次	例如：2.5%	例如：0.12%	例如：0.10%	例如：0.09%

(3) 请结合自身企业和竞争对手企业的展现量、点击量、点击率、转化率数据确定竞争对手，完成竞争优势与劣势的分析。

5. 任务评价

本任务评价见表 1-12。

表1-12　竞争对手分析任务评价

评价方式	客观评价
评价内容	正确统计市场同类 App 的展现量、点击率、转化率等数据指标
	正确统计市场同类周边门店的展现量、点击率、转化率等数据指标
	正确统计市场同类线上商城落地页的展现量、点击率、转化率等数据指标
	能够正确分析自身企业的竞争优势与劣势

6. 任务拓展

行业不同，市场环境不同。当前行业为服装行业，请结合数码行业某企业的产品情况，分析其竞争对手数据，完成竞争优势与劣势分析。

任务1.2

广告内容策划

◆ 任务描述

广告内容是企业品牌和产品价值的传播载体，广告内容策划是广告创作人员按照一定的原则和方法所进行的构思和想象，是策划广告主题并最终形成美好意境的一种创造性思维活动。在进行广告内容策划时，需要清楚地知道广告内容的形式与表现方法，掌握广告创意策划和落地页策划的相关知识与技能。本任务的主要工作流程包括：

（1）确定营销目标，熟悉企业品牌的特点和产品营销点；

（2）分析营销目标，确定广告营销的具体指标要求；

（3）捕捉创意热点，洞察受众需求，策划广告创意内容；

（4）策划满足目标受众兴趣诉求的广告落地页。

◆ 知识准备

1.2.1 营销目标制定

在进行广告内容策划时，首先要制定营销目标，以明确数字广告的覆盖范围，帮助企业确定所要针对的目标受众。

1. 确定营销目标

在广告营销活动中，企业往往会同时覆盖若干个目标，可以通过营销的 5A 模型来阐述。根据 5A 模型，目标受众的购买路径可分为了解、吸引、问询、行动、拥护 5 个阶段，如图 1-5 所示。企业可以针对不同购买阶段的目标受众确定不同的营销目标。

2. 明确营销指标

明确营销指标能为数字广告营销找到一个正确的方向，同时数据本身也可以反映数字广告营销的效果是否达标。具体而言，可以从受众来源、受众类型、品牌效应、营销漏斗四个维度划分营销指标。

（1）受众来源维度。受众来源主要是展示访问者的来源，受众来源营销指标可以分为以下几类，以根据营销目标的渠道要求确定具体营销指标。

① 自然搜索：点击搜索引擎结果页上的链接，进入网站的目标受众。

② 竞价排名广告：点击搜索引擎竞价排名广告上的链接，进入网站的目标受众。

③ 直接访问：直接在搜索栏中输入目标网址，或者将它标记为书签并访问的目标受众。

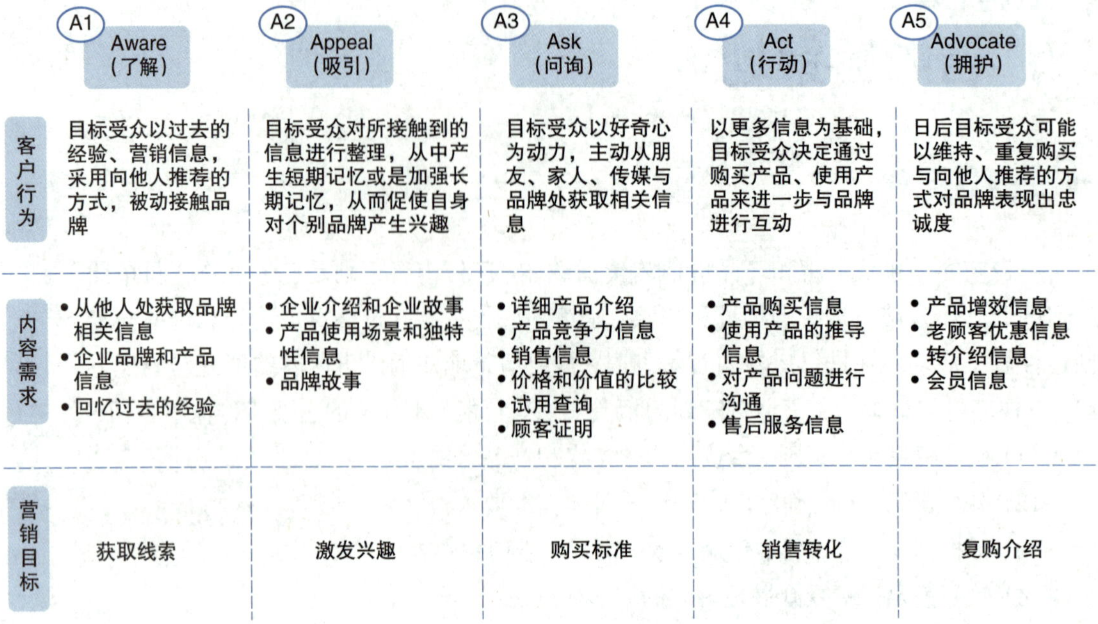

	A1 Aware（了解）	A2 Appeal（吸引）	A3 Ask（问询）	A4 Act（行动）	A5 Advocate（拥护）
客户行为	目标受众以过去的经验、营销信息，采用向他人推荐的方式，被动接触品牌	目标受众对所接触到的信息进行整理，从中产生短期记忆或是加强长期记忆，从而促使自身对个别品牌产生兴趣	目标受众以好奇心为动力，主动从朋友、家人、传媒与品牌处获取相关信息	以更多信息为基础，目标受众决定通过购买产品、使用产品来进一步与品牌进行互动	日后目标受众可能以维持、重复购买与向他人推荐的方式对品牌表现出忠诚度
内容需求	• 从他人处获取品牌相关信息 • 企业品牌和产品信息 • 回忆过去的经验	• 企业介绍和企业故事 • 产品使用场景和独特性信息 • 品牌故事	• 详细产品介绍 • 产品竞争力信息 • 销售信息 • 价格和价值的比较 • 试用查询 • 顾客证明	• 产品购买信息 • 使用产品的推导信息 • 对产品问题进行沟通 • 售后服务信息	• 产品增效信息 • 老顾客优惠信息 • 转介绍信息 • 会员信息
营销目标	获取线索	激发兴趣	购买标准	销售转化	复购介绍

图1-5　5A模型

④ 推荐内容：基于免费推荐内容进入网站的目标受众。

⑤ 推荐引擎广告：点击推荐引擎广告上的链接进入网站的目标受众。

⑥ 社交传播：通过社交媒体上的个人资料、帖子、社交分享链接等途径进入网站的目标受众。

（2）受众类型维度。受众通常分为新访问者和回访者。新访问者是第一次访问企业网站的受众，回访者是指已经访问过企业网站并再次进入网站的受众。如果营销目标是要给网站带来更多流量，那么应以新访问者数量为首要营销指标；如果营销目标是测量回访人数，那么要将回访者数量和回访率作为首要营销指标。

（3）品牌效应维度。品牌是企业最具独特影响力和最具价值的营销资产，可以通过品牌竞争和品牌发展来衡量企业的品牌效应和可持续发展的能力。

① 品牌竞争。品牌竞争是指在满足受众某种愿望的同类商品中，不同品牌之间在质量、特色、服务、外观等方面的竞争。以搜索引擎营销（Search Engine Marketing，SEM）为例，品牌竞争可以通过重合率、争夺率和品牌转移衡量。其中，重合率为竞品、本品两者覆盖群体的交集与本品覆盖群体的人数之比，表示目标受众经常在搜索本品的同时搜索竞品。重合率越高代表竞品对本品的威胁越大，竞品的用户心智干扰程度越高。

将目标受众的品牌搜索行为按照时间排序，并根据本品与竞品的排序距离计算品牌间的关联强度，距离越小，关联度越大。争夺率为本品与竞品关联强度与所有竞品关联强度之和的比，反映本品与竞品受众的争夺情况。争夺率高表示用户经常在搜索本品（竞品）后搜索竞品（本品），争夺率越高，竞品的用户心智干扰程度越高。

品牌转移是从了解目标受众的品牌信息行为（如搜索、阅读、观影等）中，根据品牌了解的前后顺序，刻画品牌转移情况。其中，流入代表了解品牌的目标受众数量，流出代表了解品牌后又关注其他竞品品牌的人群。流入与流出的比值越大，说明本品与竞品之间的竞争越激烈。流入数量多于流出数量，说明本品的影响力强；反之则弱。

② 品牌发展。品牌发展主要包括品牌的“素质发展”和“量的扩张”两个方面。其中，素质发展主要是商品质量、服务质量、品牌技术含量、综合营销策略水平的提高与整体优化；量的扩张主要是品牌规模的扩大。以搜索引擎营销为例，此处重点明确量的扩展中的指标。

a. 品牌发展指数（BDI[①]），其计算公式为：

$$品牌发展指数=\left(\frac{地区品牌搜索指数}{整个品牌搜索指数}\bigg/\frac{地区搜索指数}{全国搜索指数}\right)\times 100$$

以 100 为基准，品牌发展指数大于 100 时，表示品牌在该地区的发展处于全国平均水平之上，品牌发展处于强势状态；小于 100 时，表示品牌在该地区的发展处于全国平均水平之下，品牌发展处于弱势状态。

b. 品类发展指数（CDI[②]），其计算公式为：

$$品类发展指数=\left(\frac{地区行业搜索指数}{整个行业搜索指数}\bigg/\frac{地区搜索指数}{全国搜索指数}\right)\times 100$$

以 100 为基准，品类发展指数大于 100 时，表示品类在该地区的发展处于全国平均水平之上，品类发展处于强势状态；小于 100 时，表示品类在该地区的发展处于全国平均水平之下，品类发展处于弱势状态。

c. 品牌搜索占比，其计算公式为：

$$品牌搜索占比=\frac{某地区品牌搜索指数}{整个品牌搜索指数}\times 100\%$$

品牌搜索占比越高，说明该地域对品牌的重要性越大。

（4）营销漏斗维度。如图 1-6 所示，营销漏斗的五个层级分别对应数字广告营销展现、点击、访问、咨询和转化过程中的客户数量及流失情况。企业可以根据营销漏斗的各个层级确定营销指标。

① 展现量。展现量是指广告信息在一段时间内获得的展现次数，展现量根据页面加载计算，用户打开媒体平台后，当前页面的所有广告都会被计算一次展现量。如果后续页面未被打开，也就未被加载，不计入展现量。展现量越高，意味着覆盖的受众越多，可能获得的受众线索也就越多。

---

① BDI 为 Brand Development Index 的缩写。
② CDI 为 Category Development Index 的缩写。

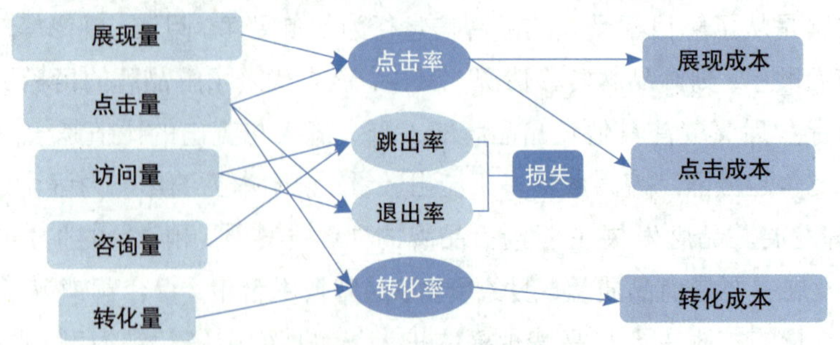

图1-6　数字广告营销指标模型

② 展现成本。展现成本又叫千人展现成本或千次展现成本（Cost Per Mille，CPM），指的是广告投放过程中，听到或者看到广告的每一千人平均分担多少广告成本，是衡量广告营销效果的一种基本形式。

③ 点击量。点击量是指用户点击广告链接的次数。在广告展现时，如果用户对广告感兴趣，希望进一步了解相关商品、服务或品牌信息，可能会点击访问企业网站，这样一段时间内广告链接的点击次数就是点击量。点击量只与广告链接的被点击次数有关，只要广告链接被点击，无论是否进入网站，都会被计算一次点击量。

④ 点击率。点击率（Click Through Rate，CTR）是指广告被点击的次数与展现次数之比，点击率越高，表明广告越受欢迎。其计算公式为：

$$\text{点击率}=\frac{\text{点击量}}{\text{展现量}}\times 100\%$$

⑤ 点击成本。点击成本（Cost Per Click，CPC），又称点击花费、点击价格，是指广告被点击时企业所需要支付的广告费用，直接关系到企业的整体营销预算。

⑥ 访问量。访问量是指广告链接跳转的页面被受众的浏览器加载并完全打开的次数。如果企业的广告链接正确，用户点击广告就可以到达企业网站，此时产生的数据就称为访问量。如果网站因到期或者被攻击等原因无法打开，那么只计一次点击量，不计访问量。

⑦ 跳出率。跳出率是指用户只访问入口页面就离开的访问量与统计时间内产生的总体访问量的百分比。高跳出率通常表示入口页面提供的内容不能满足目标受众的需求。其计算公式为：

$$\text{跳出率}=\frac{\text{用户只访问入口页面就离开的访问量}}{\text{统计时间内产生的总体访问量}}\times 100\%$$

⑧ 退出率。当前页面为访客此次访问网站的最后一页时，该页面即为此次独立访问的退出页面，计为一次退出。退出率为该页面作为最后一个浏览页面退出的次数与该页面的总访问量的百分比，退出率越高，代表该页面越不能满足目标受众需求。其计算公式为：

$$退出率=\frac{该页面作为最后一个浏览页面退出的次数}{该页面的总访问量}\times 100\%$$

⑨ 咨询量。咨询量即在线咨询数量，是指受众在网站内发起咨询的次数。绝大多数目标受众在达成交易之前都会进行咨询，有效的咨询能够获取更多的目标受众线索。咨询量越大，转化的概率也就越大。

⑩ 转化量。转化量即转化次数，是指最终达成转化的次数，不同营销目标下的转化量衡量标准不同。例如，通常情况下购物网站一次成交计为一次转化，当营销目标是优惠活动推广时，领取一次优惠券也可计为一次转化；在 App 广告推广营销目标下，一次下载和一次激活都可以计为一次转化。转化量越高，说明用户的购买欲望越强，企业获益的可能性就越大。所以，提高转化量是广告的最终目标之一。

⑪ 转化率。转化率是指在统计周期内完成转化行为的次数占广告总点击量的百分比。转化率是网站最终能否盈利的核心。转化率越高，广告效果越好。其计算公式为：

$$转化率=\frac{转化量}{点击量}\times 100\%$$

⑫ 转化成本。转化成本是指通过广告每带来一个转化量所花费的平均广告费用。转化成本越低，说明广告推广的效果越好。其计算公式为：

$$转化成本=\frac{广告费用}{转化量}$$

1.2.2 广告内容策划

广告内容策划主要包括确定广告内容和设计广告内容表现两部分。

1. 确定广告内容

广告内容应当以营销目标和企业目标为基础，并服从或服务于营销目标和企业目标。因此，广告策划者必须善于将营销目标或企业目标转化为广告内容，具体可以从营销目标、营销策略、广告功能等维度策划广告内容。

（1）营销目标维度。

① 产品广告内容策划。产品广告是以推出新产品、介绍新功能、产品促销为目标的广告，在内容上一般侧重介绍产品的原料、性质、价格、功能用途、使用方法等。

② 企业形象广告内容策划。企业形象广告以公众对企业形象产生认同为目的，广告内容立足于企业整体形象塑造，以提高企业的知名度、美誉度、认知度，在形式上更强调艺术性和科学性。

③ 观念广告内容策划。观念广告是指通过广告活动促使社会形成新的消费意向，并对本企业产品产生独特好感的广告。广告内容不直接宣传商品，可以宣传组织的宗旨、信念、文化或某项政策，也可以传播社会潮流的某个倾向或热点。

（2）营销策略维度。

① 创牌广告内容策划。创牌广告内容通过对产品的性能、特点和用途的宣传介绍，提高目标受众对产品的认知程度、理解度和品牌标记的记忆度，多用于开发新市场。

② 保牌广告内容策划。保牌广告内容常通过连续广告的形式，加深目标受众对已有商品的认识，养成消费习惯，并激发潜在目标受众的兴趣和购买欲望。它多用于巩固原有市场，并在此基础上深入开发潜在市场，刺激购买需求。

③ 竞争广告内容策划。竞争广告内容的重点是宣传本产品的优异之处，使目标受众在认知产品的同时增强对该产品的偏好度。它多用于加强产品宣传，提高市场竞争力。

(3) 广告功能维度。

① 告知性广告内容策划。目标受众只有在对产品的特性有所认识和了解的基础上才可能对该产品产生需求，因此在产品的市场开拓阶段，多采用告知性广告。告知性广告的内容通常为描述所提供的各项服务，提出某项产品的若干新用途，通报市场有关价格的变化情况，纠正目标受众对产品或服务的错误印象等。

② 说服性广告内容策划。在产品市场生命周期的成长期和成熟期，企业为了在激烈的市场竞争中立于不败之地，多采用说服性广告。说服性广告表达的内容主要是建立品牌偏好，鼓励目标受众转向本企业品牌，改变目标受众对产品属性的知觉，促使目标受众马上购买产品等。

③ 提醒性广告内容策划。当产品处于成熟期，虽然产品已有一定的知名度，目标受众已有一定的消费习惯，但由于新产品不断涌现，同类产品选择余地大，所以，提醒性广告不仅要起“提醒”作用，更重要的是要起“强化”作用。其目的在于使现有的购买者确信购买这类产品是正确的选择，从而加强重复购买与使用的信心。提醒性广告表达的内容主要有提醒目标受众可能需要该产品，促使目标受众在淡季也能关注该产品，提醒目标受众去何处购买该产品，继续打造产品的知名度等。

行业洞察

内容创作新模式——生成式人工智能

生成式人工智能，是指利用复杂的算法、模型和规则，从大规模数据中集中学习，以创造新的原创内容的人工智能技术。这项技术能够创造文本、图片、声音、视频、代码等多种类型的内容，全面超越了传统软件的数据处理和分析能力。

从用户生成内容，到专业生成内容，再到现在的人工智能生成内容，人工智能正在重塑内容创作新生态。当常识能被机器识别，当艺术能被重新定义，当创意不再需要人工，数字广告营销行业正在迎来一场生产变革巨浪。

2022年12月，美国的人工智能研究公司Open AI推出了全新的聊天机器人模型——ChatGPT。通过学习大量现成文本和对话集合，ChatGPT能够像人类那样即时对话，流畅地回答各种问题，无论是英文还是其他语言，从回答历史问题到写故事，甚至是撰写商业计划书和行业分析，ChatGPT几乎都能作答。在这之后，中国也陆续发展出了许多生成式人工智能大模型，比如DeepSeek、豆包、文心一言、通义千问等，可生成包括文字、图像、视频、音频、代码、虚拟人物在内的诸多内容。

在技术发展的同时，国家也在不断完善相关的政策法规。2023年7月，国家网信办等多部门联合发布了《生成式人工智能服务管理暂行办法》，于2023年8月15日正式实施。该文件的出台，是我国在人工智能领域立法的一大进步，在包容审慎的原则基础上，限缩了适用范围的规定，对监管机制进行体系化设计，具体规定了不同主体的法律责任要求，进一步明确了服务提供者和使用者的合规义务，促进了生成式人工智能服务合法合规性的完善。

2. 设计广告内容表现

（1）软文广告内容表现。软文广告是操作简单、门槛较低的广告方式。软文广告以文章为载体，有较强的隐蔽性，因而具有很好的传播性。相对其他表现形式的广告，软文广告具有渗透力强、商业味道淡、可信程度高、时效性强、投入成本低等特点。基于数字经济时代目标受众浏览碎片化的特点，软文广告需要具有较强的吸引力。可采用以下方法设计软文广告的内容。

① FBA 生产法。FBA 生产法是从产品的特点、利益、优点三个维度进行软文创作的方法。FBA 是英文单词 Feature、Benefit、Advantage 的缩写。Feature 是特点，也就是产品、服务的卖点；Benefit 是利益，也就是能让目标受众得到的利益；Advantage 是优点，也就是产品、服务的竞争优势。

② 关键词联想法。关键词联想法是寻找产品、服务的不同方向和特点，以此作为关键词并随机组合创建思路的方法。例如，为少儿书籍撰写软文时，可以从A（注意力）、B（价格）和C（效果）三个方面，对儿童书籍、电子书籍和纸质书籍三个类别进行设计，如表 1–13 所示。

表1–13　关键词联想

方向 / 特点	1（儿童书籍）	2（电子书籍）	3（纸质书籍）
A（注意力）	A1	A2	A3
B（价格）	B1	B2	B3
C（效果）	C1	C2	C3

例如，B1 组合（儿童书籍 + 价格）：少儿书籍太贵，是否有优惠购买途径？ C2 组合（电子书籍 + 效果）：看了 2 周的电子书籍，感觉学到了很多知识。

③ 5W1H 法。5W1H，就是指 what、where、why、when、who、how。在撰写软文时，能够明确并围绕该产品、服务的具体内容、具体地点、原因、时间和最终能够达到的效

果进行软文广告设计。

④ 应用心理分析法。应用心理分析法是指应用目标受众的追求心理、规避心理、恐惧心理、失去心理等撰写软文。下面以加盟 ×× 零食店为例说明，如表 1–14 所示。

表1–14 应用心理分析法

应用心理分析法	举例
利用追求心理	加盟 ×× 零食店，快速拥有“第一桶金”
利用规避心理	加盟 ×× 零食店，不用再拿固定工资过日子
利用恐惧心理	错过这个加盟开店机会，明年创业会更难
利用失去心理	零加盟费开零食店，今年只有这一次机会

⑤ 其他方法。

• 时光旅行法：假设置身于时光隧道，进行时间的倒退或前移，进行现象或效果的假想。例如，“未来 10 年，你会后悔没开一家这样的店”。

• 瞬间移动法：假设进行空间瞬移，展示不同国家、地域、空间的现象或效果。例如，“一瞬间，从都市进入草原，感受天然有机奶源”。

• 属性变化法：假设站在另一个性别、年龄、国籍等角度进行创文设计。例如，“这三款皮鞋，随便一双送男朋友都合适”。

• 角色扮演法：假设站在父母、老师、经理、搭档、好朋友等不同角度进行软文设计。例如，“妈妈们千万别学我，这几样东西宝宝根本用不着”。

• 间隙填补法：假设用户现在所处的位置 A，设定终点 B。利用软文表述产品或服务如何填补中间的差距。例如，“学历不够不用愁，现在就能申请读在职研究生”。

除了用上述方法人工撰写广告内容，也可以利用人工智能生成软文。以 Chat GPT 为代表的生成式人工智能，可以从已有数据中学习，进而生成新的、原创性的内容。因此，在广告营销领域，人工智能可应用于广告内容的智能化生成。通过输入一些简单的指令，如“请生成一段介绍某款手机的广告软文”，即可得到相应的广告内容。目前，国内外已有许多互联网平台、新零售平台布局了人工智能系统，可用于各种智能营销场景。

(2) 图像广告内容表现。图像广告即以图形为主要表现形式传递信息的广告，图像广告将要表达的意图框定在某一景象的静止瞬间，既有其艺术的共性，又有其商业的个性，更有其视觉传播的特性。

图像广告内容表现大体上可分为以下三类：

① 写实类，即着重表现商品的外在形象和特征，展示商品本身所带来的魅力，使消费者能够直接感受到并产生好感，家用电器、时装、汽车等商品多采用这种形式。

② 寓意类，即主要通过象征物与被象征物在内容和形式上的某些联系，使被象征物的特点得到强烈而集中的表现，使画面具有某种象征意义。化妆品、酒类、食品等商品常用这种形式。

③ 暗示类，即通过再现商品的某一方面，间接地表现出与它有联系的其他方面，把复杂的内容用精练、简洁的形式加以表现，多采用对比性画面，如商品改进前后的效果，消费者使用前后的感受，把商品放在适当背景中展现，用奇特夸张的画面来吸引注意力等。

随着人工智能技术的迅速发展，AI 图像生成也成为一个备受瞩目的领域。如今，国内外已有许多 AI 图像生成工具，并广泛应用于图像广告的制作中。用户只需要输入描述内容，如具体的场景、物体、人物等，人工智能就可以快速生成相应的图片。此外，对于实拍照片，人工智能也可以进行各种精细处理，比如“一键抠图换背景”等功能。在使用 AI 图片进行广告宣传时，应明确标注“该图片为人工智能生成”，避免消费者误将虚假的图片当作真实产品，降低虚假宣传风险。

（3）视频广告内容表现。视频广告按诉求不同，划分为感性诉求广告、理性诉求广告、情理结合诉求广告；按表现形式不同，划分为实拍广告、动漫广告、实拍与 CG（Computer Graphics，计算机动画）广告；按技术不同，划分为二维（动画）广告、三维互动广告、定格动画广告；按内容不同，划分为科普类广告、故事类广告（微电影）、独白类广告、访谈类广告、纪录片广告；按即时性不同，划分为录制广告和直播广告。这些不同形式的广告均是为了表现广告内容，视频广告内容可以采用以下表现方法：

① 受众燃点法则。要让视频能够与更多目标受众产生共鸣，“点燃”目标受众，就要找到当下目标受众关注的热点内容，可以研究如热门挑战、热门搜索、音乐库热歌榜等内容，围绕热点进行广告内容延展和模仿。

② 场景原生法则。当一款产品展示实际应用场景时，更有可能引起目标受众对该品牌的兴趣并增加购买意向，展示产品生活场景的广告内容的点击率往往会高于促销广告的点击率，以人物作为生活场景展示的广告的点击率往往会高于没有人物的广告。

③ 第一人称法则。广告以第一人称的表达方式和用户进行互动与交流，能够拉近品牌与受众之间的距离，增加广告连接深度。

④ 黄金时间法则。由于视频广告的时间限制，广告不能展示产品的所有卖点，而是要集中放大产品的核心卖点，传播卖点越单一，目标受众越容易记住。同时，要有一个抢眼的开头，就是要在 5 秒钟的黄金时间内牢牢抓住目标受众的注意力。

⑤ 标题与标签法则。视频广告的创意既要符合互联网时代的“标签化”趋势，也要遵循传统广告创意的“标题法则”，标题和标签的设置要明确两个目的：一是激发目标受众点击，二是获得更多流量推荐。

相较于软文广告和图像广告，视频广告的制作耗时较长，花费较高。而人工智能在视频制作上的应用，大大降低了视频广告制作的难度和成本。2024 年 2 月，Open

AI 发布的首款文生视频模型 Sora，不仅能够根据文字指令创造出逼真又充满想象力的场景，而且可以生成长达一分钟的一镜到底视频。此后，国内外许多公司也纷纷推出了自己的 AI 视频工具，如快手可灵 AI、抖音即梦 AI 等，突破创意生产力的瓶颈，降低创意输出门槛。

1.2.3 广告创意策划

创意是指目标受众能够看见的，包括文字、图片、视频等内容的广告素材的搭配和表现方式。广告创意策划通过大胆新奇的手法来制造与众不同的视听效果，最大限度地吸引消费者，从而达到品牌声浪传播与产品营销的目的。

1. 创意类型策划

目前，创意有智能创意和手动创意两种生成方式。智能创意是由广告平台通过目标受众的访问行为分析其兴趣偏好，结合企业推广的产品，智能组合创意并推送给目标受众，满足其不同兴趣偏好的广告创意。手动创意是企业在进行广告营销的过程中，结合图片、视频、文案等素材自己制作的创意。不管是智能创意还是手动创意，按照创意样式不同又可以分为普通创意、附加创意、动态创意、高级创意等。

（1）普通创意。普通创意即在搜索结果中看到的普通文字类型的创意，不包含图片等其他特殊类型的素材，是最简单的创意类型。

（2）附加创意。附加创意是对普通创意样式的补充。通过使用附加创意，可以在创意内及创意下方添加多种形式的附加信息，如客服咨询按钮，拨打电话按钮，联系方式提交表单等，以起到快速缩短营销路径的作用。

（3）动态创意。动态创意是广告平台根据目标受众的基本信息和历史浏览行为，分析判断其兴趣偏好与需求，从企业网站中动态抓取需要的信息进行呈现，实现千人千面展现的创意类型。

（4）高级创意。高级创意是一种图片、文字、视频和音频并存的创意样式，展示内容丰富，可以尽可能多且全面地突出品牌特点或产品质量等信息，视觉效果好，更具有吸引力。

2. 创意逻辑策划

创意的展示需要按照一定的逻辑顺序（如受众画像、产品特点、场景和痛点）策划，如图 1-7 所示。

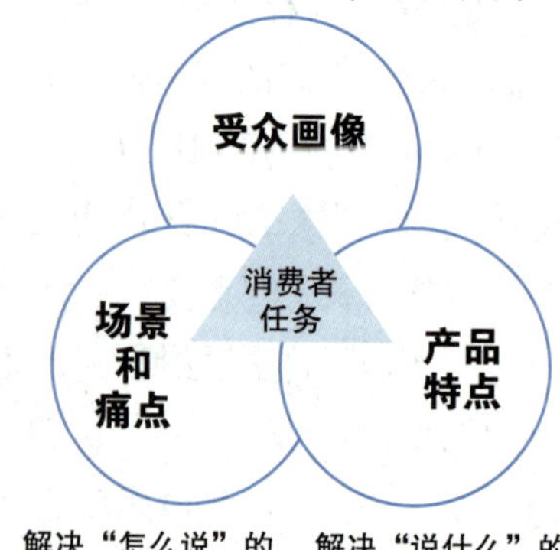

图1-7 创意逻辑结构

（1）受众画像。受众画像是解决“对谁说”的问题，是根据受众的基本属性、社会属性、心理属性、行为属性等真实信息而抽象出的一个标签化的、虚拟的受众模型。企业根据受众画像进行目标受众的特征分析，策划符合目标受众特点的广告创意。

（2）产品特点。产品特点是解决“说什么”的问题，是创意要突出表现的重点。深入了解产品是创意有效输出的前提，企业要对产品进行全面分析，把产品背后的特点罗列出来，可以通过头脑风暴法挖掘产品特点背后的功能及代表的含义。例如，某罐装茶叶的产品特点是取茶不沾手，功能是包装设计采用定量封装，一罐一泡，广告创意就要重点展示上述产品特点。

（3）场景和痛点。场景和痛点解决的是“怎么说”的问题。在了解产品的特点及功能后，企业还要找到功能的使用场景，考虑受众需求，站在受众的角度进行创意策划，让产品特点与功能与受众需求相匹配，直击受众痛点。例如，某品牌茶叶的具体使用场景为“出差携带”。找到使用场景后，企业还要解决可行性问题，如该罐装茶叶的目标是“让旅行及出差中的消费者携带更便捷”，就需要在创意内容中重点突出。

1.2.4　广告落地页策划

广告落地页是诱导转化的主要场景，策划广告落地页时，需要考虑其类型和逻辑。

1. 落地页类型策划

营销目标不同，落地页的设计就不同。根据营销目标的不同，可以把落地页分为以下几种类型：

（1）品牌型落地页。品牌型落地页以增强品牌认知度为目的。在页面展示中，主要以突显自身品牌实力为主，如展示品牌优势、优惠政策等，以宣传品牌、引导转化为主，通过树立品牌信誉和市场影响力，进一步获取受众信任，从而形成转化。

（2）转化型落地页。转化型落地页主要以转化为目的，通过设定营销套路，外加促销方案（如代金券、折扣等），最大程度使受众形成转化。

（3）曝光型落地页。曝光型落地页借助与产品相符的营销热点增加曝光度，一方面为产品引流，另一方面以高频率的曝光提升受众对产品的认知和好感度。比如，落地页展现奥运会场景，以社会热点吸引人群兴趣，同时增加产品曝光。

（4）线索生成型落地页。线索生成型落地页以收集目标受众的销售线索为主要目标，先通过页面的文案和图片展示活动或商品，再利用优惠的价格和赠品刺激，引导受众填写相关身份信息。企业在获取受众的个人信息之后，可通过后续营销活动（如回访等）促进转化。

2. 落地页策划逻辑结构

落地页除了页面布局、配色等基本要求外，更重要的是内容呈现的逻辑性。应站在受众的立场思考问题，以受众的思维方式设计落地页的逻辑结构，才能引导受众，最大化地实现企业利益。逻辑结构的设计没有固定模式，下面简要介绍一种常用的落地页策划逻辑结构设计，如图 1–8 所示。

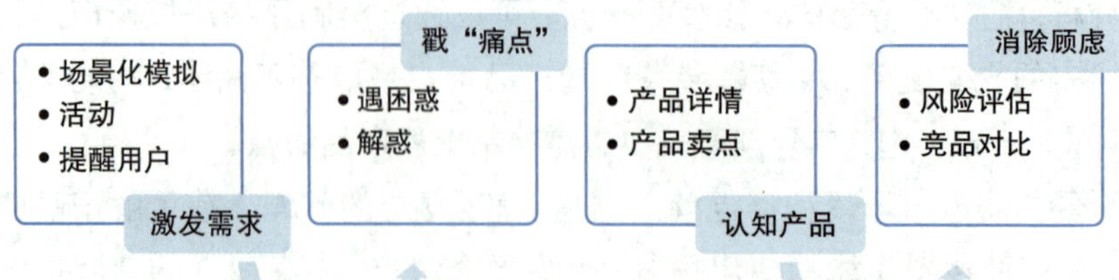

图1-8 落地页策划逻辑结构

（1）激发需求。创意将受众引流到落地页，落地页首屏直接决定了受众是否产生购买行为。因此，激发需求，提高目标受众的购买欲望，是落地页营销的开始。可以通过以下三种方式激发受众的购买需求：

① 展示产品的使用场景，通过视频进行场景代入。例如，某彩妆品牌的落地页首屏内容是“约会妆”的化妆视频。

② 利用优惠活动激发趋利心理。例如，某汽车销售公司落地页展示了“现在报名预约，即可参与免费试驾”活动。

③ 提醒用户，让其产生不购买就有所损失的心理。例如落地页显示“活动倒计时，下月报名恢复原价”等。

（2）戳“痛点”。如果受众打开首屏后没有离开，接下来就要戳中受众“痛点”。“痛点”是受众面对产品会产生的购买困惑，戳“痛点”的过程其实就是解惑的过程。例如，受众可能会对价格产生困惑，那么企业解惑的过程就是告知受众产品品质和价格成正比等。

（3）认知产品。如果在戳“痛点”环节受众没有离开，那么就可以介绍产品的其他卖点或产品详情，如基础规格、使用方法等，让目标受众对产品形成初步的认知度。

（4）消除顾虑。消除顾虑主要包括添加风险评估报告、竞品对比、使用授权等内容，为产品的质量提供企业的保证或权威性保证，以消除受众的购买顾虑，促进购买。

落地页制作不宜过长，通常应控制在6屏以内，以保证受众的浏览体验。

博文约礼

广告内容合规管理

为了持续净化广告市场环境，维护消费者合法权益，助力广告业高质量发展，2024年4月，上海市市场监督管理局选取了一批广告领域的典型案例予以公告。

其中，上海某网络科技有限公司，以弹窗、短视频广告等形式，在其运营管理的App平台上投放了“100元话费补贴”广告，含有“100元话费补贴，到手0元”“支付后返还29.9

元”“3折特惠”“0元抢购”“3折充话费”“只要下载App就能29.9元领取100元的话费补贴券”等内容，但消费者购买后发现上述广告宣传内容均无法实现。

该公司违反了《中华人民共和国广告法》第四条的规定，构成第二十八条所指的发布虚假广告的行为，市场监管部门依法对其作出罚款38万余元的行政处罚。

此外，很多企业为了突出产品和服务效果，在缺乏对《中华人民共和国广告法》深度理解与掌握的情况下，往往会用一些夸大的、敏感的词汇、语义或图片来美化。常见的有医疗广告和地产广告无许可证号，金融理财广告出现收益承诺，广告中提到的数据无引证等，所以广告内容合规管理尤为重要。

广告内容合规管理，就是要使企业的广告经营活动合乎国家的法律、法规、政策，避免在经营活动中违反规定。对于那些将部分或主要经营活动置于国际市场的企业来说，合规还意味着其经营活动必须合乎当地法律规定，遵守、尊重当地的习俗和习惯。更重要的是在国外法律与中国法律相冲突时，确保不违反双方法律的规定，在完全合规的情况下开展经营活动。

◆ 任务演练

演练任务 3　广告内容策划（创意策划）

1. 任务目标

- 能够根据目标受众创意定向，结合广告营销目标，制定创意内容策略。
- 能够根据创意内容策略，结合广告营销主题，进行创意类型选择。
- 能够根据创意内容策略，结合创意类型，完成创意内容制作。

2. 任务背景

某服装公司周年庆来临之际，为倾情回馈新老客户，火爆开启店庆活动。对此，市场部决定针对目标受众的特点，撰写不同的创意信息。好的创意不仅能够引来更多的精准流量，而且会有效降低转化成本，更精准地切中用户需求点，从而更好地产生共情效应。

针对职场女性，部门主管周义决定采用自定义创意的方式，通过大图、横图的创意类型，以凸显“职场即 T 台，掌握职场人生，跨出美丽步伐”的主题，并以“周年庆”津贴赠送活动为宣传点，从创意标题、创意内容、创意标签三个方面设置创意定向。

3. 任务分析

创意定向主要包括创意标题撰写、创意图片内容、创意标签选择三部分。创意标题既要体现产品的特点及卖点，又要贴合宣传主题。创意图片内容需要符合用户感受，并能实现高效转化。通过对任务背景及企业信息、产品信息、活动信息等进行全面分析，策划最佳创意图片。创意标签主要介绍创意推广的产品或服务属性，标签描述得越详细、越全面，越有助于精准预估点击率。

4. 任务操作

请按照以下要求，进行不同创意元素的设计，并写出设计要求，展示设计成果，填入表 1–15 中。

（1）根据企业信息和产品信息，结合任务背景要求及宣传活动主题，设计符合要求的创意标题，要能够凸显主题，以活动为宣传点，并选择与目标受众特点相符的创意标签。

（2）根据企业信息和产品信息，结合任务背景要求及宣传活动主题，选择创意类型，设计符合要求的创意文案与内容（图片、视频等），要突出宣传活动主题、产品及卖点，体现营销导向。

表1–15　广告创意内容

创意标题	
创意标签	
创意内容	

（3）根据企业信息和产品信息，结合任务背景要求及宣传活动主题，设计符合要求的创意标签，要求与企业产品类目相符。

5. 任务评价

本任务评价见表 1-16。

表1-16　广告内容策划任务评价

评价方式	主观评价
评价内容	创意标题符合任务背景要求及宣传活动主题
	创意内容符合任务背景要求及宣传活动主题
	创意标签符合任务背景要求及宣传活动主题

6. 任务拓展

（1）为了促进产品销售，请结合企业信息和产品信息，按照激发需求、戳“痛点”、认知产品、消除顾虑的逻辑设计落地页。

（2）某公司是一家专注于高端智能手机、互联网电视、智能家居生态链建设的创新型科技企业。在“6 · 18”来临之际，该公司想通过数字广告进行广告活动宣传，请结合企业信息和产品信息，从创意标题、创意内容、创意标签三个方面设置创意定向，并按照激发需求、戳“痛点”、认知产品、消除顾虑的逻辑设计落地页逻辑。

任务1.3
广告实施策划

◆ 任务描述

广告实施策划是企业对于即将进行的广告活动的规划，完成广告实施策划必须要了解不同广告渠道的特点，掌握广告账户搭建的方法、原则、技巧，掌握广告预算分配的原则、策划投放时间与投放地域的原则与技巧。本任务的主要工作流程包括：

(1) 熟悉企业的品牌特点和产品特点；

(2) 选择符合企业特点、产品特点、目标受众特点的广告投放渠道；

(3) 策划广告账户的搭建结构；

(4) 策划广告的预算分配；

(5) 策划广告投放时段与地域。

◆ 知识准备

1.3.1 广告渠道选择

在数字经济时代，基于人工智能和大数据技术，任何终端触点都可能成为数字广告媒介和传播渠道，并呈现出多场景线上线下融通的特点。在数字广告营销的过程中，可选择的渠道比较多，主要考虑以下四种。

1. 搜索引擎

常用的搜索引擎有百度搜索、谷歌搜索、搜狗搜索、360 搜索等。搜索引擎广告营销以搜索引擎平台为基础，利用受众对搜索引擎的依赖和使用习惯，在受众检索信息时将广告信息传递给目标受众。通过搜索引擎渠道，企业既可以进行免费的搜索排名优化，也可以开展付费的搜索竞价营销。

2. 推荐引擎

常用的推荐引擎有腾讯视频、抖音、今日头条、百度新闻等。推荐引擎广告营销是基于推荐引擎对目标受众消费意图的洞察进行个性化的匹配并推荐最优广告内容，因此也称信息流广告。其特点是算法推荐、原生体验，具有形式丰富、定向精准、用户体验良好的优势。

搜索引擎广告和推荐引擎广告利用媒体平台通过“一推”“一拉”的形式触达目标受众，通过目标受众的无意注意和有意查找，增强品牌认知。

3. 社交媒体

社交媒体渠道的广告主要是指通过企业的官方网站、企业微博、微信公众平台、今日头条、抖音等一系列相关的社交媒体平台发布的广告。在企业的社交媒体渠道上传播自己的信息，可以获得外界对商品或企业的关注及认可。社交媒体既是人际沟通的工具和平台，也是分享意见、见解、经验和观点的工具和平台。

4. 线下数字媒体

线下数字媒体主要包括户内外智能屏广告，如电梯广告、楼宇广告、地铁广告等形式。线下广告投放需要根据目标人群定制投放周期，根据不同的营销场景诉求进行立体化投放的多元营销；同时还要将线下触达和线上推送搭配起来，实现品效合一。

行业洞察

整合营销

互联网的发展使营销方法千变万化，从传统的网站广告和搜索引擎营销，到社会化媒体营销和衍生出的其他传播方式（如网红、直播等），更是给数字营销带来了无限可能，催生出大量全新的营销场景和营销方法。然而，如何有效地整合却成为企业所面临的难题。

技术的不断创新为整合营销带来新契机。技术让各个媒体、平台及工具所产生的信息数据化，为信息互通和管理提供了便利。如今，在技术驱动营销的大潮下，一站式营销工具、营销自动化工具及相关技术理念已经成为行业的普遍诉求。

只是依靠单一的工具并不能实现整合营销，目前数字营销生态服务平台的理念已经提出，通过开放的应用程序接口（API）将各种数字营销工具连接起来，同时打通国内各大媒体、平台及数据源，实现整个产业链的贯通。结合一站式和自动化的特点，数字营销生态平台还能借助大数据、商业智能及人工智能等，自动推送适合的营销策略和方法。企业或广告主只需要输入相应的行业、产品、预算、关键绩效指标（KPI）等关键词，就能实现一键投放；在营销过程中，还能获得实时的监测报告和优化推荐。

构建广告主、企业、目标受众三者之间紧密的沟通关系，是数字营销生态的一大特点，不仅可以加强联系，而且可以打通各个环节，让沟通和体验更顺畅，在三者之间构筑一个理想的营销闭环。在技术的推动下，数字营销向便捷、自动、透明、智能方向发展。结合整合营销的理念，企业可以找到适合自己的营销策略和方式，集中全力、突破瓶颈，将企业及产品的信息和理念传递给目标受众，实现精准推送，开创企业智能化整合营销的新时代。

1.3.2 广告投放策划

本书的重点是利用搜索引擎和推荐引擎进行广告营销，达到品牌传播和品牌认知的目的。所以在本书后面的章节中，均围绕搜索引擎广告营销和推荐引擎广告营销展开具体介绍。

1. 广告账户搭建

在进行搜索引擎广告营销和推荐引擎广告营销之前，要向搜索引擎广告平台和推荐引擎广告平台申请开通广告账户。完成申请后需要进行账户搭建，以便进行广告的管理与维护。

动画：广告账户搭建

（1）了解广告账户的结构。

① 搜索引擎广告账户的结构。一个搜索引擎广告账户一般包括推广计划、推广单元、关键词和创意四个基本元素，如图 1-9 所示。

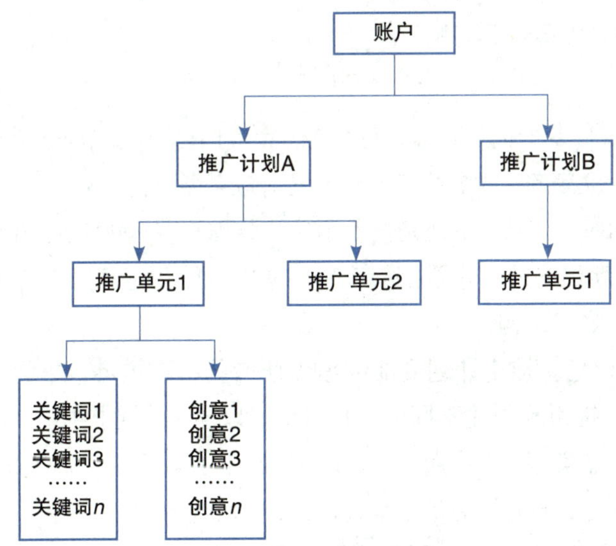

图1-9 搜索引擎广告的账户结构

推广账户是最高层级，在一个推广账户中，可以新建多个推广计划。它的主要功能是管理推广计划。在每个推广计划下，可以新建多个推广单元，其主要功能是管理推广单元。推广单元则是管理关键词和创意的单位，每个推广单元中，可以添加多个关键词和多个创意，其主要功能是管理单元内的关键词与创意。

② 推荐引擎广告账户结构。一个推荐引擎广告账户一般包括推广计划、推广单元、创意三个基本元素，如图 1-10 所示。

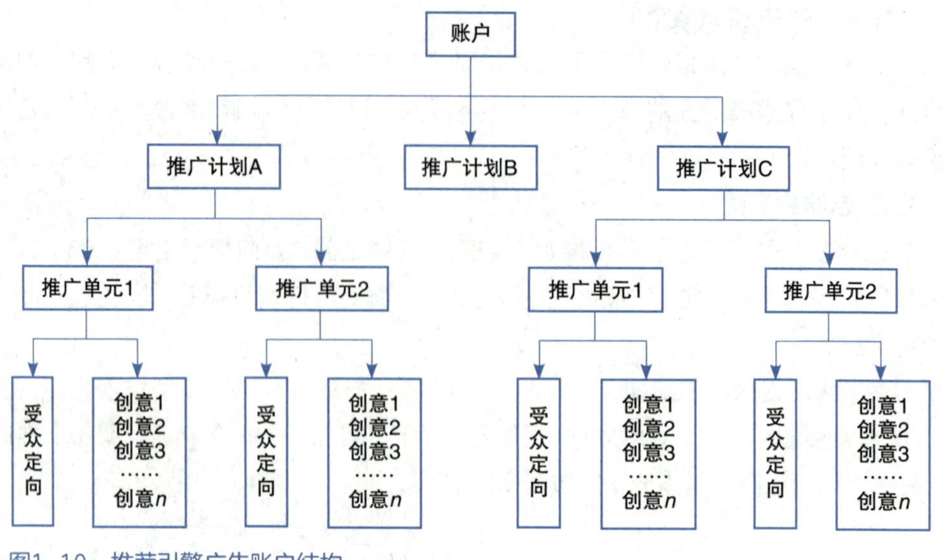

图1-10　推荐引擎广告账户结构

推广账户里面有多个推广计划，每个推广计划下又有多个推广单元，在推广单元下可以进行目标受众定向；每个推广单元下又对应多条创意。

不管是搜索引擎广告账户，还是推荐引擎广告账户，不同广告平台在账户结构上都会有细微差别，可新建的推广计划、推广单元、关键词、创意等的个数也会略有不同。

（2）搭建广告账户结构。

① 设置推广计划。推广计划要能够覆盖所有的推广内容，并且有利于账户管理。经营者可以根据营销目标创建不同的推广计划，以便灵活把控推广效果。可以按照推广关键词类型、产品类型、推广目标、推广地域、推广时段、定向人群、创意素材和活动分类划分推广计划，同时按照计划搭建的思路命名。

② 搭建推广单元。推广单元层级的具体搭建思路是使不同目标受众看到不同类型的广告内容。可以按照产品类别、推广目的、创意素材和活动分类搭建推广单元。

搜索引擎广告账户搭建时可以按照“词义相近，结构相同”的原则，将关键词归类为不同推广单元。根据词义相近原则，可以搭建商品词、通俗词、地域词、品牌词、人群相关词等推广单元；根据结构相同原则，可以搭建名词、短语、疑问句、陈述句等推广单元。

推荐引擎广告账户搭建时可以按照定向受众划分，把不同目标受众划分为不同推广计划。例如，把“18—24 岁的大学生”和“25—30 岁的年轻白领”放到不同的推广计划中，方便广告效果数据的对比和定向方式的优化。

总体来说，账户搭建必须要有一个出发点，围绕这个出发点进行拆分，便于后续管理调整，各层级的命名方式也要遵循查找方便、避免重复、格式固定的原则。

2. 广告预算分配

广告预算是确保营销活动顺利展开的基础，广告预算分配额度过大，会造成资金的浪费；分配额度过小，则无法实现营销宣传的预期效果。理想的营销活动应该是以最小的经费投入获得最大的营销效果。

企业可以同时进行搜索引擎广告营销和推荐引擎广告营销，同一搜索引擎广告账户或推荐引擎广告账户下可以有多个推广计划。因此，广告预算一方面是在不同广告类型之间分配，另一方面是在同一广告账户下的不同推广计划之间分配。

（1）不同广告类型之间的预算分配。在通常情况下，不同广告媒体所需的成本不同。广告平台用户量越大，费用越高，如百度搜索、今日头条的广告费用都比较高。所以，企业需要根据所选择的广告媒体来分配广告费用。

（2）不同推广计划之间的预算分配。如果推广计划的预算过少，会导致该广告的效果较差。企业在进行广告预算分配时，如果整体预算低，需要集中安排预算，重点计划多预算。

预算一般分为日预算和总预算两种方式。日预算代表一个自然日的消费上限；总预算代表在投放期间，该广告计划的总消费上限。在进行不同推广计划间预算设置时，需要注意以下四个方面：

① 要根据流量需求调整预算。如果某个计划在一天的某个时段内转化效果更好，在其他时段差异较大，那么可以增加该时段的预算，集中火力。

② 注意预算限额，保证推广计划不会因为接近预算或账户资金用尽而停止展现。

③ 新计划建议设置较高预算，保证能有一个初始的投放量级，达到一定量级后再及时调整。

④ 持续观察转化效果并及时调整。例如，可以降低转化成本较高的推广计划的预算，提高转化成本较低的推广计划预算。

3. 投放时间策划

广告投放要善于利用各种时机，如重大活动、特定节日等，可以按照季节、节假日、重大活动和每日不同时段策划广告投放时间。

（1）按照季节投放。按照季节投放广告主要用于季节性较强的产品，一般在销售旺季到来之前开展广告活动，做好营销准备。在销售旺季，广告活动达到高峰，而旺季一过，广告便可停止。这类广告策略要求掌握好季节性商品的变化规律，投放过早会造成资金浪费，投放过迟则直接影响产品销售。

（2）按照节假日投放。按照节假日投放广告主要用于零售企业和服务行业，一般在节假日之前数天便开展广告活动，节假日后结束广告投放。这类广告要求把品种、价格、服务时间，以及特殊信息突出显示并及时告知目标受众。

（3）按照重大活动时机投放。按照重大活动时机投放广告主要是指企业抓住社会重大活动的有利时机（如颁奖晚会、全运会、亚运会、奥运会等）开展广告活动，适用于各种行业。

(4) 按每日不同时段投放。对于很多行业账户而言，由于受众习惯、投放预算等因素的影响，必须对投放时间精确把控，不能选择24小时不间断投放。根据统计，绝大多数目标受众习惯在6:00—9:00、12:00—13:00、19:00—21:00、22:00—24:00浏览信息，可进行高峰时段或错峰时段的广告投放。通常情况下，大部分广告在周末投放的效果要好于工作日。

在推广时段的选择上不能主观臆断，应该在投放初期充分测试，然后根据反馈结果做出相应的时段调整。如果账户预算十分有限，应该在投放时间上做严格的数据分析，剔除流量高但转化不佳的时间段，或者减少此时间的广告投放。

4. 投放地域策划

很多企业的业务具有地域特性，从地理位置角度准确定位客户能够让公司做到“指定地域的目标受众才能够看到广告”，帮助企业触达业务覆盖地域或重点区域内的目标受众，有助于节省广告成本，提高广告效果。企业可以综合流量来源、业务覆盖范围、业务辐射范围、IP地址等几个因素，设置地域投放策略。

(1) 根据流量来源制定地域策略。如果流量长期来自固定地域，可以只对有流量的地域进行投放，节省广告费用；如果某个地域是某种竞品的生产企业聚集地，可以屏蔽这个地域，减少恶意点击。

(2) 根据业务覆盖范围制定地域策略。根据业务覆盖范围选择能够覆盖到的地域或可能覆盖到的地域进行广告投放。例如，济南市的某驾校公司只选择济南市附近的区域进行广告投放即可，因为跨区域长途跋涉学习驾驶技术的人相对较少。

(3) 根据业务辐射范围制定地域策略。当业务覆盖范围出现看似不能投放广告，但实际可以辐射到的特征时，可针对企业业务辐射范围制定地域策略。例如，虽然海南婚纱摄影的主要业务在海南开展，但全国各地的人均有可能到海南度假，选择婚纱旅拍，用户群实际可以覆盖全国，因此可以进行全国范围内的广告投放。

(4) 根据IP地址制定地域策略。在制定地域策略时，还需考虑IP地址问题。例如，广州某地区使用的是珠海的IP地址，在设置地域策略时，如果只选择广州进行投放，则该地区内的目标受众无法看到广告。

职场透视

广告投放智能化，数字广告营销人员的机遇与挑战

2023年4月，百度率先推出了国内第一款人工智能大模型“文心一言”。之后，百度“用人工智能原生应用重构所有产品线”的战略驶向快车道，具备全新生成式AI能力的新产品陆续面世。2023年9月7日，百度营销发布新一代人工智能营销平台“轻舸”，通过生成式人工智能贯通营销方案表达和广告投放优化，致力于解决传统广告投放中曲折繁复、学习门槛高、分析操作耗时的痛点，让广告投放进入“零误差时代”。除了百度，阿里巴巴、华为、腾讯等企业也纷纷布局广告智能投放。

智能广告投放的底层系统基于知识的输入，不断自我更新和优化，从而更好地理解广告主的表达需求，更好地实现广告主的投放目标。在轻舸平台，广告主通过自然语言和命令交互，与系统直接进行沟通，表达需求。只需要输入投放的目标群体并完善，系统即可自动生成投放策略，并且可以借助擎舵等“插件”生成投放创意和成品，在用户端实现“千人千面”；此外，系统也会自动生成趋势和表格，帮广告主通过营销洞察分析进行高效决策。

在数字化、智能化时代背景之下，数字广告营销人员需要具有营销策划能力和决策能力，以更好地发挥人工智能的助手作用；需要掌握一定的“提问”技巧，以便人工智能更好地理解营销要求；还需要敏锐的判断力，从人工智能生成的内容中选择合适的内容；更需要保持持续学习的能力，紧跟行业发展趋势，了解技术最新动态。这样，在面对各种机遇和挑战时，数字广告营销人员才可以事半功倍，以更高效、精准的方式触达目标受众，提升营销效果。

◆ 任务演练

演练任务 4　数字广告实施策划

1. 任务目标

- 能够根据营销预算，结合不同数字广告渠道的特点，完成数字广告渠道选择。
- 能够根据产品特点，按照不同产品划分推广计划与推广单元。
- 能够根据广告渠道的特点和各推广计划的实际情况，合理分配数字广告预算。

2. 任务背景

星马商城是星马数码有限公司面向全国服务的官方网站，直营公司旗下所有产品，包括手机、电视、平板电脑、笔记本电脑、智能家居、耳机、移动电源、计算机外设等多种产品，同时提供客户服务及售后支持。为了增加网站的展现量和点击量，提升品牌认知度，达到品牌传播的目的，公司决定在 10 万元的营销预算范围内，借助搜索引擎和推荐引擎进行数字广告营销。此次营销活动的负责人杨军需要根据企业网站介绍与产品介绍，结合营销预算，制定并实施推荐引擎广告营销策略和搜索引擎广告营销策略，并根据不同推广时段与推广地域的目标受众特点，有针对性地在高峰时段向重点地域投放。

3. 任务分析

推荐引擎广告营销和搜索引擎广告营销的特点不同，需要根据不同渠道的平均点击价格选择广告渠道，并设置不同渠道的广告预算，可以借助数据分析工具查看不同时段、不同地域的展现指数、点击指数等数据，选择高峰时段与重点地域进行广告投放。

推荐引擎广告营销账户下推广计划的设置包括设置计划名称、预算、投放时间等。可在推广计划下管理自己的推广单元；预算为该推广计划的营销预算；不同推广时段浏览信息的目标受众数量不同，点击网页信息查看具体介绍的目标受众数量也不同，影响推荐引擎营销的效果。

搜索引擎广告营销账户下推广计划的设置包括设置计划名称、计划消耗上限、投放时间、投放地域、出价等。可在推广计划下管理自己的推广单元；消耗限额为该推广计划的营销预算；不同推广时间与推广地域下，通过关键词搜索网页的目标受众数量不同，点击网页信息查看具体介绍的目标受众数量也不同，影响搜索竞价营销的效果。

4. 任务操作

在一个数字广告周期（一周）内，分析企业网站信息和企业商品数据，完成企业的数字广告实施策划。

（1）根据不同数字广告渠道的特点，选择数字广告渠道；

（2）新建搜索引擎广告营销的推广计划与推广单元；

（3）新建推荐引擎广告营销的推广计划与推广单元；

（4）为搜索引擎广告营销和推荐引擎广告营销的推广计划设置投放时段与投放地域；

（5）分配广告预算，见表 1–17。

表1–17　数字广告预算

项目	内容	
数字广告目标	增加网站展现量和点击量，提升品牌认知度	
数字广告预算	10 万元	
数字广告周期	一周	
数字广告渠道	搜索引擎广告渠道	推荐引擎广告渠道
	例如：投放	例如：不投放
搜索引擎广告营销的推广计划与推广单元结构划分	计划：________个　　单元：________个 结构划分（请写明结构划分的方式与依据） ____	
推荐引擎广告营销的推广计划与推广单元结构划分	计划：________个　　单元：________个 结构划分（请写明结构划分的方式与依据） ____	
投放时段		
投放地域		
预算分配	搜索渠道：________万元	搜索渠道：________万元

5. 任务评价

本任务评价见表 1–18。

表1–18　数字广告实施策划任务评价

评价方式	主观评价
评价内容	合理选择广告渠道，并说明理由
	完成搜索引擎广告营销推广计划与推广单元的新建，并说明搭建理由
	完成推荐引擎广告营销推广计划与推广单元的新建，并说明搭建理由
	正确选择高峰时段与重点区域
	合理分配广告预算，并说明理由

6. 任务拓展

行业不同，营销方式不同，请结合服装行业某企业的产品情况完成数字广告实施策划。

1+X证书知识训练

一、单项选择题

1. 某公司在市场上投入销售A饮料后，通过三维空间图法对A饮料进行分析，该饮料市场占有率低，销售增长率高，利润率低。针对该情况，该企业应制定的数字广告营销策略是（　　）。

   A. 维持占有率

   B. 淘汰此产品

   C. 降低成本，通过免费广告提高市场占有率和利润率

   D. 维持原有策略和广告促销

2. 通过连续广告的形式，加深目标受众对已有商品的认识，养成消费习惯，并激发潜在目标受众的兴趣和购买欲望。多用于巩固原有市场，并在此基础上深入开发潜在市场，刺激购买需求。此处描述的是（　　）营销策略。

   A. 观念广告内容策划　　B. 创牌广告内容策划

   C. 竞争广告内容策划　　D. 保牌广告内容策划

3. 在我国北方，冬天气候寒冷干燥，加湿器需求量很大；但在南方，由于空气中湿度大，基本上不存在对加湿器的需求。这是对目标受众（　　）方面的分析。

   A. 地理位置　　B. 地理环境

   C. 性格分析　　D. 风俗习惯

4. 某网站某一页面的总访问量为5 000次，点击次数为4 000次，退出次数为1 000次，则该网页的退出率为（　　）。

   A. 20%　　B. 25%

   C. 60%　　D. 80%

5. 李先生认为，住宿酒店应该房间清洁、环境安静、服务周到、交通便利、网络通畅等，这体现的产品价值为（　　）。

   A. 附加产品价值　　B. 期望产品价值

   C. 形式产品价值　　D. 核心产品价值

二、多项选择题

1. 从营销目标维度分析，广告主要分为（　　　）。

   A. 产品广告　　B. 企业形象广告

   C. 观念广告　　D. 竞争广告

2. 一个推荐引擎广告账户一般包括的基本元素为（　　　）。

   A. 推广计划　　B. 推广单元

   C. 关键词　　D. 创意

3. 创意的主要类型包括（　　）。

A. 普通创意　　B. 动态创意

C. 附加创意　　D. 高级创意

4. 常见的数字营销广告渠道有（　　）。

A. 线下数字媒体　　B. 社交媒体

C. 推荐引擎　　D. 搜索引擎

5. 搭建搜索广告投放账户计划时，可以从（　　）维度区分推广计划。

A. 推广目标　　B. 产品类型

C. 推广地域　　D. 推广时段

三、判断题

1. 一个搜索引擎广告账户一般包括推广计划、推广单元、关键词和创意四个基本元素。（　）
2. 数字广告营销首先要清楚主要面向受众群体的特征，然后向正确的人推送正确的信息。（　）
3. 实力最弱的竞争对手只需要偶尔关注一下即可。（　）
4. 在了解阶段，目标受众被动接受过往经验、营销信息和他人体验等多方面的产品信息。（　）
5. 在目标受众的行动阶段，企业的营销目标是深化品牌关系，让客户复购并介绍推广产品。（　）

项目 2

搜索排名优化

学习目标

素养目标

- 引导学习者树立消费者数据保护意识，在搜索排名优化时确保数据安全
- 培育搜索引擎营销人员敬业、专注的工匠精神
- 在搜索引擎营销过程中，学习者应遵守法律法规，遵循公序良俗，营造良好的网络生态

知识目标

- 了解网站流量分析与网页访问数据分析的维度与方法
- 了解搜索排名规则
- 熟悉搜索引擎营销的关键词分类与分析的方法
- 掌握网页搜索排名分析的步骤与方法
- 掌握网页搜索排名优化的维度与方法

技能目标

- 能够借助搜索排名分析工具，结合网页流量分析与搜索排名分析的方法，分别完成自身网页和竞争对手网页的搜索排名分析
- 能够利用数据处理工具与关键词挖掘工具，结合关键词分析与核心关键词确定的方法，挖掘与拓展关键词，完成关键词词库的清洗与筛选
- 能够结合搜索引擎营销排名规则与关键词优化的方法，完成网页搜索排名优化并分析优化效果

思维导图

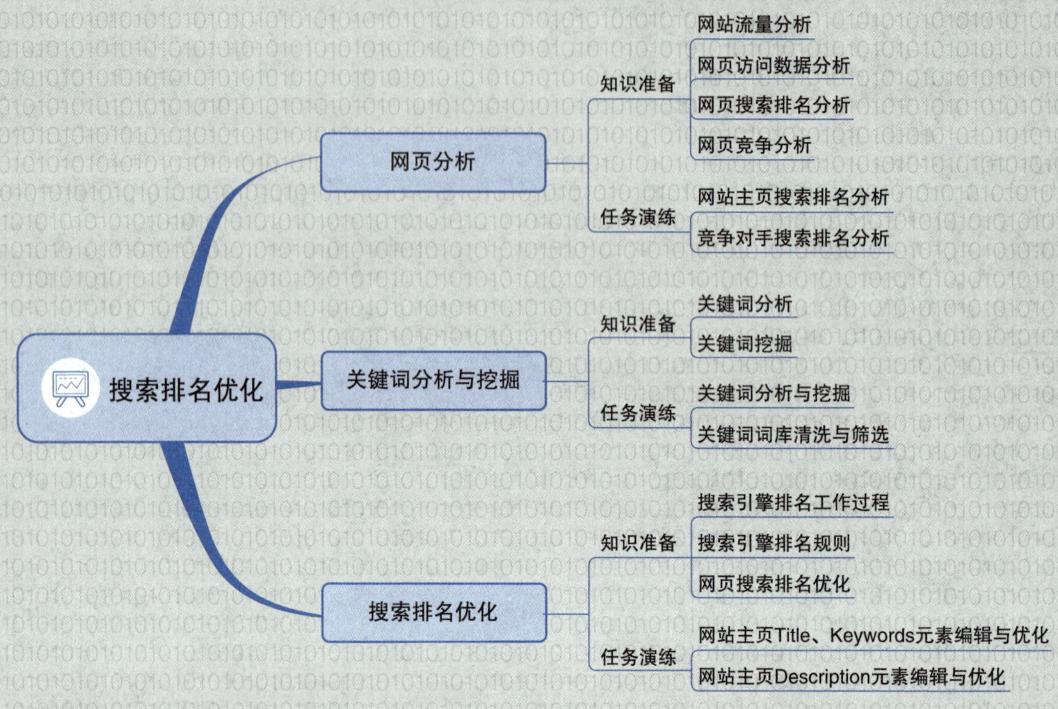

学习计划

素养提升计划

知识学习计划

技能训练计划

案例导入

搜索＋推荐，数字广告营销助力首发经济繁荣发展

首发经济是指企业发布新产品，推出新业态、新模式、新服务、新技术，开设首店等经济活动的总称，涵盖了企业从产品或服务的首次发布、首次展出到首次落地开设门店、首次设立研发中心，再到设立企业总部的链式发展全过程。

首发经济发展的痛难点之一是宣传推广。市场认知度低、用户接受度不确定、传统渠道适应性差，以及资源投入与回报的不确定性强，在一定程度上阻碍了新产品、新业态、新模式、新服务、新技术向更广大的市场拓展。数字广告营销通过精准定位目标受众、运用多样化的数字媒体平台、制作吸引力强的广告内容，以及实时数据分析和优化策略，为首发经济的宣传推广提供了强有力的支持。

比如，具有近百年历史的运动品牌“回力”，在传承中华老字号品牌魅力的同时，不断创新品牌发展模式，推出了许多“国潮经典”的新产品，在首发经济领域，为中国民族品牌的发展树立了典范。依托“搜索＋推荐”的数字广告营销模式，回力提出了一个以“复古新潮，国潮回归”为传播主题的全链路营销解决方案，实现用户对回力新产品的全方位认知、体验和购买。具体营销方案如下：

1. 搜索优化

通过在搜索引擎中优化回力品牌及相关产品的关键词，确保用户在搜索“回力鞋”“国潮运动鞋”等关键词时，能够迅速找到回力品牌的官方信息和新产品介绍。

2. 落地页丰富，内容聚合

当用户点击搜索结果进入回力品牌的官方落地页时，将看到一个集产品展示、品牌故事、用户评价、购买链接等丰富内容于一体的页面。用户可以在这里全面了解新产品信息，为购买决策提供有力支持。

3. 社交互动与话题营销

利用社交媒体平台发起与回力品牌相关的互动话题，如“回力鞋的复古风潮”“我与回力的故事”等，激发用户的参与热情，增强品牌与用户的互动。同时，通过直播等方式，进一步扩大品牌影响力，吸引更多潜在消费者。

4. 内容推荐

通过内容推荐系统，向用户推送与回力品牌相关的优质文章、视频等内容，帮助用户更深入地了解回力品牌的文化内涵和新产品卖点。

最终，经过全链路营销方案的实施，回力在搜索引擎中的曝光量显著提升，品牌知名度和美誉度得到有效提升。通过社交互动和内容推荐，回力与用户的互动更加频繁且深入，实现了用户从认知到体验再到购买的全链路覆盖，为回力新产品的推广提供了新助力。

引思明理：

党的二十届三中全会指出："积极推进首发经济。"首发经济有时尚、品质、新潮等特征，符合消费升级趋势和高质量发展要求，是一个地区商业活力、消费实力、创新能力、国际竞争力、品牌形象和开放度的重要体现。首发经济不仅是经济增长的新形式，而且是推动社会和经济结构变化的新力量。从案例中可以看出，在市场竞争愈发激烈、"酒香也怕巷子深"的今天，数字广告营销以其独特的优势，迅速提升新品牌、新产品或新服务的市场认知度，有效引导消费者关注并促进购买行为，全力推进首发经济的宣传推广，助力首发经济的繁荣发展。未来，数字广告营销还将融合更多新技术、新思维、新模式，为经济持续高质量发展提供新动能。

任务2.1
网页分析

◆ 任务描述

网页分析是搜索引擎广告营销的基础，为搜索引擎广告营销提供方向上的指导，以提高网页在搜索结果页中的排名和搜索引擎广告营销的效果。

网页分析需要有明确的方向，在进行网页分析之前，要先对企业网站流量有充分的了解，对所有访问网站的用户的具体行为有一个清晰的整体认知；然后再分析具体网页的访问数据、搜索排名情况和竞争情况，充分了解网页的实际状态，以便找出问题并改进。本任务的主要工作流程包括：

（1）分析企业网站流量，并确定要分析的网页；

（2）借助网页流量分析工具，完成网站流量分析与网页访问数据分析；

（3）确定并查找网页核心关键词，完成网页搜索排名分析；

（4）确定竞争对手及其网页关键词，查询竞争对手网页关键词的搜索排名情况。

◆ 知识准备

2.1.1 网站流量分析

网站流量分析主要是对网站各种数据及其指标和趋势进行分析。数据趋势和数据本身能够在一定程度上反映网站的运营状态和搜索引擎广告营销的效果，直接或间接地指导搜索引擎广告营销工作。在流量分析过程中，有多种数据指标可以反映网站当前的流量状况，不同的分析工具有不同的数据指标。整体而言，以下几个基本的数据指标必不可少。

1. 流量来源分析

网站的流量来源主要包括直接访问、搜索引擎和外部链接。直接访问来源是指受众直接在浏览器中输入网址或通过单击浏览器收藏夹中的网址进行的访问，是衡量网站知名度的指标。搜索引擎来源是指受众通过单击搜索引擎的搜索结果页面进行的访问，反映了网站搜索引擎优化和搜索竞价营销的水平。外部链接来源是指受众通过单击其他网站中的外部链接进行的访问，反映了网站的受欢迎程度和网站外部推广工作的效果。

A 网站三大流量来源的比例和趋势如图 2-1 所示，这三种来源虽然有时间差异，但在比例上基本保持稳定。通常情况下，直接访问来源应占比 20% 左右，搜索引擎来源应占比 60%~65%，外部链接来源应占比 15%~20%。现在 A 网站搜索引擎来源的流量较少，占比为 23.63%，说明其搜索排名优化或搜索竞价营销的效果有待提高；外部链接来源的流量较少，占比为 5.31%，说明 A 网站的外部链接建设有待加强。

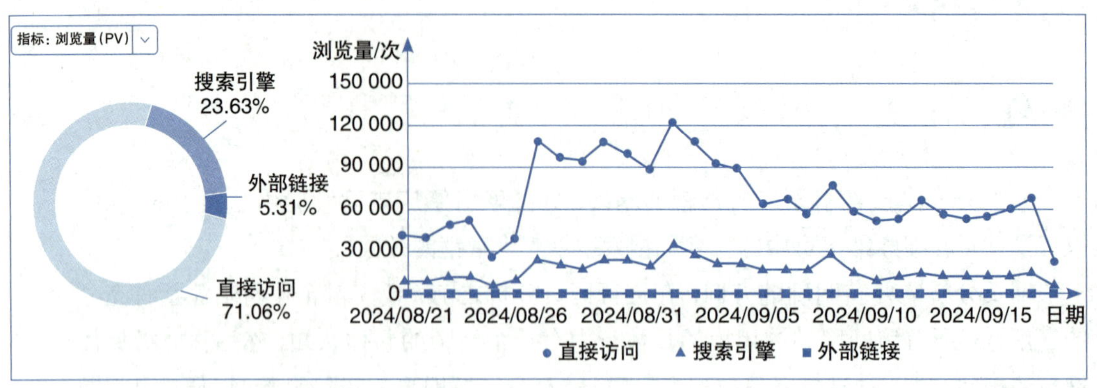

图2-1　A网站三大流量来源的比例和趋势

2. 浏览量与访客数分析

浏览量（Page View，PV）指网站被浏览的总次数，访客数（Unique Visitor，UV）指通过互联网访问、浏览该网站网页的总人数。某网站的 PV、UV 数据和趋势如图 2–2 所示。从图 2–2 中可以看出，PV/UV ≈ 6.66（次 / 人），也就是说平均每个目标受众访问了 6.66 个页面，这说明该网站内容对目标受众有较大的吸引力。

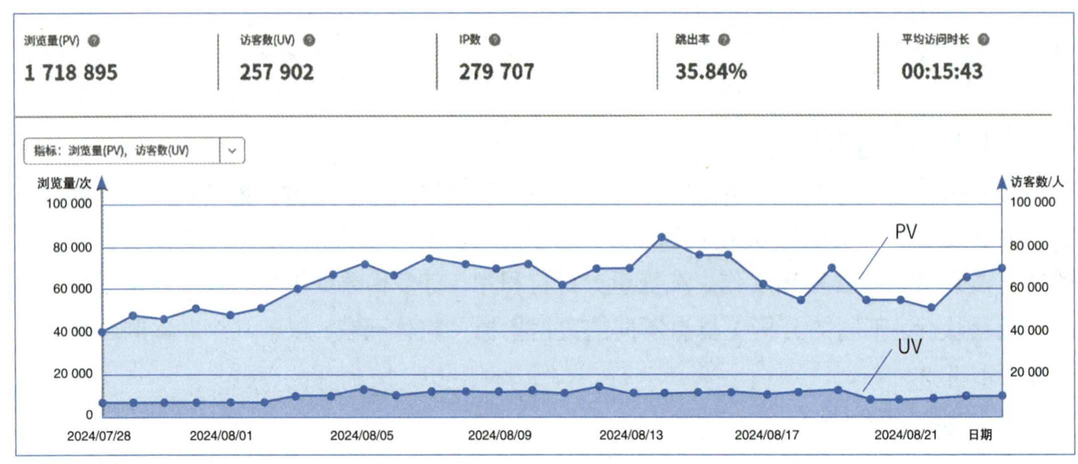

图2-2　某网站的PV、UV数据和趋势

需要注意，网站的 PV 与 UV 趋势变化并不一定是相同的，可以根据 PV–UV 的联动变化（如图 2–3 所示）了解具体流量情况并制定优化方案。

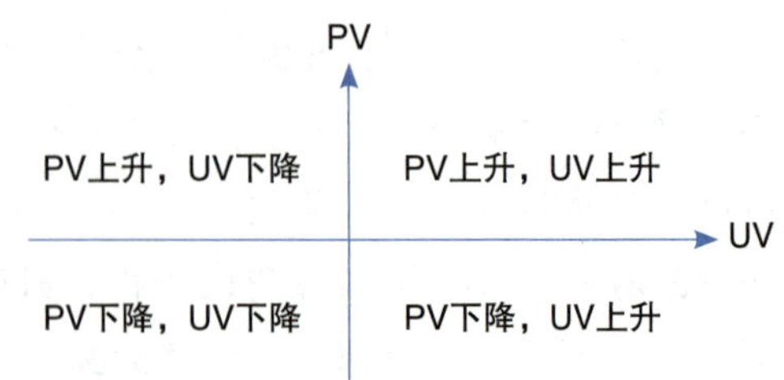

图2-3　PV–UV的联动变化

根据 PV–UV 的不同变化可以得出以下结论：

（1）PV 上升，UV 上升：两种数据指标均处于上升状态，表示网站运营状态良好。

（2）PV 上升，UV 下降：单个访客访问页面数量较多，表示网站内容对目标受众有较大的吸引力；但是访客数量下降，表示网站还需要加大推广以增加访客数量。

（3）PV 下降，UV 上升：单个访客访问页面数量较少，表示网站内容对目标受众的吸引力较差，网站需要进行内容优化，提高单个访客访问页面的数量。访客数量增加，表示网站的推广较好。

（4）PV 下降，UV 下降：表示网站需要同时进行推广和内容优化。

3. 网站跳出率分析

网站跳出率（Bounce Rate）是指目标受众进入网站后，只浏览了一个页面就离开的访问次数与网站的总访问次数的百分比。

简单地说，网站跳出率是进入目标页面后没有继续访问该网站的其他页面，而直接离开网站的目标受众人数统计。网站跳出率越高，代表进入网站后马上离开的目标受众越多，说明网站体验不好；反之，则说明目标受众能够在网站中找到自己感兴趣的内容，可能还会再次浏览该网站，从而提高目标受众的回访次数，增加网站的转化率。

某网站的跳出率数据与趋势如图 2-4 所示。通过数据分析可以看出，9 月 10 日前跳出率均超过了 35%，其中还有两天超过了 40%。9 月 10 日后跳出率有所下降，但基本上仍保持在 30% 左右。

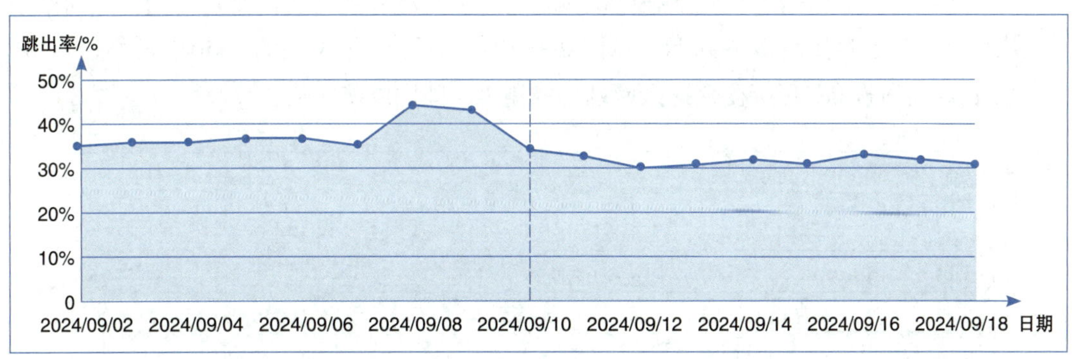

图2-4　某网站的跳出率数据与趋势

不同类型的网站，其跳出率也有所不同。网站跳出率高低的判断还需要考虑网站的运营时间、特点、过往跳出率的变化情况等因素。通常情况下，跳出率过高的网站可能存在内容与受众需求不符、访问速度过慢、内容引导较差等问题。

4. 平均访问页面数分析

平均访问页面数也叫访问深度（Depth of Visit），是指每个受众在单次浏览网站的过程中平均访问页面的数量。其计算公式为：

$$\text{平均访问页面数} = \frac{\text{浏览量}}{\text{访客数}}$$

平均访问页面数越大，说明受众体验度越高，网站的黏性越大，受众对网站的内容越感兴趣。

某网站平均访问页面数的趋势如图 2-5 所示。从图 2-5 中可以看出，该网站的平均访问页面数自 9 月 10 日起有所提高，说明受众浏览的页面比以前更多了。若该网站在该日前后对网站页面进行了优化，则说明优化效果较好。

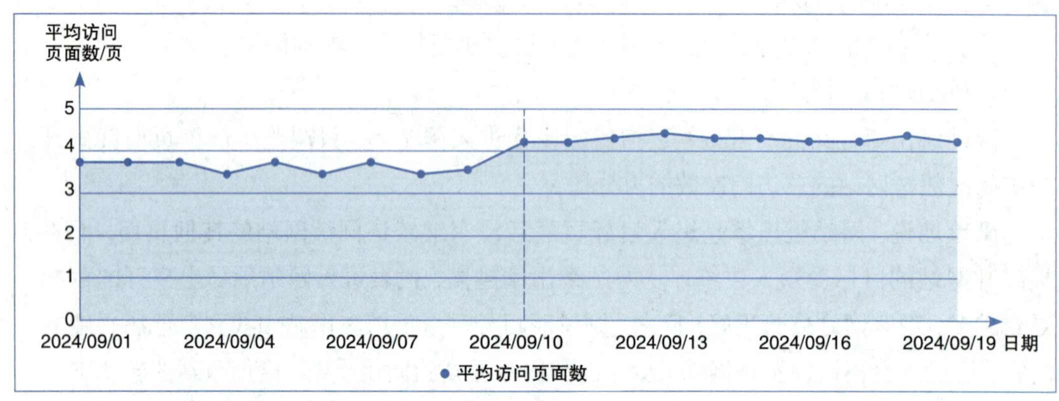

图2-5 某网站平均访问页面数的趋势

5. 平均访问时长分析

平均访问时长指所有受众在一次浏览网站的过程中所花费的平均时间。某网站平均访问时长趋势如图 2-6 所示。从图 2-6 中可以看出，该网站的平均访问时长自 9 月 10 日起有所提高，目标受众进入网站后的浏览时间比以前更长。

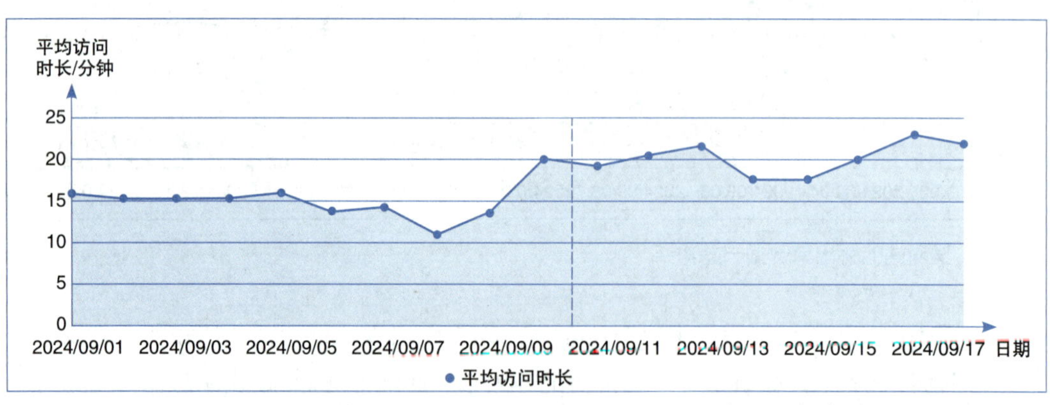

图2-6 某网站平均访问时长趋势

平均访问时长并不一定越长越好，要分情况而定。新闻资讯或者网络社区类网站的平均访问时间越长，意味着受众在这些网站中越可能找到有价值的信息；而对于购物类网站来说，访问时间过长则有可能是因为受众找不到目标信息，此时需要对网站进行优化，让目标受众尽快找到购物目标，从而实现转化。

2.1.2 网页访问数据分析

网页访问数据包括受访页面、受访域名、入口页面和页面点击图等数据，通过这些数据可以对受众访问网站的具体情况进行分析。

1. 受访页面分析

受访页面指在一定时间段内实际访问到的页面。某网站受访页面报表如图 2-7 所示，从中可以获得该网站每个页面的浏览量、访客数、贡献下游浏览量、退出页次数，以及平均停留时长等数据，通过受访页面的数据可以分析出哪个页面更受欢迎，哪个页面有待优化。

页面	网站基础指标		流量质量指标		
	浏览量(PV)/次	访客数(UV)/人	贡献下游浏览量/次	退出页次数/次	平均停留时长/分钟
网页1	14 131	1 811	10 527	2 573	7.5
网页2	7 614	1 150	5 299	1 590	0.4
网页3	3 531	787	3	1 258	3.5
网页4	3 451	1 553	3 419	364	1.0
网页5	3 260	1 481	3 817	584	0.5

图2-7 某网站受访页面报表

2. 受访域名分析

有些网站可能有多个域名，通过受访域名报表可以分析出目标受众访问网站的主要域名。受访域名报表如图 2-8 所示，从中可以看出大约有 68.85%（5 884÷8 546≈68.85%）的目标受众从第一个域名进入网站，另有 31.13%（2 660÷8 546≈31.13%）的目标受众从第二个域名进入网站，剩余两个域名则几乎没有目标受众访问，可以考虑进行优化。

域名	网站基础指标			流量质量指标	
	浏览量(PV)/次	访客数(UV)/人	IP数/个	跳出率	平均停留时长/分钟
+ 域名1	40 675	5 884	6 659	35.16%	4.3
+ 域名2	20 736	2 660	3 128	28.05%	3.5
+ 域名3	1	1	1	100%	2.0
+ 域名4	1	1	1	100%	2.0
当前汇总	61 413	8 546	9 789	32.84%	4.2

图2-8 受访域名报表

3. 入口页面分析

入口页面是目标受众访问网站时打开的第一个页面。通过对入口页面的相关数据进行统计，可以得到网站中各个入口页面的具体数据，包括每个入口页面所贡献流量的比例及趋势；每个入口页面的访问次数、访客数、跳出率、平均访问时长、平均访问页面数和贡献浏览量；每个入口页面的新访客数及其所占的比例；每个入口页面的转化次数和转化率等数据。

4. 页面点击图分析

页面点击图可以统计目标受众的点击情况并以不同的颜色进行展示。通过页面点击图可以了解目标受众对网站页面的关注点，从而根据点击热度进行页面优化。

2.1.3 网页搜索排名分析

在进行搜索引擎广告营销之前应该进行网页搜索排名分析，跟踪并统计网页所有核心关键词的排名变化情况以及每天的搜索词排名情况等。

1. 网页核心关键词确定

在 HTML[①] 语言里，Title、Keywords、Description 出现在“<head>”中，是 Meta 标签[②] 的重要元素。Title、Keywords、Description 可翻译为标题、关键词、描述，它们是网站内容描述的重要组成部分，通常也被合并简称为“TKD”或“TDK”。需要注意的是，在进行搜索引擎营销时，“关键词”的概念与“Keywords”元素的概念不同，前者范围更广，除了指“Keywords”元素中的关键词外，还可以指“Title”和“Description”中的关键词、网页内容中出现的关键词、搜索竞价营销中使用的关键词等。因此，为了进行有效区分，下文中统一使用 Title、Keywords、Description 表述 Meta 标签中的 Title 元素、Keywords 元素和 Description 元素。

在进行网页搜索排名分析前，先要确定核心关键词，还可以通过查看网页源代码的形式查看网页 Meta 标签中的 Title、Keywords、Description 元素中的关键词，确定核心关键词；也可以利用其他站长统计工具查看网站 Title、Keywords、Description 元素中的核心关键词。某网站首页中 Title、Keywords、Description 元素的关键词分布如图 2-9 所示，可以对其进行分析并确定核心关键词。

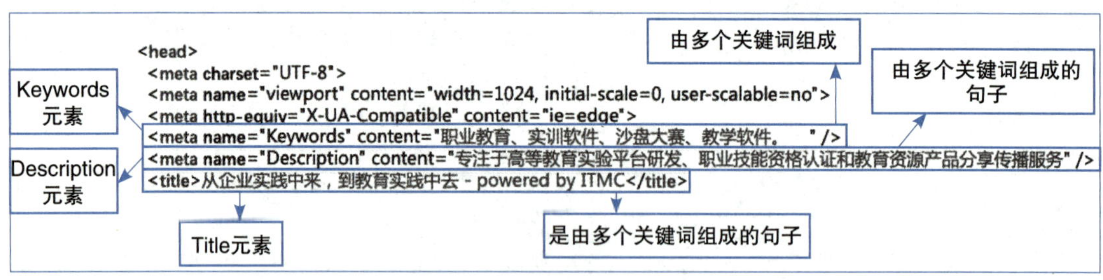

图2-9　某网站Title、Keywords、Description元素中的关键词分布

① HTML 的全称是“超文本标记语言”，是一种用于创建网页的标记语言。
② Meta 标签是在 HTML 网页源代码中，用于描述网页文档属性的标签。

2. 网页关键词排名查询

为了更好地了解当前网页的搜索排名情况，一方面，可以模拟目标受众的搜索行为，在主流搜索引擎中搜索核心关键词及相关关键词，查看不同关键词下的网页排名位置。另一方面，可以借助第三方工具，输入网址，查看网页的核心关键词及排名情况。例如，在某第三方工具中查询网页关键词及排名情况，结果如图 2-10 所示。

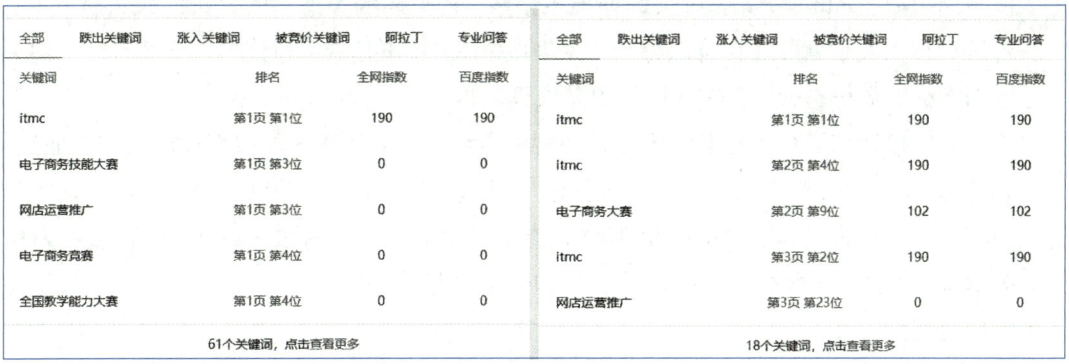

全部　跌出关键词　涨入关键词　被竞价关键词　阿拉丁　专业问答

关键词	排名	全网指数	百度指数
itmc	第1页 第1位	190	190
电子商务技能大赛	第1页 第3位	0	0
网店运营推广	第1页 第3位	0	0
电子商务竞赛	第1页 第4位	0	0
全国教学能力大赛	第1页 第4位	0	0

61个关键词，点击查看更多

全部　跌出关键词　涨入关键词　被竞价关键词　阿拉丁　专业问答

关键词	排名	全网指数	百度指数
itmc	第1页 第1位	190	190
itmc	第2页 第4位	190	190
电子商务大赛	第2页 第9位	102	102
itmc	第3页 第2位	190	190
网店运营推广	第3页 第23位	0	0

18个关键词，点击查看更多

图2-10　网页关键词及排名查询结果示意

3. 网页关键词排名分析

使用相关工具查询网页的关键词排名后，需要建立关键词排名记录表，根据表中关键词排名的变化调整关键词的优化方案。每隔一段时间，就要将查询到的关键词排名数据添加到关键词排名统计表中，如表 2-1 所示。经过一段时间的统计后，就可以观察到关键词排名的变化。例如，从表 2-1 中可以看出，9 月 30 日时有 5 个关键词排在前 10，但其中 3 个还不是第 1，下一步应重点优化这 3 个关键词。

表2-1　关键词排名统计表

关键词	8 月 31 日百度排名	9 月 30 日百度排名
运动鞋	1	1
跳舞鞋	3	1
跑步鞋、运动鞋	11	3
球鞋	9	6
篮球鞋	10	9
安踏	21	13
……	……	……

2.1.4　网页竞争分析

网页竞争分析是网页分析中非常重要的一步。要想掌握关键词的竞争情况，找到更具有性价比的关键词，就必须要做好网页竞争分析，具体可以从竞争程度分析和竞争对手分析两个维度入手。

1. 竞争程度分析

在选择关键词的时候，核心要求就是搜索量大、竞争程度小。搜索量可以直接利用关键词分析工具查询，但是竞争程度的判断相对复杂。分析竞争程度时，可以综合搜索结果数、intitle 结果数、关键词搜索指数、相关词数等指标的分析结果进行判断；若进行搜索竞价营销，也可以参考“竞争度”或“竞争指数”等数据。一般而言，相关数据指标的数值越大，意味着竞争的激烈程度越大。

（1）搜索结果数。搜索结果数是搜索引擎经过计算后认为与搜索词匹配的页面数，它能够直观地反映出关键词的竞争程度。通过搜索引擎搜索关键词时，会显示该关键词相关页面的总数量，也就是该关键词的所有竞争页面。例如，某一时刻百度搜索中关键词“手机”的搜索结果数如图 2-11 所示，相关结果约为 100 000 000 个，说明竞争比较激烈。

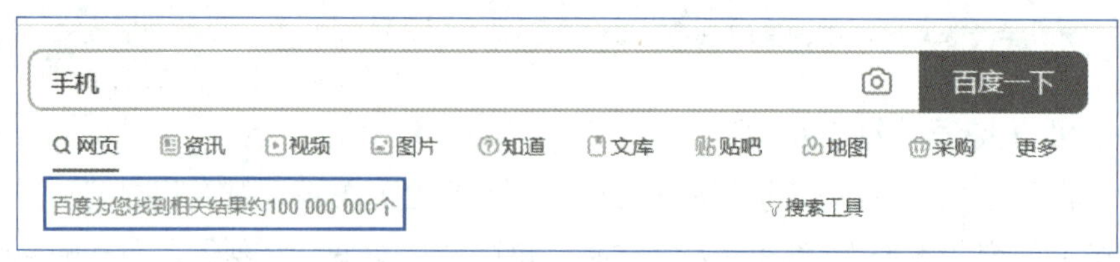

图2-11　“手机”搜索结果数

（2）intitle 结果数。“intitle”是搜索引擎优化中常用的高级搜索指令。intitle 结果数是指标题中包含某关键词的网页的数量，其查询语法为：“intitle：关键词”，返回结果数越大，则表示竞争越激烈。例如，某时间在百度搜索引擎中输入关键词“intitle：手机”，反馈“相关结果约 22 900 000 个”，如图 2-12 所示，说明竞争比较激烈。

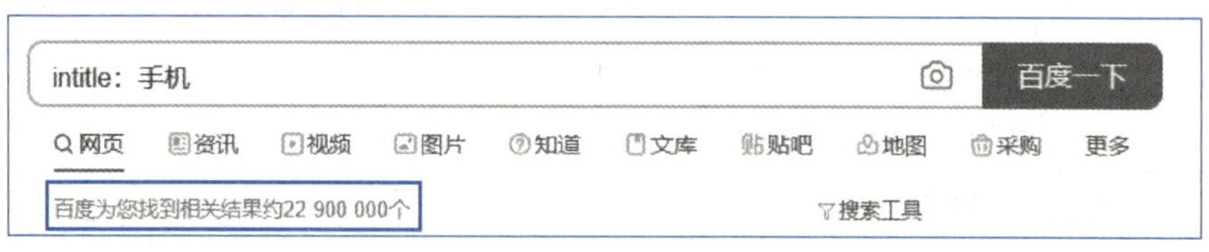

图2-12　“intitle：手机”搜索结果数

可以发现，以上两种方法的验证结果相差非常大，关键词“手机”返回的搜索结果数约 1 亿个；“intitle：手机”返回的结果则只有 2 290 万个。原因是部分网页的关键词只出现在结果页面中，在页面标题中并没有出现，这部分关键词很有可能只是偶然在网页中提到，企业并没有针对关键词进行网页优化，此类页面针对该特定关键词的竞争实力很低，在进行关键词优化时可以直接排除；只有在标题中出现同一关键词的页面才是真正的竞争对手。

（3）关键词搜索指数。关键词搜索指数是指数化的搜索量，反映了关键词的搜索趋势，不等同于搜索次数，如图 2-13 所示。一般来说，关键词的搜索指数越高，目标受众搜索的次数也就越多，就会有越多的企业对该关键词进行优化或者竞价，竞争程度也就越大。

序号	关键词	搜索指数
1	手机	2 367 610
2	手机版	330 633
3	拍照手机	224 759
4	安卓手机	133 695
5	华为手机	99 025

图2-13 关键词“手机”及相关关键词的搜索指数

（4）相关词数。相关词是指与某个关键词具有一定相关性的关键词，相关词的数量和搜索指数越大，关键词的竞争程度也就越大。例如，笔记本电脑相关词如图 2-14 所示。

笔记本 查询

为您找到相关结果约324个 导出数据

百度PC 百度移动 搜狗PC 搜狗移动 360PC 360移动 神马

序号	关键词	收录量/个	长尾词数/个	竞价词/个	全网指数	sem价格/元	PC日均点击量/次	移动日均点击量/次	关键词特点	竞价竞争度
1	小米笔记本	68 400 000	138 607	662	805	0.7	2 478	3 157		简单
2	神舟笔记本	61 100 000	53 938	822	642	0.7	1 991	3 143		简单
3	笔记本尺寸	100 000 000	10 934	346	280	0.6	199	490		简单
4	笔记本主板	100 000 000	51 452	475	179	0.66	91	378		简单
5	组装笔记本	41 500 000	3 701	384	162	0.7	70	217		简单

图2-14 笔记本电脑相关词

2. 竞争对手分析

企业在进行搜索引擎营销的过程中，可以在广告位上看到自己的广告，也自然会发现竞争对手的广告。确定竞争对手后，企业应分析竞争对手网页的关键词及搜索排名，有针对性地制定竞争策略。

（1）竞争对手关键词分析。对竞争对手网页中不同词性的关键词（如品牌词、产品词、行业词、长尾词等）进行分析对比，利用搜索结果分析竞争对手的着陆页面，看其指向是否与搜索词相关。如果品牌词指向首页，产品词指向专题页面，行业词指向栏目页，长尾词指向内容页，说明其网页的关键词布局较好，此竞争对手实力相对强劲。

（2）竞争对手搜索排名分析。可以借助第三方平台查看竞争对手的排名表现，甚至可以把竞争对手布局过但自己未布局的关键词挖掘出来补充，还需要结合自身网站的具体情况进行调整。例如，竞争对手实力较强，进行了产品核心词布局，但自身网站实力较弱，若也进行产品核心关键词布局，在搜索排名时反而会处于劣势。

与自身网页的搜索排名分析相同，在分析竞争对手搜索排名时，一方面可以模拟目标受众的搜索行为，在搜索引擎中搜索核心关键词及相关关键词，查看竞争对手网页的排名位置；另一方面可以借助第三方工具了解竞争对手的关键词策略与关键词排名情况。

◆ 任务演练

演练任务 1　网站主页搜索排名分析

1. 任务目标

● 能够结合企业网站描述与主营产品，运用关键词相关性判断的方法，完成网站主页 Title 与 Keywords 元素中关键词相关性的判断。

● 能够利用搜索排名查询工具，搜索并分析网站主页 Title 与 Keywords 元素中关键词的排名情况。

● 能够利用关键词分析工具，查询并分析网站主页 Title 与 Keywords 元素中关键词的搜索指数情况。

2. 任务背景

为了将品牌文化和产品理念有效地传递给目标受众，开拓更大的目标市场，某数码公司市场部决定通过搜索引擎营销的方式，对自家品牌与产品进行深入推广。网站主页是一个企业对外展示的窗口，提高网站主页搜索排名能够让客户更快地找到自己，提高点击率。因此，杨军开始着手对该公司的网站主页搜索排名进行分析，通过分析关键词的相关性、排名及搜索人气等数据，充分掌握网站主页的当前状态，为网页信息的进一步优化打下坚实的基础。

为了更好地了解当前网站主页的搜索排名情况，杨军首先开始跟踪统计网站首页 Title 与 Keywords 元素中所有核心关键词的相关程度与排名情况，同时也利用关键词分析工具，统计分析关键词的搜索指数与相关关键词的情况。

3. 任务分析

网站主页搜索排名分析主要是从相关性、排名与搜索人气三个方面对自己网站页面的 Title、Keywords、Description 元素中的关键词进行分析。关键词的相关性主要是判断关键词与企业的主营业务内容是否相关；排名分析主要是通过搜索形式查询 Title 与 Keywords 元素中每个关键词的搜索排名情况；搜索指数主要是查询 Title 与 Keywords 元素中关键词是否具有搜索人气，搜索指数高的关键词在后期会带来更多网页展现机会。另外，在进行关键词搜索指数分析时，不仅要关注当前关键词的搜索指数情况，还要关注相关关键词的个数和搜索指数，相关关键词的个数越多，搜索指数越高，后期能够带来的网页展现机会也就越多。

4. 任务操作

（1）根据任务背景信息，对网站主页中的 Title 元素和 Keywords 元素中的关键词进行搜索排名与搜索指数查询与分析。

（2）根据企业主营业务内容，对网站主页的 Title 元素和 Keywords 元素中的关键词进行相关性判断并分别记录，填入表 2-2。

表2-2 关键词记录

关键词	搜索排名	搜索指数	相关性
手机	例如：1	例如：19 871	例如：相关
商城			
折叠手机			
拍照手机			
笔记本			
平板电脑			
路由器			

（3）根据记录情况，找出搜索排名靠后的关键词，没有搜索指数的关键词和相关性低的关键词作为可删除或优化的关键词，找出搜索排名靠前且搜索指数较高的关键词作为重点关键词。

5. 任务评价

本任务评价见表 2-3。

表2-3 网站主页搜索排名分析任务评价

评分方式	客观评分
评价内容	Title 元素中的关键词相关性判断
	Title 元素中的关键词搜索排名分析
	Title 元素中的关键词搜索指数分析
	Keywords 元素中的关键词相关性判断
	Keywords 元素中的关键词搜索排名分析
	Keywords 元素中的关键词搜索指数分析

6. 任务拓展

（1）分析星马数码公司网站产品详情页的搜索排名。

（2）星马数码公司的主营产品为数码产品，但行业不同、关键词不同、竞争程度不同。所以，不同行业的企业在进行网站首页搜索排名分析时，关键词排名、搜索指数会有一定的差异。请结合任务演练 1 中网站首页搜索排名分析的方法，对某服装行业中小企业的网站首页进行搜索排名分析。

演练任务 2　竞争对手搜索排名分析

1. 任务目标

- 能够根据企业主营业务内容，定位竞争对手网站。
- 能够根据竞争对手网站数据，分析竞争对手网站的关键词及搜索排名。

2. 任务背景

为了取长补短，更好地进行网站搜索排名优化，在确定目标客户群体后，杨军决定对竞争对手网站展开分析。分析竞争对手网站的目的是了解对手，洞悉对手的市场策略，了解自己与竞争对手的区别并制定自己的营销策略，杨军要确定竞争对手网站，从竞争对手相关网页出发，对竞争对手网页的展现量、点击量、关键词排名情况等数据进行分析，为提高企业的竞争力做准备。

3. 任务分析

可以通过主营业务内容确定竞争对手，竞争对手网站的展现量等数据在一定程度上反映了竞争对手的实力。竞争对手分析主要是对竞争对手相关网页的分析，包括 Title、Description 和 Keywords 元素中的关键词的分析，主要是确定网站的核心关键词，查询核心关键词的排名、搜索指数、点击率等数据。通过对竞争对手网页的分析，可以更好地了解竞争对手网站的关键词布局情况，在学习竞争对手网站长处的同时制定有针对性的竞争策略。

4. 任务操作

（1）通过查询竞争对手相关网页的展现量等数据，对竞争对手的相关网址数据进行分析和整理，找出相对比较强劲的竞争对手。

（2）分析竞争对手网站布局的关键词及其排名情况，统计并记录关键词的展现量、点击量等数据，完成表 2-4。

表2-4　竞争对手网站数据分析表

竞争对手名称	竞争对手网站网址	竞争对手网站关键词	竞争对手关键词排名	竞争对手关键词展现量	竞争对手关键词点击量
例如：格兰仕	例如：（略）	例如：空调	例如：第一名	例如：2 839 次	例如：308 次

5. 任务评价

本任务评价见表 2-5。

表2-5　竞争对手搜索排名分析任务评价

评分方式	客观评分
评价内容	正确定位竞争对手
	找准竞争对手网站的核心关键词
	正确分析竞争对手网站的关键词排名、展现量、点击量、点击率等数据

6. 任务拓展

行业不同，竞争程度不同，请为服装行业某中小企业网站确定竞争对手，并对竞争对手网站的关键词进行统计分析。

任务2.2

关键词分析与挖掘

◆ 任务描述

关键词可以是一个词语、一个短语或一句话，企业网站通过关键词优化与搜索竞价营销的方式进行关键词推广，可以在搜索引擎中获得较好的排名，为网站带来更多流量，提升企业的品牌知名度和影响力，从而吸引更多潜在目标受众，促进交易的进行。为了带来更好的营销效果，企业在进行搜索引擎营销时，需要充分了解关键词并建立自己的关键词词库。对这项工作任务来说，必须要掌握关键词分析的方法、搜索意图与特征分析的方法、关键词数据指标分析的方法、关键词挖掘的过程与方法等相关知识和技能。本任务的主要工作流程包括：

（1）分析并确定企业的核心业务内容，充分了解产品或服务的详细信息；

（2）根据企业产品或服务的详细介绍确定核心关键词；

（3）围绕核心关键词，利用多种工具和方法拓展关键词；

（4）结合不同营销需求下的数据指标要求，进行关键词词库的清洗与筛选；

（5）针对不同的关键词进行搜索意图分析，以便进行不同营销场景下的关键词添加。

◆ 知识准备

2.2.1 关键词分析

目标受众想要了解某些信息时，会借助搜索引擎输入关键词进行搜索。搜索引擎会对目标受众搜索的关键词进行一系列分析，确定目标受众的搜索意图；再以此为依据在已有的索引库中进行信息匹配与排名，向目标受众推送符合搜索需求的信息。所以，关键词是目标受众、搜索引擎、企业之间进行联系的桥梁，企业想要获得更多的搜索结果展示机会，就要分析好关键词。

1. 关键词分类

在整个搜索引擎营销的过程中，关键词的选取至关重要，搜索引擎营销人员必须要明确关键词的分类，这样才能根据网站的特性来筛选、布局和优化关键词。关键词的分类方式有多种，不同性质的网站使用的关键词分类方式不同。下面介绍一些常用的关键词分类方式。

动画：关键词分类

（1）按关键词的长短分类。按关键词的长短不同，可以将其分为长尾关键词和短尾关键词。

① 长尾关键词主要是指可以带来搜索流量的组合型关键词，特征是比较长，往往由 2~3 个词甚至是短语组成，优点是数量多，竞争度相对较小；但是搜索量相对较小。

② 短尾关键词一般多属于热门搜索词，特征是比较短，优点是搜索量相对较大；但是竞争激烈，精准度不如长尾关键词高。

（2）按关键词性质分类。按关键词性质不同，可以将其分为产品核心词、属性词、营销词、品牌词等。

① 产品核心词，是商品或者行业的主要通用性的名称词，能够将某商品或行业与其他商品或行业区别开。常见的产品核心词主要是类目词汇，包括一级类目、二级类目、三级类目、四级类目等。例如，服装、女装、连衣裙、新中式旗袍。

② 属性词也叫修饰词，主要是体现商品的一些特征，能够帮助受众了解产品详细情况的关键词。不同的商品都有其特有的属性，如 8 厘米宽、不锈钢、休闲风等。其中“产品词 / 服务词 + 属性词”，也属于属性词的范畴。

③ 营销词指具有营销性质或表示产品卖点的词。这种词一般具有一定的引导性或者营销效果，能够引起买家的注意，令其更加关注产品并激起购买欲望。例如，促销、新品、包邮、特价、“双 11” 促销、中秋半价、新品、智能等，都是营销词。

④ 品牌词一般是指明确带有企业品牌名称的关键词，一般是服务、产品或网站的一个代表性的名称，如百度、小米、淘宝、鸿星尔克、蜂花、华为官网等。

（3）按关键词搜索热度分类。按关键词的搜索热度不同，可以将其分为热门关键词、一般关键词和冷门关键词。

热门关键词主要是搜索量比较大的词汇。一般关键词是指搜索量适中的词汇。冷门关键词一般是目标受众搜索目的性很强，但是搜索量很小的词汇。

如图 2–15 所示，相比较而言，“手机” 为热门关键词，“闪充手机” 为一般关键词，“1 千至 2 千元什么手机好”“2 千元的手机哪个比较好” 为冷门关键词。

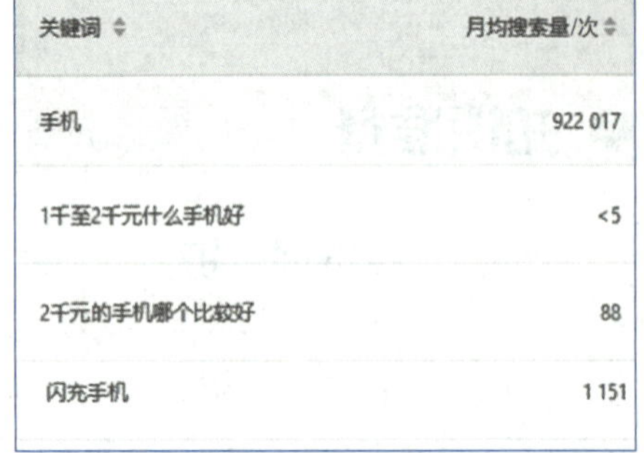

关键词	月均搜索量/次
手机	922 017
1千至2千元什么手机好	<5
2千元的手机哪个比较好	88
闪充手机	1 151

图2–15 热门关键词、一般关键词和冷门关键词举例

（4）按关键词的含义分类。按关键词的含义分类主要是通过关键词本身的含义不同，可以将其分为价格词、排行榜词、解决方案词、知识类词、资讯类词、负面关键词、专有名词或专业术语等。

① 价格词一般是 “产品 + 价格” 的语义性描述关键词，主要是用来描述某产品或服务的价格或询问价格，如 “华为手机多少钱”“美的电饭煲价格” 等。

② 排行榜词一般是对产品或者服务的品牌进行对比询问的关键词，如 “电饭锅哪个好”“手机排行榜”“买平板电脑选哪家” 等。

③ 解决方案词一般是 “产品 / 服务 + 解决词” 的组合，主要是人们对某产品 / 服务

或生活中存在的某些问题该如何解决的询问性关键词。如“如何理财”“如何使用微波炉”“微波炉怎么用”“手机坏了怎么办”“空调漏水怎么办”等。

④ 知识类词是关于某产品/服务的名词解释、背景/环境、由来、分类、发展过程、操作技巧，价值、特色、形态特征、组成成分、分布范围、注意事项、使用禁忌、文化、预防方法等百科类的描述性关键词或询问性关键词。如“什么是电饭锅”“使用电饭锅要注意什么”“电饭锅使用的注意事项”“电饭锅能做菜吗”等。

⑤ 资讯类词是简短描述新闻事件、生活热点事件的关键词，如“杭州外卖小哥见义勇为”“鸿星尔克捐款 5 000 万元”“全国水果价格下降”等。

⑥ 负面关键词是指会损害品牌形象、与品牌调性相悖，或与广告内容完全无关的关键词。

⑦ 专有名词或专业术语包括人名词、地名词、节日词、行业专有名词等。人名词主要是指重要人物的姓名；地名词主要是国家、省、市、县、地区的名称；节日词主要是各国的重要节日；行业专有名词主要是指行业特有的名词，如数据库、云计算、免疫、过敏等。

（5）按关键词的通用程度分类。按关键词的通用程度不同，可以将其分为通用词和非通用词。

① 通用词指基于某一行业类别或定义某一行业类别的词，比产品词更加宽泛。通用词是不包含品牌、被目标受众大量使用的搜索词，如数码、水果、电器等。这些关键词表明目标受众有一些模糊的欲望和兴趣，但企业并不能识别其真实的意图。

② 非通用词是除通用词以外的关键词，如解决方案词、属性词、品牌词、知识类词、咨询或视频图片类词、人群词等其他搜索词。

（6）按关键词与企业的相关度分类。按关键词与企业的相关度不同，可以将其分为品牌词、品类词（产品词）和人群词。

① 品牌词是指网站的专有品牌名称或者企业名称。每个网站都需要创建一个属于自己网站的品牌词，这样有利于网站后期的品牌推广。

② 品类词（产品词）是指企业的主营产品或者主营服务的关键词，如化妆品、数码相机、婚纱摄影、健康减肥等。

③ 人群词是指描述目标受众群体表现出的主流兴趣点的关键词，如篮球运动鞋厂家的人群词有“灌篮技巧”“投三分球技巧”等。

2. 搜索意图与特征分析

不同的关键词有不同的商业价值。企业通过搜索词分析可以清楚地掌握目标受众的搜索意向，了解目标受众的特点，从而有针对性地采取不同的营销策略。

例如，搜索“数码相机成像原理”的目标受众的购买意图应该比较低，其商业价值也不高，因为目标受众很可能只是想了解数码相机的成像原理。而搜索“数码相机价格”的目标受众的购买意图则会比较高；搜索“数码相机购买”或“数码相机促销”的目标受众的购买意图更为明确，商业价值更高，如果企业能够据此适时推出一些促销活动，就很可能促成目标受众购买。

(1) 目标受众搜索意图分析。AIDA模式也称“爱达”公式，其模型如图 2-16所示。“AIDA”模式指出，消费者的决策会经历四个行为阶段：注意（Attention）、兴趣（Interest）、需求（Desire）、行动（Action）。注意是指营销者首先要引起消费者的注意；兴趣是指消费者对产品或服务产生兴趣；需求是指消费者经过考虑后，觉得产品或服务符合其需求，产生对产品或服务的需要；行动是指消费者最终决定购买，从而达到营销的目的。

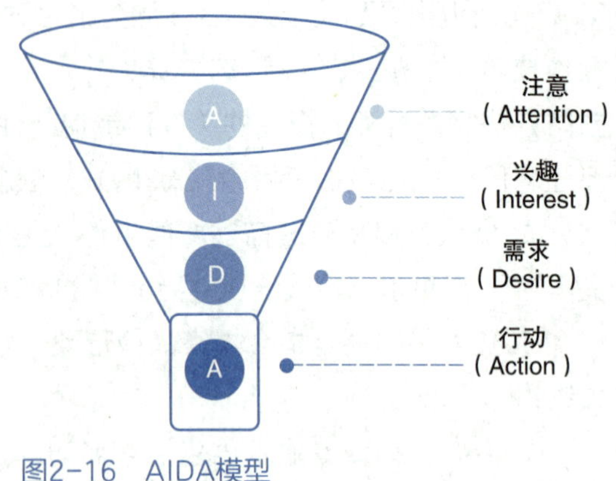

图2-16 AIDA模型

搜索引擎营销可以很好地契合于 AIDA 模型的四个消费者行为阶段中，并在此过程中或近或远地促成交易（行动）的发生。不同类型的搜索行为背后的搜索意图也不相同，应该从目标受众搜索行为的角度出发，结合 AIDA 模型，分析不同类型的搜索行为背后的搜索意图。

① 导航型搜索行为的目的主要是寻找特定的网站，使用的搜索词如“华为官网”“北京东方时尚驾校”等。导航型搜索行为的受众大多数位于购买决策流程的“注意—兴趣”阶段，没有对特定产品或服务的具体需求，可能对很多类别的产品或服务都会产生注意与兴趣，但并没有准备好对任何一种产品或服务产生购买行动。

② 交易型搜索行为主要是想要做某些具体的事情，如买东西、注册、参加竞赛、下载不同类型的文件等，可能使用的搜索词如“大吸力吸尘器”“连衣裙”“演讲比赛物料”等。用户带有明确的某种“交易”目的进行搜索，这一搜索行为一般对应某些具体的产品或服务需求，已经进入了购买决策流程的“需求—行为”阶段，甚至可能很快发生购买行为。

③ 信息型搜索行为的目的主要是搜索信息来解答他们的疑问或者了解新的主题概念，可能使用的搜索词如“什么样的手机好”“手机排名”等。信息型搜索行为相较于以上两种情况而言，显得复杂而不确定：相对于“导航型”“信息型”搜索行为可能并没有明确的导航指向，或者即使有也需要经过多次导航才能获得；相对于“交易型”“信息型”搜索行为，还没有聚焦于某个或某类特定的产品需求，或者即使有所针对，也仅停留于“兴趣”阶段。信息型搜索者也是搜索引擎营销活动的重要对象，他们尚未选择要购买的产品，还属于可以被“争取”的阶段。企业可以向他们展示可能相关的产品，使其进入交易型搜索阶段。

(2) 目标受众特征分析。一般情况下，可以对目标受众做多种特征属性的分析，常见的基础属性包括性别、地域、年龄、收入、职业等。搜索引擎作为一个超级媒体，其每天出现数十亿次的搜索词涵盖了各种各样的目标受众。因此，目标受众的区分可以通过关键词来进行，不同的关键词代表不同的搜索行为，这些不同的搜索行为又体现出某种特征属性。

很多关键词可以直接区分目标受众，以某个产品为例，搜索其名称的目标受众一定对该产品及品牌感兴趣，他们的特征属性应该符合该品牌手机购买人群的情况，此类关键词的搜索结果能够直接区分出“手机类”受众。不仅是具体产品或品牌名称，一些网站类的描述词同样具有这样的功能。例如，“母婴网”功能之类的关键词能够直接区分出“母婴类”受众。

还有很多通用词汇能够直接区分受众性别、人生阶段等，如搜索“化妆品”的多为女性，搜索“童装”的多为家有儿童的人群。

也有很多几乎没有区分意义的关键词，如“天气”这个关键词日常搜索量很大，但从搜索意图来判断，主要是为了获得本地当天的具体天气，并不能反映出除地域特征以外的任何其他属性，因而无法据此对受众进行区分。

3. 关键词数据指标分析

（1）搜索指数。又称搜索量、搜索人气或展现量，是目标受众对关键词的历史搜索次数的指数化统计，以目标受众在搜索引擎中的搜索量为数据基础，以关键词为统计对象，分析并计算出各个关键词在搜索引擎中搜索频次的加权数。

（2）点击指数。又称点击量，是某一段时间内包含某个关键词的网页和推广某个关键词的广告被点击的次数的指数化统计。为了方便企业进行关键词的分析与选择，各大搜索引擎会在一定统计周期内，以目标受众在搜索引擎中的点击量为数据基础，以关键词为统计对象，计算出各个关键词在搜索引擎中被搜索的次数，并通过一定的算法进行指数化处理。这个处理后的数据就是搜索指数。

（3）点击率。点击率是指当目标受众在网页上搜索关键词后，包含某个关键词的网页和推广某个关键词的广告得以展现并被点击的概率，通常是网站页面上某些内容被点击的次数与被展示次数之比，反映了网页上某一内容的受关注程度，经常用来衡量广告吸引用户的程度。

（4）转化指数。又称转化量，是指某一段时间内包含某个关键词的网页和推广某个关键词的广告被点击并促成转化的次数。转化指数是以目标受众在搜索引擎中的转化量为数据基础，以关键词为统计对象加权计算出的关键词在搜索引擎中的转化频次。

（5）转化率。转化率是指某一段时间内转化行为的次数占包含某个关键词的网页和推广某个关键词的广告总点击次数的比率。转化率是企业最核心的经营指标之一，一般转化率越高，说明营销效果越好。

（6）地域分布。地域分布表示关注该关键词的受众的地域分布情况，地域分布是根据目标受众搜索数据，对搜索该关键词受众的地域属性进行聚类分析，得出的受众所属省份、城市，以及城市级别的分布情况。

(7) 基础属性分布。基础属性分布是指关注该关键词的受众的基础属性分布情况，根据受众搜索数据和注册信息，对搜索该关键词受众的性别、年龄等进行聚类分析，得出受众的年龄、性别等基础属性的分布情况。

(8) 兴趣分布。兴趣分布是基于搜索目标受众行为数据以及画像库刻画出来的关注某兴趣且搜索过该关键词的人群分布情况。

(9) 竞争度。又称竞争激烈程度，竞争激烈程度越高，代表关注该关键词的同行的数量越多，竞争越激烈。

(10) 建议出价。也称指导价，是指在进行搜索竞价营销的过程中，搜索引擎广告平台根据近期某个关键词的竞争激烈程度以及企业本身的广告质量估算的指导价格。由于目标受众搜索需求和竞争的动态变化，所估算的指导价并不能保证广告一定会在搜索结果的首页展示。

(11) 最低出价。也称底价，是指在进行搜索竞价营销的过程中，搜索引擎广告平台规定的该关键词的最低价格。关键词出价不能低于底价，低于底价时，广告不参与竞价排名。

大赛直通车

1. 赛项名称及竞赛模块

市场营销技能赛项——数字营销模块

2. 赛项组别

高职

3. 竞赛内容

各参赛团队在相同的市场环境下，结合给定的企业数据与市场数据，借助数字媒体平台进行品牌传播，增加网站曝光度，提升品牌认知度。

4. 竞赛要求——关键词添加与出价

不同关键词目标受众搜索的数量不同，点击查看网页信息的目标受众数量也不同。关键词展现量代表搜索该关键词的目标受众数量，关键词点击量代表搜索该关键词并点击查看网页信息的目标受众数量，关键词点击率代表搜索该关键词并进行点击查看网页信息的目标受众占搜索该关键词的目标受众的比例。应通过查询关键词的形式查找并添加关键词。

5. 相关评分标准及解析

(1) 相关评分标准。对于获得同一排名位置的不同关键词，关键词本身的展现量、点击量越高，网页展现的机会就会越高，被目标受众点击的概率也会越高，越能带来更多的展现量与点击量。

(2) 评分标准解析。可以通过“数据分析—搜索词分析”查看关键词的展现量、点击

量、点击率数据。关键词的展现量数据在一定程度上反映了目标受众的搜索习惯，展现量越高，代表越多的受众搜索过此关键词，也就代表着目标受众在查找相应的信息时更倾向于通过此类信息查找。企业在进行搜索引擎营销时，如果同时推广两个不同的关键词，展现量越高的关键词，被目标受众搜索的概率也就越大，因此展现和点击的概率也就越大。点击量和点击率的原理与展现量大致相同，不再逐一解释。

2.2.2 关键词挖掘

关键词挖掘的价值在于能细分市场并开发新市场，带动更多的商业价值。一般情况下，挖掘关键词的第一步就是确定核心关键词，确定了核心关键词之后再进行关键词扩展。扩展后还要建立关键词词库，并对所建词库进行清洗和筛选。

1. 确定核心关键词

（1）根据企业信息确定核心关键词。关键词按性质不同，可以划分为产品核心词、属性词、营销词、品牌词等，可以根据企业信息进行主营业务内容的分析，找出产品核心词、属性词、营销词、品牌词等作为网站的核心关键词。

（2）从受众角度确定核心关键词。从受众角度思考，网站能够为受众解决什么问题？遇到问题时，他们会搜索哪些关键词？在查询企业的产品时，他们又会搜索什么关键词？这时，只要具备一定的常识并且了解自己的产品，就可以列举出足够多的核心关键词。

（3）通过分析竞争对手确定核心关键词。最好的学习对象就是竞争对手，确定网站的核心关键词时，可以通过查看竞争对手网站页面源文件的方式搜集其核心关键词，为自身网站核心关键词的确定提供参考依据。这样做既可以避开竞争度较大的关键词，又可以帮助搜索引擎营销人员选取更适合网站推广的关键词。例如，一家做婚纱摄影的企业网站，通过查看竞争对手网站的源文件，可以了解这个竞争对手网站的标题、关键字和描述中有哪些关键词，如图 2-17 所示。

```
<!DOCTYPE html>
<html>

<head>
    <meta charset="utf-8">
    <meta charset="utf-8">
    <meta http-equiv="X-UA-Compatible" content="IE=edge" >
        <title>三亚_第1页_厦门婚纱照，三亚婚纱照_克洛伊全球旅拍</title>
    <meta name="keywords" content="厦门婚纱照，三亚婚纱照"/>
    <meta name="description" content="三亚克洛伊婚纱照，三亚婚纱图片，婚纱客片摄影图片，婚纱摄影照片，三亚克洛伊婚纱照片">
```

图2-17　竞争对手网站源文件示意

2. 拓展关键词

有了核心关键词后，就要进行关键词的拓展，下面介绍几种常用的关键词拓展的方法。

（1）使用关键词挖掘工具拓展关键词。目前较为常见的挖掘工具有关键词规划师、站长工具、爱站网等。在关键词规划师搜索框中输入关键词，会出现一些相关关键词，或者是直接生成词包；在站长工具主界面的“SEO 查询”下可以看到“关键词挖掘”选项，单击进入该界面可以进行相关关键词的挖掘；在爱站网的工具导航界面可以看到“关键词挖掘”选项，单击该选项即可进入“关键词挖掘”界面，进行关键词挖掘。

此外，也可以利用 AIGC 工具，如 Chat GPT、文心一言、通义千问等进行关键词的拓展。通过输入一系列的指令，如产品名、营销目标、目标受众等，AI 可以提供一系列与目标关键词高度相关的关键词。

（2）使用相关搜索拓展关键词。在搜索引擎搜索框中输入核心关键词时，搜索框就会自动显示与此关键词相关的一些搜索建议词。例如，在百度中搜索“婚纱摄影”，搜索框下方就会出现与“婚纱摄影”相关的关键词，如图 2-18 所示，可以作为拓展关键词。

也可以利用搜索结果页面下方的搜索引擎给出的相关搜索拓展关键词。例如，在百度中搜索“婚纱摄影”时，搜索结果页最下方会有一些相关搜索的关键词，如图 2-19 所示，可以作为拓展的关键词。

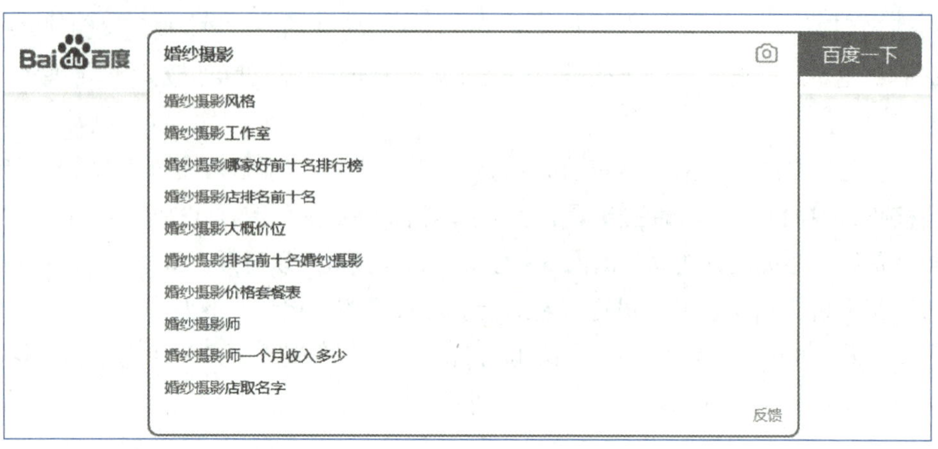

图2-18　使用相关搜索拓展关键词（1）

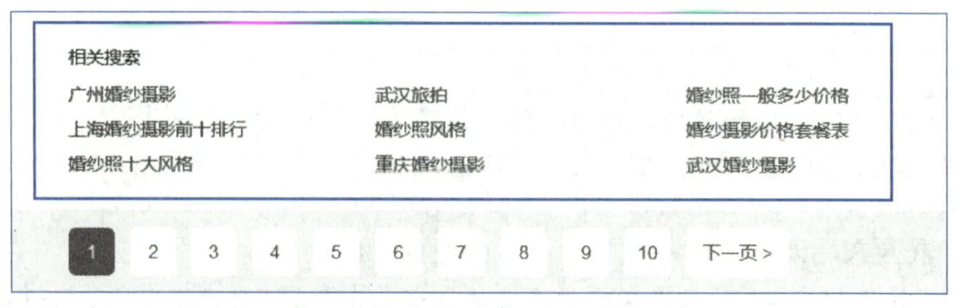

图2-19　使用相关搜索拓展关键词（2）

（3）使用其他各种关键词变体拓展关键词。关键词变体主要有同义词、相关词、简写、错别字等几种变体类型，可以对关键词进行各种变体，完成关键词拓展。

同义词是指意思相近的词语，可以根据核心关键词的同义词进行关键词的拓展。例如，核心关键词为“酒店”，那么与“酒店”同义的词语还有“旅馆”“宾馆”“饭店”“民宿”等。

相关词是意义不同但具有一定的相关性且受众群体相近的关键词，可以利用核心关键词的相关词拓展关键词。例如，“网站建设”“网络营销”与关键词“SEO”的相关度高，目标客户群体也大致相同。

简写就是将某一个词语简化，所以可以将核心关键词的简写作为拓展关键词使用。例如，“北京大学”与“北大”，“平板电脑”与“平板”等。

很多受众在使用拼音输入法时，经常会输入错别字或者同音字，所以部分错别字关键词也会有搜索量，可以借助常用的错别字拓展关键词，如“快接”与“快捷”等。但是优化错别字就不可避免地要在页面中出现这些错别字，这样可能会给目标受众带来不好的网站体验，所以要慎重使用利用错别字拓展关键词的方法。

（4）使用八爪鱼法拓展关键词。八爪鱼法拓展关键词是指在产品核心关键词的前面或后面添加一定的形容词来拓展关键词。例如，使用在价格、排名、地区、营销诱导等方面进行关键词修饰的方法，如图 2-20 所示。如果关键词是“酒店”，可以按地区拓展为“广州酒店”；也可以根据营销诱导需求拓展为“五星级酒店”“环境好的酒店”；还可以按价格拓展为“150～200 元价格的酒店”等。

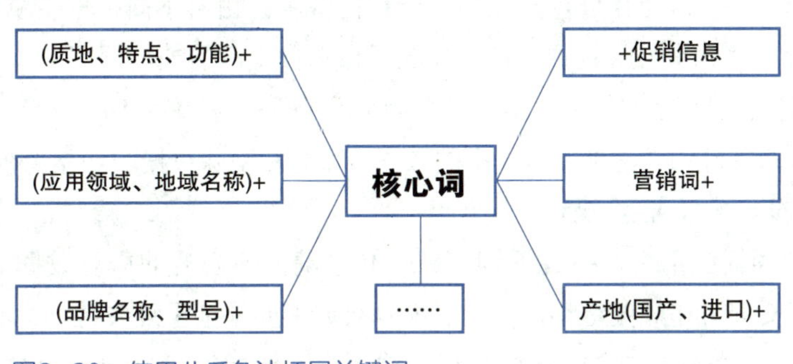

图2-20　使用八爪鱼法拓展关键词

（5）使用词组组合法拓展关键词。确定产品核心关键词后，可以将要组合的词组一起添加到表格中，使用词组组合法拓展关键词。如表 2-6 所示，可以将表格中的关键词按照品牌词 + 产品核心词、营销词 + 产品核心词、属性词 + 产品核心词、品牌词 + 营销词 + 产品核心词、品牌词 + 属性词 + 产品核心词、营销词 + 属性词 + 产品核心词等形式进行组合，拓展出大量的长尾关键词。

表2-6 使用词组组合法拓展关键词

品牌词	营销词	属性词	产品核心词
安踏	新款	真丝	连衣裙
	官方正品	春夏	长裙
	潮流	直筒	A 字裙
	时尚	桑蚕丝	中长裙
	大气	速干	短袖

3. 建立关键词词库

针对挖掘到的关键词，需要建立关键词词库进行管理，建立关键词词库的目的是在进行搜索引擎营销时，省去关键词重复挖掘与筛选的过程。建立关键词词库时，通常需要注意以下几点：

（1）需要对从不同来源获取的大量关键词进行辨别。通过辨别，企业可以初步剔除一些无用词和违规词。无用词主要是指与商品关联度弱，搜索量、点击率和转化率过低的关键词。违规词是指违反法律法规和平台规则的关键词。

（2）企业可以根据不同的主营产品和类型选择关键词，利用 Excel 或相关工具分类制作关键词词库。关键词词库制作不仅是把关键词填入词库中，还要把与关键词相关的数据保留下来，以便在进行搜索引擎营销时参考。由于不同搜索引擎的市场环境、数据指标等存在差异，企业需要针对不同的平台制作专门的关键词词库。

（3）关键词积累是一个长期的过程，因此企业还需要定期动态更新关键词词库。例如，定期新增关键词，更新关键词相关数据，筛选并剔除数据表现不好的关键词等。

4. 关键词词库清洗与筛选

（1）关键词词库清洗。关键词词库清洗包括清除不必要的重复数据、处理缺失数据、删除无意义词与违规关键词。其中，重复数据主要是指重复关键词，可以利用函数法、高级筛选法、条件格式法、数据透视表法等删除重复关键词；缺失数据是指数据集中于某个或某些属性值不完全的数据，其最常见的表现形式就是空值或者错误标识符，查找缺失数据的方法主要是定位输入和查找替换；无意义词主要指语气词、特殊符号词，违规关键词主要有与“最”“级”“极”相关的词、与虚假欺骗相关的词等，可以利用筛选的方式剔除包含这些字词的关键词，必要的时候可以进行人工剔除。利用现有的 AI 数据处理工具，可提升词库清洗的效率。

（2）关键词筛选。关键词筛选是指根据搜索引擎营销的需求，筛选出符合营销目标的关键词。进行关键词数据筛选时，通常要注意以下几点：

① 关键词筛选要坚持相关性原则。从网站优化的角度来看，如果把一些不相关的

内容添加到网站中，会给网站造成负担，也让页面与主题不相符，影响搜索引擎的判断，增加优化难度。因此，在关键词筛选时，要坚持关键词和产品相关的原则，尽可能少用或不用不相关的词语或者相关度不高的词语。

② 在关键词的选择上，企业一定要站在目标受众的角度来考虑，分析目标受众对产品的称呼是什么，他们会使用什么样的词语来搜索，而这些会被目标受众搜索的词语才是真正的关键词。

③ 当前市面上有很多工具提供关键词各指标的相关数据，如搜索指数等。搜索指数高并不意味着就适合自己使用，实力较弱的企业进行搜索引擎营销时，选择搜索指数高的行业大词会使自己处于排名劣势，很难达到营销目的。企业在选词时可以把相关数据作为参考，把基于数据整理出来的词语和企业的主营业务内容进行对比，只选择和主营业务内容相关的关键词。

④ 利用工具进行筛选可以大大提高数据筛选的效率与效果。除了 Excel、Python 等工具之外，还可以借助专业的关键词筛选工具。不同的关键词筛选工具界面不尽相同，但基本都包括“剔除关键词”“保留关键词”“长度过滤”“包含词清除”等功能，不仅可以根据内置的过滤数据包，自动删除无关的、带无效字符的、长度范围不合适的、违规的关键词，还可以批量在头部或尾部添加某些关键词，或替换一些近义词。利用这些工具，可以加快筛选过程，提高筛选的正确性。

◆ 任务演练

演练任务 3　关键词分析与挖掘

1. 任务目标

● 根据营销需求，结合主营业务内容，通过多种渠道进行关键词挖掘，建立关键词词库。

● 根据主营业务内容，拓展与主营业务内容相关的关键词，增加词库关键词数量。

2. 任务背景

当目标受众想要了解某些信息时，会借助搜索引擎通过搜索关键词的形式查找想要的信息。因此，关键词是目标受众与企业之间沟通的重要桥梁。在进行搜索引擎营销之前，建立关键词词库可以帮助企业更好地了解目标受众的搜索意图，做好搜索排名优化与搜索竞价营销。杨军决定根据企业主营业务和产品信息，挖掘品牌词、产品核心词、属性词与营销词，并采用多种方法进行关键词拓展。

3. 任务分析

关键词挖掘与拓展依据的首要原则是确保与企业主营业务和产品相关，同时，关键词还要有一定的搜索人气，以保证该关键词的优化价值。可以把产品核心词、属性词、营销词、品牌词作为核心关键词，然后围绕核心关键词利用多种方法进行拓展。产品核心词是产品或者行业的主要通用性名称词；属性词也叫修饰词，主要是体现产品的一些特征，能够帮助买家了解产品的详细情况；营销词指具有营销性质的词，一般具有一定的引导性或者营销性；品牌词一般是指明确带有企业品牌名称的关键词。

4. 任务操作

（1）根据企业主营业务内容，挖掘公司品牌词、主营产品核心词、属性词，以及背景信息中的营销词。

（2）根据企业主营业务内容，以产品核心词为中心，利用八爪鱼组词法，进行关键词的拓展。

（3）根据企业主营业务内容，利用关键词工具进行关键词的拓展。

（4）根据企业网站信息，结合公司品牌词、主营产品核心词、属性词手动组合长尾词。

（5）将挖掘与拓展的关键词整理至关键词词库并标记关键词类别，尽量保留关键词的搜索人气、点击率、竞争指数数据，如表 2-7 所示。

表2-7　关键词词库表

序号	关键词类别	关键词	搜索人气	点击率	竞争指数
1	例如：品牌词	例如：华为	例如：1 456 次	16%	10
2	例如：品牌词	例如：huawei			

续表

序号	关键词类别	关键词	搜索人气	点击率	竞争指数
3	例如：产品核心词	例如：手机			
4	例如：属性词	例如：全面屏			
5	例如：拓展词				
6	例如：长尾词				

5. 任务评价

本任务评价见表 2-8。

表2-8 关键词分析与挖掘任务评价

评价方式	客观评价
评价内容	挖掘到的品牌词的正确性与个数
	挖掘到的属性词的正确性与个数
	挖掘到的营销词的正确性与个数
	拓展关键词的正确性与个数

6. 任务拓展

关键词挖掘与拓展的核心是一定要确保与商品相关，小米公司经营的商品为数码类产品，属性特征有统一的标准，为标品类商品；女装行业的产品属性较为丰富，属于典型的非标品产品。请结合数码类产品关键词分析与挖掘的方法，围绕某服装企业中主营的产品连衣裙完成关键词的分析与挖掘。

演练任务 4　关键词词库清洗与筛选

1. 任务目标

- 能够利用数据处理工具，进行关键词词库清洗，梳理关键词词库。
- 能够结合营销目标，进行关键词数据筛选，确定关键词词库。

2. 任务背景

通过前期关键词的分析，杨军对公司的品牌词、产品核心词、属性词、营销词，以及常用的通用词和长尾词进行了挖掘和拓展，建立了关键词词库。为了提高关键词词库的使用效率，需要对已挖掘的关键词进行清洗和筛选。杨军决定结合网页优化需求和用户搜索需求，从关键词的重复性、缺失性、无意义性等角度进行关键词词库的清洗；同时从相关性、搜索人气、点击率、竞争指数、关键词数量等方面筛选符合营销需求的目标关键词，不断优化关键词词库。

3. 任务分析

关键词词库清洗主要是清除掉不必要的重复数据、处理缺失的数据、删除无意义与违规关键词。而关键词数据筛选主要是根据一定的关键词数据指标进行筛选，筛选出符合一定营销目标的关键词，方便后期在搜索排名优化和搜索竞价营销过程中添加关键词。通过使用相关的数据处理工具，可以大大提高关键词词库清洗、筛选的效率与效果。

4. 任务操作

（1）利用数据处理工具，对已挖掘到的关键词表进行去重、处理缺失数据、删除无意义与违规关键词等清洗工作。

（2）利用数据处理工具，结合数据指标要求，筛选出符合关键词搜索人气、点击率、竞争指数的关键词，且关键词不能重复，与企业主营业务产品具有一定的相关性，如表 2-9 所示。

表2-9　关键词筛选结果

序号	关键词类别	关键词	搜索人气	点击率	竞争指数
1	例如：品牌词	例如：华为	例如：1 456 次	例如：16%	例如：10
2					
3					
4					
5					

5. 任务评价

本任务评价见表 2-10。

表2-10　关键词词库清洗与筛选任务评价

评价方式	客观评价
评分内容	关键词不重复、无缺失值
	关键词的搜索人气满足最低限制
	关键词的点击率满足最低限制

6. 任务拓展

行业不同，关键词不同，竞争程度不同，关键词的搜索指数、点击率等数据会有一定的差别。请结合以上数码行业关键词词库清洗与筛选的方法，为某服装行业某企业建立的关键词词库完成清洗与筛选工作。

任务2.3
搜索排名优化

◆ 任务描述

搜索排名优化工作主要是指在了解各类搜索引擎如何抓取互联网页面、如何进行索引，以及如何确定关键词的搜索结果及排名等技术的基础上，对网页进行相关优化的工作，目标是通过优化的方式提高目标受众搜索相关关键词时品牌信息的排名，从而提高网站展现量和点击量等数据，最终提升网站的销售能力或宣传能力。本任务的主要工作流程包括：

（1）了解搜索引擎排名工作的过程与规则；

（2）进行网站核心业务分析，定位核心关键词；

（3）在网页搜索排名分析的基础上，对网页的内容、关键词、链接及其他方面进行优化；

（4）坚持长期监测网站数据，进行网页的分析与优化工作。

◆ 知识准备

2.3.1 搜索引擎排名工作过程

从输入关键词到搜索引擎给出搜索结果，往往仅需要几毫秒即可完成。搜索引擎可以在海量的互联网资源中，以极快的速度将相关网站内容展现给目标受众。了解其背后的工作流程和运算逻辑，可以让企业对网页进行针对性优化，获得展现的机会。

搜索引擎为目标受众展现的每一条搜索结果，都对应着互联网上的一个页面；每一条搜索结果从产生到被搜索引擎展现给目标受众，都需要经过四个环节：抓取、过滤、建立索引和输出结果，其工作过程如图 2-21 所示。

图2-21 搜索引擎排名工作过程

1. 抓取

抓取是搜索引擎的第一步，就是在互联网上发现、搜集网页信息，同时对信息进行提取。

搜索引擎用来爬行和访问页面的程序被称为“蜘蛛”（Spider）或网络机器人，是一种按照一定规则自动抓取互联网信息的程序或者脚本。Spider 的作用就是在互联网中浏览信息，然后把这些信息都抓取到搜索引擎的服务器上。Spider 会通过搜索引擎系统的计算决定对哪些网站施行抓取以及抓取的内容和频率，计算过程会参考网站的历史表现，比如内容是否优质，是否存在对目标受众不友好的设置，是否存在过度的搜索引擎优化行为等。

2. 过滤

过滤是指搜索引擎对抓取到的无意义的网页内容与恶劣诱导网页进行过滤。互联网中并非所有的网页都对目标受众有意义，存在一些明显欺骗目标受众的网页、不健康网页、空白网页等。为了改善目标受众的搜索体验，引导行业生态向积极健康的方向发展，搜索引擎会自动对这些内容进行过滤。

3. 建立索引

Spider 对网站进行了爬行和抓取之后，需要对过滤后的页面进行预处理，这个预处理过程被称为“索引”。索引是指搜索引擎对抓取回来的内容逐一进行标记和识别，并将这些标记储存为结构化的数据。搜索引擎数据库中拥有数以亿计的网页，如果没有索引，目标受众输入搜索词后就需要进行大量计算并进行内容匹配与排序，难以在短时间内返回搜索结果。对抓取后的内容进行结构化处理有助于与目标受众搜索的内容进行快速匹配，为最后的查询排名做准备。建立索引主要包括如下九个步骤。

(1) 提取文字。搜索引擎虽然在努力读取音频、图片、视频等非文本信息，但是对普通网页的索引目前还是以文本为主。搜索引擎会提取出用于排名处理的页面文字内容，如提取页面的 Title、Keywords、Description 等标签元素和具体页面中的文字。

(2) 中文分词。中文分词 (Chinese Word Segmentation) 指的是将一个汉字序列切分成单独的词的过程。中文分词是中文搜索引擎特有的一项工作，在中文里词与词之间没有任何分隔符，一个句子里面所有的字和词都是连在一起的。因此，搜索引擎首先要分辨哪几个字组成一个词，哪些字本身就是一个词。不同搜索引擎有不同的分词方法。

(3) 去停止词。停止词是指一些在页面内容中出现频率很高，但是对内容没有任何影响的词，如“的”“地”“得”等助词，“啊”“哈”“呀”等感叹词，还有“从而”“以”“却”等副词或者介词。英文也有一些常见的停止词，如 the、a、an、to、of 等。停止词不影响页面主要内容的表达，搜索引擎在对页面建立索引之前会去掉这些停止词，使索引数据主题更为突出，减少无谓的计算量。

(4) 消除噪声。噪声并不是指网页中的嘈杂声音，而是指页面上对页面主题没有贡献的内容，如版权声明文字、导航条、广告等。这些内容对页面主题只能起到分散作用，所以搜索引擎需要识别并消除这些噪声。在搜索排名时不使用噪声内容。

(5) 去重。同一篇文章经常会重复出现在不同网站或同一个网站的不同网址上，目标受众搜索信息时，如果在前几页看到的都是来自不同网站的同一篇文章，就会影响目标受众的体验。所以在进行索引前还需要识别和删除重复内容，这个过程称为“去重”。

(6) 正向索引。经过提取文字、中文分词、去停止词、消除噪声和去重后，搜索引擎得到的才是独特的、能反映页面主体内容的、以词为单位的结果。完成上述工作后，搜索引擎索引程序就可以提取关键词，将页面转换为一个关键词组成的集合，同时记录每个关键词在页面上出现的频率、出现次数、格式、位置等。这样，每个页面都可以记录为一串关键词集合。

(7) 反向索引。反向索引也叫倒排序，是相对于正向索引而言的。正向索引不能直接用于排名。假设目标受众搜索某个关键词，如果只存在正向索引，排名程序需要扫描所有索引库中的文件，找出包含该关键词的所有文件，再进行相关性计算。这样的计算量无法满足实时返回排名结果的要求，因此搜索引擎需要将正向索引数据库重新构造成反向索引，把从文件到关键词的映射转换为从关键词到文件的映射。要以关键词为条件寻找与之相关的页面，建立以关键词为主索引的一个关键词对应多个页面的关系表，即关键词反向索引表，如图 2-22 所示。

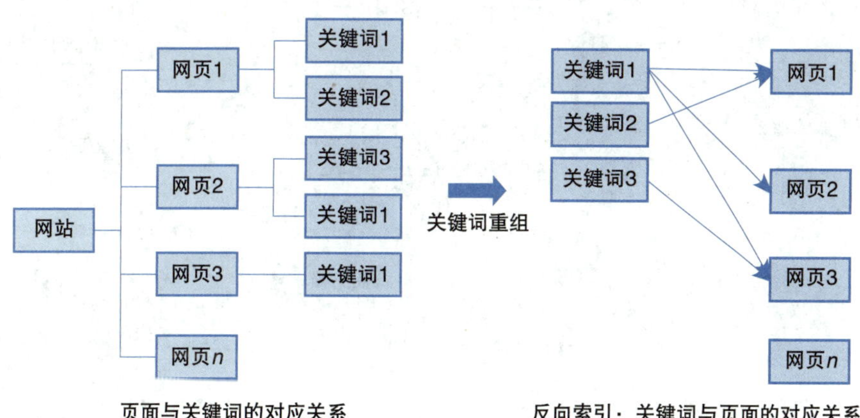

图2-22 关键词反向索引

(8) 链接关系计算。链接关系计算是指网站的导出链接和导入链接的计算。导出链接指的是自己网站上面指向其他网站的链接，导入链接是指其他网站导入自己网站的链接。页面的导入链接越多，相对而言得分就越高，越有利于页面的排名。导出链接越多，相对而言得分就越低，越不利于页面的排名。

(9) 特殊文件处理。除了 HTML 文件外，搜索引擎通常还能抓取和索引以文字为基础的多种文件类型，如 PDF、WORD、WPS、XLS、PPT、TXT、JPG 等。搜索引擎需要对此类特殊文件进行处理，以便返回更加符合目标受众搜索需求的信息。

行业洞察

基于知识图谱的搜索优化方法，提升资源搜索效率

知识图谱是一种以结构化的形式描述客观世界中事物与事物之间联系的技术，它通过大数据和人工智能技术，将互联网的信息表达成更接近人类认知世界的模式，如图2-23所示。知识图谱本质上是一个语义网络，可以提升搜索引擎返回答案的质量，以及用户查询的效率，通过构建的知识库来增强语义搜索的效率和质量。简单来说，知识图谱就是将现实世界中的事物和关系，用关联图的方式展现出来，让人能够一眼看出它们之间的关系。

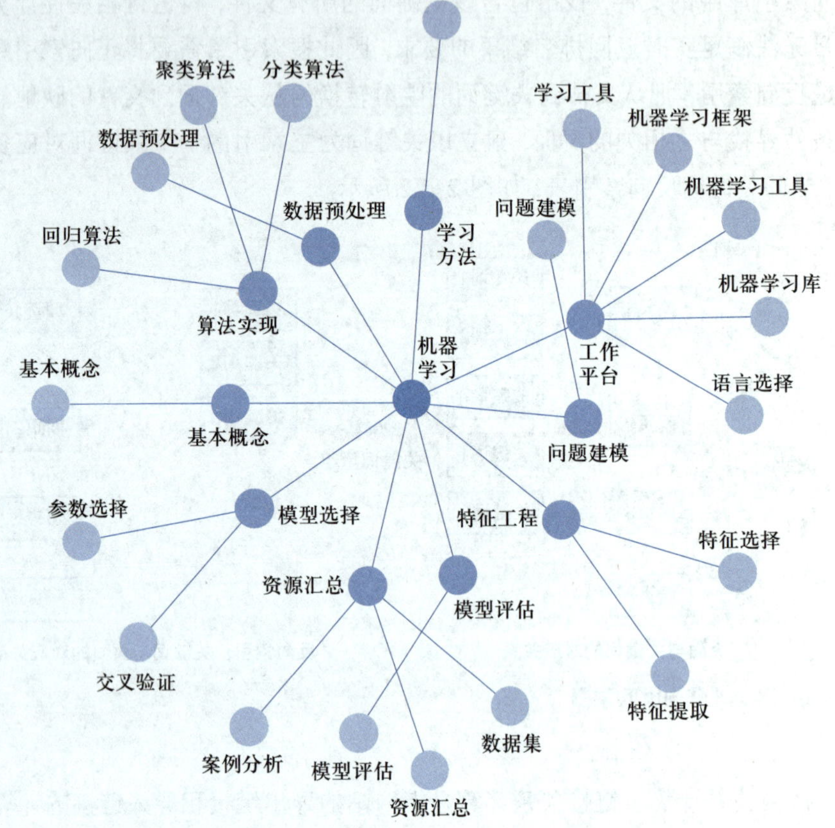

图2-23　知识图谱示例

传统的搜索增强技术受限于训练文本数量、质量等问题，对于复杂或多义词的查询效果不佳，更无法满足大语言模型应用带来的大规模、高并发的复杂关联查询需求。而基于知识图谱的搜索，通过构建图模型的知识表达，将实体和关系之间的联系用图的形式进行展示，在检索时能够将实体和关系作为单元进行联合建模，从而更准确地理解查询意图，并提供更精准的检索结果，有效提升搜索效率。

除了可以提升资源搜索效率，知识图谱也可以应用于个性化推荐——基于用户兴趣和历史行为，通过分析知识图谱中的关联关系，实现更加精准的内容或产品推荐。

4. 输出结果

目标受众输入关键词后，搜索引擎会对其进行一系列复杂的算法分析，并根据分析结果在索引库中寻找与之匹配的一系列网页，按照目标受众输入的关键词所体现的需求强弱和网页的优劣打分，并按照最终的分数进行排列，展现给目标受众，整个过程包括目标受众引导、搜索智能提示、搜索词拆解与拓展、内容筛选四个环节。

(1) 目标受众引导。目标受众引导是指在目标受众开始搜索之前，搜索引擎平台根据对目标受众人群画像的构建，在搜索框中间或者下方默认向目标受众推荐其可能搜索的关键词、类目词、品牌词、特定活动等，引导目标受众搜索相关热门内容，或提示目标受众所要搜索的关键维度的过程。当目标受众点击搜索框但还没有输入搜索信息时，搜索引擎会推荐关键词和相应的内容，主要包括历史搜索词、热门搜索词等，如图 2-24 所示。

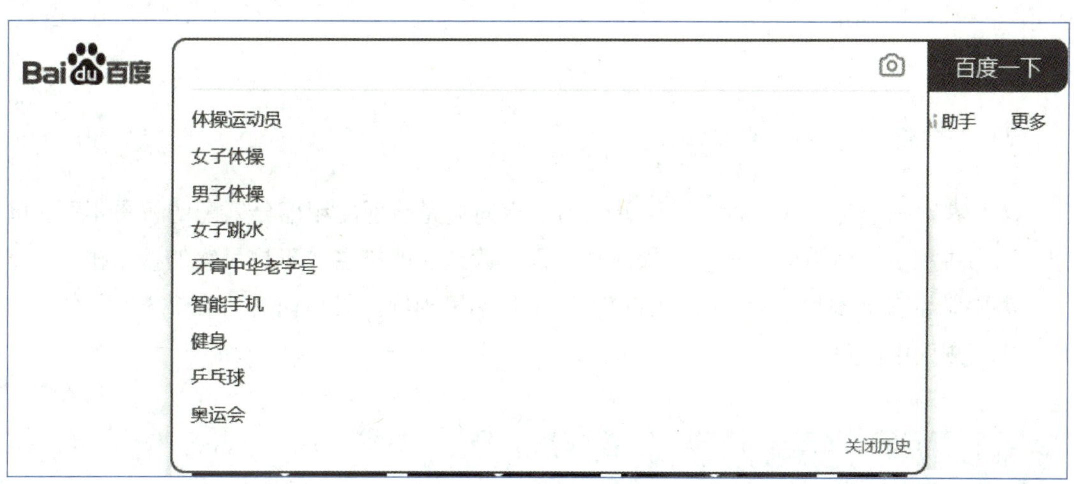

图2-24　目标受众引导

(2) 搜索智能提示。如图 2-25 所示，搜索智能提示指当目标受众在搜索框中输入要搜索的信息之后，搜索引擎通过搜索联想和自动补全功能，向目标受众推荐与搜索词相关的关键词的过程。目标受众通过点击推荐关键词，能搜索到更精准的结果。

(3) 搜索词拆解与拓展。搜索词拆解是指在目标受众的搜索词确定之后，搜索引擎对目标受众的搜索词拆解，也就是分词。通过搜索词拆解可以进行语义解析，预测目标受众的搜索意图。搜索词拓展是指搜索引擎系统对目标受众输入的关键词拆解之后，对核心词的改写和拓展，以此来使目标受众获得更丰富、体验更好的搜索结果。

(4) 内容筛选。当搜索引擎系统完成搜索词的拆解与拓展后，就会得到一个关于搜索词的向量集合；系统通过对搜索目标受众标签的提炼，得到一个关于目标受众的向量集合。这两个集合里包含不同关键词的权重和不同目标受众标签的权重，它们将会被用来进行信息筛选。在对信息进行检索时，参考的指标有标题、参数、规格、品牌、类目、促销类型等。这些指标的权重也组成了一个关于网页的向量集合。最后，系统通过计算上述三个向量集合之间的相似度得出搜索排名，相似度越高，排名越高。

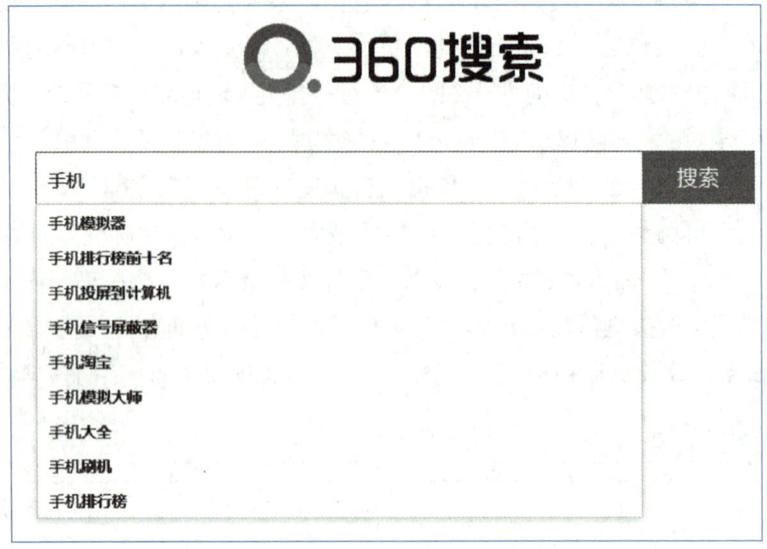

图2-25 搜索智能提示

在对信息进行检索时，目标受众的搜索词被完整匹配和部分匹配的权重不同，单词命中和多词命中同一信息的权重也不同。筛选后的排名并不是最终的搜索排名，还需要综合考虑多种因素，每个因素的权重也不尽相同。具体内容将在2.3.2搜索引擎排名规则中讲解。

行业洞察

智能搜索

找商品、找信息是搜索用户的基本诉求，搜索栏便是满足用户搜索诉求的载体。智能搜索是指用户通过关键词、图片、语音等方式进行搜索，通过搜索列表页找到合适的商品或信息，点击进入产品页或服务页进行购买，这是一个简单直接的转化路径。

如何根据搜索关键词、图片或者语音匹配正确商品？智能搜索的解决方案主要有以下几种：

（1）搜索栏内关键词智能预测。比如，搜索关键词“兔子玩具”，用户在结果列表页未发生点击行为之前，搜索栏内会提供预测关键词，例如兔子公仔、动物毛绒玩具、小毛绒玩具、兔子毛绒玩具、毛绒玩具、女生生日礼物等关键词。通过用户的历史搜索、浏览、购买等行为，智能搜索工具可以预测、挖掘用户意图并不断修正关键词。

（2）最近搜索。记录最近几条搜索关键词，可直接再次发起搜索行为，提高输入效率。

（3）猜你想找。搜索栏下还提供了“猜你想找”功能，提供了5条推荐关键词，均是根据用户的个性化画像标签进行的搜索关键词的个性化推荐，是搜索和推荐结合的产物。

（4）图片搜索。图片搜索有“AR buy +”、拍照识别等场景，基于图像识别技术识别图片场景中的主体并搜索库中的商品。图片搜索非常适合不能用语言准确描述主体，又能快速搜索到相关商品的场景。

（5）语音搜索。语音搜索基于语音识别技术，将输入语音转化成文本，搜索相关商品，具有方便快捷的特性。目前，语音搜索已经成为搜索引擎新的标配。

（6）AI问答式搜索。通过AI问答式搜索，用户能够以自然语言的形式提出问题，人工智能则对自然语言进行处理，理解用户的搜索意图，并给出准确答案。AI问答式搜索更符合人类的自然习惯，使搜索过程变得简单、直接，提高了搜索的准确性和效率。

传统的搜索引擎是根据输入关键词，返回固定检索结果，而天猫会根据用户行为和画像，并结合卖家的流量投放诉求，实时调整搜索结果，以保证搜索结果的召回率和准确率，进行个性化排序。个性化排序是搜索引擎根据用户的历史行为、品牌偏好、价格偏好、商品销量、商品评论等，将不同的最优结果排在前面，以提高用户和商品的匹配效率。

2.3.2 搜索引擎排名规则

目标受众向搜索引擎提交关键词后，搜索引擎就在搜索结果页面返回与该关键词相关的页面列表，并按照一定的规则进行排序，展现给目标受众。

排序是由各种算法综合打分后衡量的一个结果，影响排序的因素很多，不同的搜索引擎有不同的排名规则，对每项影响因素的权重计算也略有不同。一般而言，往往从相关性、权威性、时效性、页面体验、丰富度、受欢迎程度等方面进行衡量。

1. 相关性

相关性是指页面内容与目标受众所查询的关键词在意义上的接近程度，主要由关键词匹配度、关键词密度、关键词分布、关键词权重标签及语义相关性等决定。

(1) 关键词匹配度。关键词匹配度是目标受众搜索词与网站关键词之间的匹配程度。当目标受众输入关键词进行查询时，搜索引擎会首先检查网页中是否有该关键词，并进行关键词匹配，匹配程度高的将被优先展示。

(2) 关键词密度。关键词密度也叫词频，是指某关键词出现的次数所占字符数与该网页总词汇量所占字符数的比例，可以用来衡量网页中的关键词密度是否合理。当网页中的关键词堆砌时，搜索引擎会进行去重整理，甚至对网页进行惩罚，因此在网页中设置关键词时，应当注意合理性，不能过度重复或者使用与主题内容不相关的关键词，否则就会被处罚。

(3) 关键词分布。关键词分布是指关键词在网页中出现的位置。关键词在网页中出现的位置等均与搜索引擎的相关性评判存在直接影响。

(4) 关键词权重标签。在页面权重分配里，按照标签的作用，可以把 HTML 标签分为“权重标签”与“非权重标签”两大类。权重标签是指会影响页面权重的标签，常见的权重标签包括“< b >、<Title>、<Keywords>、<Description>”等。

(5) 语义相关性。语义相关性是通过语义分析技术判断词与词之间的相关性，即通过对海量的内容进行分析后找出词与词之间的关系，判断出它们之间在某种程度上的相关性以及它们是否为同义词。在检索时同义词也会被适当地加到检索结果中。例如，有一款手机商品的描述信息为“Mate”，并没有出现关键词“华为”，搜索引擎仅仅使用关键词匹配的方式，并不能判断“Mate”与“华为”具有一定的关联性。搜索引擎为了解决这个问题，提升内容相关性的计算强度，就要引入语义分析技术，进行语义相关性判断，这样就能够判断“Mate”与“华为”具有一定的关联性。

行业洞察

语音识别及语义分析技术

在当今科技飞速发展的时代，人工智能技术中的语音识别及语义分析正逐渐成为一项具有深远影响的关键技术，并广泛应用于各领域。

简单来说，语音识别就是让计算机能够听懂人类的语音。这一技术的实现依赖于先进的信号处理、模式识别和机器学习算法，涉及将声波信号转换为文字或其他可理解的形式。通过大量的语音数据训练，计算机可以逐渐学会区分不同的语音特征，准确地识别出人类所说的内容。

而语义分析则更进一步，不仅仅要识别出语音对应的文字，还需要理解这些文字背后的语义和意图。比如，当一个人说“今天天气真好”，语义分析系统不仅要识别出这些文字，还要明白说话人是在表达对天气的评价，并且可能潜在地暗示了某种户外活动的意愿。这需要强大的自然语言处理能力和对上下文的深入分析。

目前，语音云用户规模达到了亿级，每日请求达千万次，其交互技术也由单一平台向云平台发展。同时，理解算法体系的发展，已经实现了集词法分析、句法理解、意图分析、句子语义度量于一体化的语义理解算法体系。

总之，语音识别及语义分析作为人工智能技术的重要组成部分，正展现出巨大的潜力和价值，不仅改变了我们与计算机交互的方式，而且在各个领域推动着智能化的变革。随着技术的不断进步和完善，未来的语音识别及语义分析一定更加精准、智能和人性化，为人们的生活带来更多的便利和惊喜。

2. 权威性

权威性是指让目标受众对内容产生信赖感，不对结果产生怀疑的特性。在某些领域，搜索引擎需要为目标受众提供专业可靠的信息，防止目标受众因为获取不准确的信息而造成损失，如医疗需求、法律需求等。权威性的评估对象是内容背后的主体，而非内容本身。如果是以网站维度发布的内容，需要判断该网站的权威性；如果是以账号 ID 维度发布的内容，需要判断该账号 ID 对应作者的权威性。对于网站而言，权威性体现在该网站在工信部有 ICP① 备案号；对于账号 ID 而言，权威性体现在该作者在对应平台经过认证，包括身份职业认证、领域认证、“加 V”认证等。如果网站或者账号 ID 的定位是非综合类内容领域，那么其涉及的内容领域建议不超过两个，且两个领域之间应该有密切关联，内容发布则需要保持一定的频率。

3. 时效性

时效性就是内容的“相对即时”程度，在同样满足目标受众基本需求的前提下，越新的相关性内容对目标受众的价值越高，搜索引擎也会给予更多机会。

4. 页面体验

网站要有良好的页面体验，搜索引擎会认为这样的网站有更好的收录价值。良好的页面体验包括网站具有清晰的层次结构，为目标受众提供包含指向网站重要部分链接的站点地图和导航，使目标受众能够清晰、简单地浏览网站，快速找到其所需要的信息；网站具有良好的性能、浏览速度和兼容性好；网站广告不干扰目标受众的正常访问；网站的权限设置合理，不设置过多的注册访问权限；页面内容优质等。

5. 丰富度

丰富度是指网页内容丰富，不仅可以满足目标受众的单一需求，而且可以满足目标受众的延展需求。例如，在满足目标受众主要需求的基础上，有其他与主题相关的增益内容，同时页面用趋势图、动态效果等多元方式来呈现内容，使目标受众可以直观地获取所需信息；评论区内容丰富，有大量真实目标受众的反馈，言语中肯，有参考价值。

6. 受欢迎程度

网站的访问量、点击量，目标受众的跳出率、访问时间、访问页面数量、反复登录次数等都是网站受欢迎程度的直接反应指标。网站的访问量越高，说明网站质量越高。一些高质量的网站可以让目标受众停留很长时间并访问多个页面，所以停留时间和访问页面数量越高、反复登录次数越多的网站对目标受众就越有价值，其受欢迎程度越高，忠实目标受众越多。

2.3.3 网页搜索排名优化

搜索排名优化，又称搜索引擎优化（Search Engine Optimization，SEO），即通过对网站进行内容、链接、关键词等方面的优化，提高关键词搜索排名以及公司品牌或产品的曝光度。

---

① ICP 指 Internet Content Provider，意为网络内容服务商。

职场透视

搜索排名优化人员的职业发展

以下是某企业搜索排名优化主管岗位的任职要求：

（1）中专及以上学历，具备一定的理论知识与实战经验，并有成功案例；有该行业SEO相关工作经验者优先考虑。

（2）熟悉SEO及百度等各大搜索引擎的原理和特点，熟悉排名规则和规律，有较强的思维逻辑分析能力。

（3）具备较强的数据分析能力，能定期对相关数据进行有效分析，有良好的团队合作精神。

（4）有较强的总结与执行能力以及数据分析与沟通能力。

在职场，SEO其实有很多岗位，从技术相对偏低的SEO专员到SEO工程师、SEO主管；其晋升空间还有数字营销/网络营销运营部主管、数字营销/网络营销运营部经理、数字营销/网络运营部总监、市场运营，等等。

SEO从业者需要根据自己的特点来考虑就业方向，从实际出发，了解SEO的基本市场渠道；以盈利渠道为未来发展基点，考虑自己的就业方向；客观审视自己的优势与劣势所在，对职业生涯进行合理规划。

1. 内容优化

搜索引擎优化的目的是为目标受众提供更加优质的内容，把真正优质、可靠、权威性高的网页排到前边；而网页主体内容是网页的价值所在，是满足目标受众需求的前提基础。

搜索引擎优化对优质内容的衡量会通过内容的“身份”“颜值”“内涵”和“口碑”来判断。“身份”是指生产者的权威可信度，内容的生产者需有专业的认证，专注发布内容的领域，被公众认可，并有一定的影响力；“颜值”是指浏览体验的轻松愉悦度，如页面加载迅速，内容排版精美，图像质量清晰；“内涵”是指内容的丰富度和专业度，如文章主题前后一致，逻辑清晰，可以给目标受众提供丰富全面的信息，在该领域内有一定的专业性；“口碑”是指目标受众的喜爱度，如内容被大量目标受众喜爱，目标受众有强烈的分享和互动意愿。

不同类型页面的主体内容不同，搜索引擎判断不同类型页面的内容价值时关注的点和优化的方向应有所区别。

（1）提供内容的页面优化。提供内容的页面是指以文字、图片、视频为主要内容。提供内容的优质页面，首先应该保证内容中的文字、图片、视频之间是高度相关的，不能有文不对题、图文不符的情况出现。提供内容的页面在进行优化时需要从文字内容、图片内容和视频内容入手。

① 文字内容应表述清晰、内容丰富、排版精美。表述清晰是指文章标题通顺，一

目了然，标题在准确概括文章主要内容的基础上，可以做到新颖生动，同时文章内容结构完整，表达准确，前后逻辑保持一致，没有错字、漏字的情况出现，使目标受众在浏览时可以准确获取信息。

内容丰富是指文章信息丰富，表述文字优美，在提升目标受众浏览愉悦感的同时给目标受众一定的指导和参考；内容引人深思，具有一定的专业深度，讲解透彻，深度聚焦，可以给目标受众全面的分析和阐述。

排版精美是指文章段落清晰，分页明确，序号正确连贯，能为目标受众带来轻松愉悦的浏览体验。

② 图片内容应信息全面、视觉效果好。信息全面是指内容完整，不缺失、不断层，可以全方位阐述并传达信息。例如，当主体内容（如菜谱、手工制作、急救手法等）对图片的依赖度较高时，需要保证每一个步骤都有相应的说明配图。

视觉效果好一般是指图片画质清晰、配色美观，可以为目标受众带来极佳的视觉享受。图片的 logo、马赛克等杂质占比不能过大；图片水印清晰可分辨，但不影响主体内容浏览；图片的类型、格式、大小应保持统一，主题风格前后一致；不存在重复、无效的图片。

③ 视频内容可看性强、浏览体验感觉好、具有拓展升华性。可看性强是指在播放视频时，字幕、画面与播放进度保持同步，没有错字、漏字等情况出现；如果是外文视频，则必须配有字幕辅助目标受众观看。

浏览感觉好是指视频画质好，内容完整连贯，易于理解；播放流畅，在播放中没有噪声、卡顿等质量问题；有专业口播和包装剪辑，转场效果流畅，生动有趣，可以吸引目标受众的眼球，给予目标受众极大程度的视听享受体验。

具有拓展升华性是指内容充实、有深度，可以给目标受众一定程度上的认知思考，提升目标受众的愉悦感，或带给目标受众一定的参考和指导意义；视频有配文、注释、弹幕、评分、点赞、评论区等多种增益功能或信息，能为目标受众提供参考。

(2) 提供服务的页面优化。提供服务的页面是指以提供查询、下载、购买等功能为主的服务页面。首先应该保证页面中的功能真实可用、操作便捷，不能有虚假信息、诱导关注等影响搜索体验的情况。在此基础之上，要使其可读性强、信息丰富。

可读性强是指页面的主要信息详细完整，表达明确，主题突出；页面中的配图、视频画质高，浏览顺畅；内容排版整齐，段落分明，阅读时通顺流畅，没有错字、漏字等给目标受众造成误解的情况，配文可以为目标受众提供一定的解释说明。

信息丰富是指在满足目标受众主要需求的基础上，有其他与主题相关的增益内容。页面通过趋势图、动态效果等多元方式呈现内容，使目标受众可以直观地获取所需信息；评论区内容丰富，有大量真实目标受众的反馈，言语中肯且有参考价值等。

2. 链接优化

链接也被称为“超链接”，主要是指从一个网页指向另一个目标的连接元素，如文本、图像、URL[①] 等。当浏览者单击链接后，链接目标将自动显示在浏览器上，并根据目标的类型来运行。链接也属于网页的一部分，各个网页的链接全部组合在一起后才能构成一个真正的网站。链接的优化主要分为内部链接优化和外部链接优化。

（1）内部链接优化。内部链接是在同一网站域名下的内容页面之间的相互链接。可以对首页、栏目页和内容页进行合理的站内链接布局；可以建立站点地图，方便 Spider 了解网站的结构，增加网站重要页面的收录量等。

（2）外部链接优化。外部链接是指从别的网站导入自己网站的链接，因此又被称为“导入链接”。优质的外部链接往往具有相关性强、权重高、导出链接少、权威性高等特点，可以充分利用各种工具（如爱站网、百度站长、A5 站长等）来搜寻相关站点。

3. 关键词优化

关键词是影响搜索排名优化效果的重要因素，关键词优化包括合理的 Title、Keywords、Description、页面关键词及相关关键词的密度与合理布局等。当一个网站搭建好之后，应优先考虑的是确定网站的 Title、Keywords、Description 元素。这三个元素是网页关键词的重要组成部分，做好关键词优化实质上就是指做好“TKD”的优化。

（1）Title 元素编辑与优化。目标受众通过搜索某个关键词，在搜索引擎结果展示页中首先看到的就是网站标题，而网站标题就是 Title 元素的内容。目标受众往往会通过对网站标题的第一印象来判断是否会进入网站进行浏览、停留及咨询，所以网站的标题要写得足够吸引人。吸引目标受众点击只是第一步，而网站的内容和标题相匹配才能真正留住目标受众，给目标受众塑造一个良好的网站形象。网页源代码中 Title、Keywords、Description 元素与搜索结果页展示内容的对比如图 2-26 所示。

```
<head>
  <meta charset="utf-8">
  <meta http-equiv="X-UA-Compatible" content="IE=edge">
  <meta name="viewport" content="width=1024, initial-scale=0, user-scalable=no">
  <title>公司介绍_ITMC 中教畅享 - 从企业实践中来，到教育实践中去</title>
```

ITMC 中教畅享 - 从企业实践中来,到教育实践中去 - powere...

职业教育、实训软件、沙盘大赛、教学软件。中教畅享科技股份有限公司是专注于高等教育实验平台研发、职业技能资格认证和教育资源产品分享传播的服务机构。

中教畅享

图2-26 网页源代码“TKD”元素与搜索结果页展示内容对比

在进行标题编辑与优化时，应确保每个页面都有指定的标题，且不同网页分别使用不同的标题；页面标题应准确概括页面内容，避免使用模糊和不相关的描述；页面标题应简明扼要，避免使用冗长的标题，避免关键词堆砌；页面标题的符号使用正确，可

① URL 即 Uniform Resource Locater，意为统一资源定位系统。

结合不同搜索引擎的标点符号使用规范，标题可以采用“核心词+修饰词”的格式。具体可参考如表 2-11 所示的方式。

表2-11　格式建议说明表

页面类型	页面类型说明	建议标题格式	举例
首页	首页是整个网站的入口	站点名 / 品牌名—首页 / 官网 /slogan[①] 注：此类页面的核心词为品牌词 / 网站名称，修饰词包括官网、官方网站、首页、主页、Home、网站的 slogan、站点父品牌词等	优酷首页 淘宝网—淘！我喜欢
列表页	站点内频道 / 列表类页面	列表 / 频道名—上级频道（可省）—站点名 注：此类页面的核心词为列表 / 频道方向的内容，修饰词可以是站点名和上级频道内容，站点名为修饰词时必须放在最末	男士频道—唯品会 优酷财经—优酷
主题聚合页	主题聚合页是围绕某一主题各方面的属性聚合而成的内容集合	“主题—属性 1—属性 2—站点名” 注：此类页面的核心词是围绕主题，修饰词可以是主题的属性、上级频道内容、站点名等，站点名为修饰词时必须放在最末	成都旅游攻略—玩法路线—自由行攻略—携程旅行
内容页	内容页是指具体内容页，如文章详情页、商品详情页、具体视频播放页等	标题格式：“内容标题—列表 / 频道名（可省）—站点名” 注：① 此类页面的核心词是内容的主体说明，如文章的标题、视频的名称、商品 / 店铺的名称等，修饰词可以是上级频道内容、站点名等，站点名为修饰词时必须放在最末； ② 建议一句话表明内容标题，不重复表述，或重复不超过 3 次	红烧肉的做法—菜谱—香哈网 18 号台风“泰利”生成，或成今年“风王”！—中国新闻网

网页标题优化还需要遵循一定的原则，当标题存在作弊、内容虚假、故意堆砌等恶劣问题时，会受到限制展现的惩罚。标题作弊主要指标题内容虚假或在标题中故意堆砌关键词等行为；标题内容虚假指标题表述的内容与网页内容不相符，有欺骗目标受众嫌疑；标题故意堆砌指在标题中多次重复、过度堆砌关键词。

（2）Keywords 元素编辑与优化。企业在网页 Keywords 元素中设定了便于目标受众通过搜索引擎搜到本网页的关键词，这些关键词代表了网站的市场定位，因此要围绕网页的核心内容进行编辑。在进行“Keywords”的编辑与优化时，要注意以下几点：

① 不同的词汇之间，应用半角逗号隔开（英文输入状态下），不要使用“空格”或“|”间隔。

② Keywords 元素中的关键词应该是一个个短语，而不是一段话。

① 在营销领域，多指品牌的标语、口号。

③ Keywords 元素中的关键词要与网页核心内容相关，确保使用的关键词出现在网页文本中。

④ 使用目标受众易于通过搜索引擎检索的关键词，过于生僻的词汇不太适合做关键词。

⑤ 不要重复使用关键词，否则可能会被搜索引擎处罚。

⑥ 一个网页的 Keywords 元素标签里最多包含 3~5 个重要的关键词，不要超过 5 个，可以适当添加辅助关键词。

⑦ 每个网页的 Keywords 元素应该不一样。

（3）Description 元素的编辑与优化。描述（Description）功能更多的是为了弥补标题的不足，目标受众通过搜索引擎可以很快看到标题，但是标题往往不能全面展示网站的详细情况，这时搜索引擎除了展现标题之外，还会展现网站的描述，方便目标受众迅速了解即将访问的网站到底是做什么的，能够提供哪些服务，具备哪些优势等。

在 Description 编辑与优化时，通常要覆盖标题的核心关键词和内容页面的长尾关键词；在必要的情况下，可以使用特殊符号来标注特定关键词。

Description 编辑与优化一定要做到精炼、有吸引力，应尽量针对产品和服务来进行，切忌内容过长。一个优质的网站描述，不仅阅读起来语句通顺，而且能让读者一读就懂。

（4）其他方面优化。除去以上三个核心之外，还有其他方面也需要注意。例如，URL、服务器、代码等的优化。URL 优化相对简单，主要包括 URL 各组成部分命名及子域名的优化；服务器的优化一般分为磁盘优化、网络优化、虚拟内存优化等，好的服务器优化可以保证网站的稳定性和打开速度，提高目标受众体验；代码优化主要包括精简代码、头部优化、权重标签使用优化及图片优化等，通过代码优化可以提高网页的加载速度。其他方面优化更多的是网站建设人员的工作，数字广告相关岗位的人员有所了解即可。

大赛直通车

1. 赛项名称及竞赛模块

市场营销技能赛项——数字营销模块

2. 赛项组别

高职

3. 竞赛内容

各参赛团队在相同的市场环境下，结合给定的企业数据与市场数据，借助数字媒体平台进行品牌传播，增加网站曝光度，提升品牌认知度。

4. 竞赛要求——搜索排名优化

参赛选手根据企业网站介绍与产品或服务介绍，进行网站主页标题、关键词，产品或服务页的标题、关键词优化，并通过搜索中心对每个关键词进行检索，查看网页的实时排名，在目标受众检索关键词时以免费方式获得尽可能多的展现机会，将信息传递给目标受众。参赛选手可根据排名反馈继续优化，尽可能多地增加网站首页以及产品或服务介绍页的展现机会。

5. 相关评分标准及解析

（1）相关评分标准。最终搜索排名优化值为各网页SEO值的累加：

$$\text{网页SEO值}=0.7\times\text{标题优化得分}+0.3\times\text{关键词优化得分}$$

标题优化得分是优化完成的标题分词后，单个关键词的得分之和；关键词优化得分是优化完成后所有关键词的得分之和：

$$\text{关键词优化得分}=\text{关键词排名得分}+\text{流量增量得分}+\text{关键词覆盖得分}$$

① 关键词排名得分。搜索某关键词时，网页排名相同，则点击量低的网页中该关键词的得分高（排名相同时，网页信息优化的难度越高，得分越高）。

搜索某关键词时，如果网页的点击量相同，排名靠前的网页中该关键词的得分高；同一网页中的不同关键词，搜索排名靠前的得分高。

搜索排名由关键词与网页的相关性、展现量、点击量、点击率等因素综合决定。关键词与网页的相关性越高，展现量、点击量、点击率越高，搜索该关键词时网页的排名就越靠前。

② 流量增量得分。流量增量得分主要是由推荐引擎营销和搜索引擎营销提升的展现量与点击量决定的，统称竞价广告。

竞价广告提升展现量相同的，推广前网页的展现量越低，得分越高（推广难度越大，得分越高）。

竞价广告提升点击量相同的，推广前网页的点击量越低，得分越高（推广难度越大，得分越高）。

竞价广告的展现量越高，得分越高（网页信息展现量提升幅度越大，得分越高）。

竞价广告提升的点击量越高，得分越高（网页信息点击量提升幅度越大，得分越高）。

③ 关键词覆盖得分。单个关键词的覆盖率计算公式为：

$$\text{单个关键词A的覆盖率}=\frac{\text{关键词 A 的展现量}+\text{与关键词 A 相关的关键词的展现量}}{\text{所有关键词的展现量之和}}\times100\%$$

（2）评分标准解析。总体来说，SEO值是综合了网站内所有网页给出的综合分数，每个网页又同时考虑了标题元素和关键词元素中的关键词，对于每个关键词，又从多个角度进行了衡量。

① 排名分。排名分的意义保证排名越靠前，得分越高。不同网页在优化之前的展现量、点击量等数据不同。一般而言，展现量、点击量高的网页均是市场实力较强的网页。因此，在做搜索排名优化时相对容易，在排名分衡量时，对实力较弱的网页的优化有一定的加权。也就是说，优化难度大的网页提高了一定的排名时，会有一定的加分。

② 流量增量分。流量增量分通过竞价广告提升的网站展现量和点击量的分数衡量。也就

是说，竞价广告的效果在提升网站展现量和点击量的同时，也提高了网站的实力，在一定程度上可以提高网站的搜索排名，此处以分数形式表现。同时也考虑了竞价广告的难易程度，难度大的网站经过竞价推广获得一定的排名时，会有一定的加分。

③ 关键词覆盖得分。关键词覆盖得分充分考虑了优化后的关键词能够带来的流量（主要是展现量）。搜索引擎输出结果时，采用的是模糊匹配，因此，当目标受众搜索相关关键词时，广告也有机会展现，因此优化的关键词相关数据越多，关键词本身的展现量就越高，后期能够带来展现的机会也就越多。

◆ 任务演练

演练任务 5　网站主页 Title、Keywords 元素编辑与优化

1. 任务目标

• 能够根据企业主营业务内容，结合任务演练 1“网站主页搜索排名分析”中对 Title 元素的分析，编辑并优化网站首页的 Title 元素。

• 能够根据企业主营业务内容，结合任务演练 1“网站主页搜索排名分析”中对 Keywords 元素的分析，编辑并优化网站首页的 Keywords 元素。

2. 任务背景

利用搜索引擎开展广告营销活动时，可以首先通过搜索排名优化的方式，提高网页的自然搜索排名，优先考虑的就是 Title 和 Keywords 元素的优化。Title 和 Keywords 元素最重要的作用就是告知搜索引擎网站的主营业务内容，也是当目标受众搜索关键词时，搜索引擎判断网页是否与目标受众搜索词相关的重要依据。

通过对企业网站主页的搜索排名分析，杨军基本确定了接下来的营销思路——进行网页信息优化，首先是编辑并优化网站主页的 Title 和 Keywords 元素，主要是结合企业的主营业务内容，利用挖掘到的公司品牌词、企业主营产品的核心词、属性词、营销词、通用词、长尾词等关键词进行编辑并优化。

3. 任务分析

Title 与 Keywords 元素中的关键词要与企业主营业务内容和商品信息相关，要有一定的搜索人气，并且每个关键词的相关关键词越多越好，搜索人气越高越好。网站首页 Title 元素编辑优化的格式可以是：站点名 / 品牌名 + 关键词、关键词 + 站点名 / 品牌名或站点名 / 品牌名—首页 / 官网 /slogan、网站名称或者网站名称—提供服务介绍或产品介绍等。网站首页 Keywords 元素关键词可以是网站名称、主要栏目名、主要关键词等。

4. 任务操作

（1）结合网站主页的搜索排名分析情况，剔除 Title 和 Keywords 元素中不相关和没有搜索指数的关键词。

（2）根据企业主营业务内容和产品信息，结合公司品牌词、产品核心词与属性词、营销词、通用词、长尾词等关键词，挑选出合适的关键词添加并组合至网站首页的 Title 和 Keywords 元素，如表 2-12 所示。

表2-12　网站首页的Title和Keywords元素

网站首页 Title	
网站首页 Keywords	

(3) 按照网站主页搜索排名分析方法，再次分析现有 Title 和 Keywords 元素中关键词的搜索与排名情况，并不断重复本任务操作步骤二与步骤三，直到获得满意的搜索与排名结果为止，如表 2-13 所示。

表2-13　Title和Keywords关键词分析

类别	关键词	排名	搜索人气
Title			
Keywords			

5. 任务评价

本任务评价见表 2-14。

表2-14　网站主页Title、Keywords元素任务评价

评价方式	客观评价
评分内容	Title 和 Keywords 元素中的关键词需要与企业信息描述具有相关性
	对每个关键词进行检索，需保证搜索排名靠前
	每个关键词均具有搜索人气且搜索人气越高越好
	每个关键词的相关关键词越多越好

6. 任务拓展

(1) 为了乘胜追击，杨军进一步对公司的产品页 Title 和 Keywords 元素进行编辑与优化，以提升网页信息优化的整体效果。产品页 Title 和 Keywords 元素编辑与优化，主要是结合产品的属性、描述等内容，利用挖掘到的品牌词、核心词、属性词、营销词、通用词、长尾词等关键词，对产品页的 Title 和 Keywords 元素进行编辑并优化。

(2) 请参照本任务，完成服装行业某企业网站主页和产品页 Title 和 Keywords 元素的编辑与优化。

演练任务 6　网站主页 Description 元素编辑与优化

1. 任务目标

- 能够根据企业信息，挖掘并收集 Description 元素中的关键词。
- 能够根据优化后的网站标题 Title 和 Keywords 元素，编辑网站主页的 Description 元素。

2. 任务背景

对首页 Title 和 Keywords 元素和产品页的 Title 和 Keywords 元素进行优化后，搜索排名大幅度提高，为了获得更好的营销效果，接下来杨军决定对 Description 元素进行优化。目标受众通过搜索引擎可以很快看到网站的标题，但是标题往往不能全面展示网页的详细情况，Description 元素的功能更多的是弥补 Title 元素的不足，详细介绍网页的主要内容，以方便目标受众快速了解即将访问网页的具体信息。

杨军着手编辑并优化网站主页 Description 元素。主要是结合网页企业背景信息中的企业主营业务内容，利用品牌词、产品核心词与属性词、营销词、通用词、长尾词等关键词，对网站首页的 Description 元素进行编辑并优化。

3. 任务分析

Description 元素中的关键词要与企业主营业务内容和主营商品相关，要有一定的搜索人气，并且每个关键词的相关关键词越多越好，搜索人气越高越好。Description 元素中的关键词最好阐述网站标题以及网页提供的内容与服务，可以融入更多长尾关键词，但不要在描述中堆积关键词。

关键词还要体现出网站的卖点，能突出特点、体现优势、语句通顺。优化的关键词要自然地在描述中出现 1~2 次，还要保证目标关键词能显示在搜索结果摘要中。重要内容尽量靠前展示，描述中不要出现特殊符号，标点符号要用半角英文输入。

4. 任务操作

(1) 验证现有 Description 元素中关键词的排名与搜索人气的情况，如表 2-15 所示。

表2-15　网站主页Description元素中的关键词分析

序号	关键词	排名	搜索人气
1			
2			
3			
4			

（2）根据企业主营业务内容，结合公司品牌词、企业主营产品的核心词与属性词、营销词、通用词、长尾词等关键词，挑选出合适的关键词组合，完成网站主页 Description 元素的编辑与优化，如表 2-16 所示。

表2-16　网站主页Description元素的内容

Description

5. 任务评价

本任务评价见表 2-17。

表2-17　网站主页Description元素编辑与优化任务评价

评价方式	主观评价
评价内容	描述需语句通顺，不能堆砌关键词，且长度大于 30 个字符
	描述中不能出现特殊符号，标点符号用半角英文输入
	描述要能阐述网站主页提供的内容或服务
	核心关键词自然地出现 1~2 次

6. 任务拓展

（1）为了乘胜追击，杨军决定进一步对公司的产品页 Description 元素进行编辑与优化，以提升网页信息优化的整体效果，主要是结合产品的属性等信息，利用挖掘到的品牌词、核心词、属性词、营销词、通用词、长尾词等关键词进行编辑并优化。

（2）请参照本任务，完成服装行业网站主页和产品页的 Description 元素的编辑与优化。

1+X证书知识训练

一、单项选择题

1. 某网站统计访问量，总访问人数为 2 000 人，只访问一个页面的访问次数为 1 000 人，访问 2 个页面的访问人数为 500 人，访问 3 个页面以上的人数为 200 人，那么该网站的跳出率为（　　）。

   A. 20%　　B. 25%

   C. 40%　　D. 50%

2. 网站的 PV 上升，UV 上升，表示网站（　　）。

   A. 运营良好　　B. 还需加大推广

   C. 需要进行内容优化　　D. 需要同时进行推广和内容优化

3. 关于 AIDA 模式的说法错误的是（　　）。

   A. AIDA 模式也称“爱达”公式，四个字母分别代表注意、兴趣、需求、行动

   B. 需求是指消费者经过考虑后，觉得产品或服务符合其需求，产生对产品或服务的需要

   C. 注意是指营销者对产品或服务的促销活动首先要引起消费者的注意

   D. 搜索引擎营销应该试图改变这四个消费者行为阶段，缩短促成交易（行动）的链路

4. 搜索引擎排名的工作流程顺序正确的是（　　）。

   A. 抓取、建立索引、过滤、输出结果　　B. 抓取、过滤、建立索引、输出结果

   C. 过滤、抓取、建立索引、输出结果　　D. 过滤、建立索引、抓取、输出结果

5. 下列不属于标题作弊的是（　　）。

   A. 标题中故意堆砌关键词　　B. 采用“核心词 + 修饰词”的格式

   C. 标题内容虚假　　D. 标题表述的内容与网页内容不相符

二、多项选择题

1. 网站的三大流量来源主要是指（　　　）。

   A. 内部链接　　B. 外部链接

   C. 直接访问　　D. 搜索引擎

2. 以下关键词中，属于产品核心词的有（　　　）。

   A. 女装　　B. 型号

   C. 旅游住宿　　D. 婚纱摄影

3. 按照关键词性质，可以将关键词分为（　　　）和品牌词。

   A. 长尾关键词　　B. 产品核心词

   C. 属性词　　D. 营销词

4. 在搜索引擎排名的工作过程中，下列属于索引过程的有（　　　）。

   A. 输出结果　　B. 提取文字

C. 消除噪声　　D. 去停止词

5. 当一个网站搭建好之后，需要优先考虑的是确定网站的（　　）要素。

A. Title　　B. Keywords

C. Description　　D. Action

三、判断题

1. 从不同来源获取的大量关键词可以直接使用，不需要进行辨别。（　　）
2. 关键词搜索指数是搜索引擎经过计算认为与搜索词匹配的页面数，它能够直观地反映出关键词的竞争程度。（　　）
3. 对于网站而言，权威性体现在该网站在工信部有 ICP 备案号。（　　）
4. 搜索引擎优化的目的是建立索引。（　　）
5. 进行搜索引擎营销时，“关键词”的概念与“keywords”元素的概念相同。（　　）

项目

3 搜索竞价营销

学习目标

素养目标

- 遵守法律法规和公序良俗，在搜索竞价营销过程中营造良好的网络生态
- 树立数字广告营销人员的公平竞争意识，营造公平竞争的健康营销环境
- 培养正确处理企业营销行为与目标受众需求关系的意识，坚决抵制误导目标受众的错误行为

知识目标

- 了解搜索竞价排名广告的排名规则与扣费规则
- 熟悉创意编辑与目标受众定向的方法
- 掌握关键词添加与设置的方法与技巧
- 掌握竞价排名广告的营销方法和搜索引擎固定广告位的品牌推广方法
- 掌握搜索竞价营销的数据分析方法

技能目标

- 能够结合搜索引擎广告规则、关键词添加与设置的方法，以及目标受众定向和创意设置的方法，完成搜索竞价排名广告营销
- 能够结合不同阶段目标受众搜索词的特点，完成面向不同阶段受众的品牌推广
- 能够结合搜索竞价营销数据分析方法，利用数据分析工具，进行多维度的搜索竞价营销效果分析

◆ 思维导图

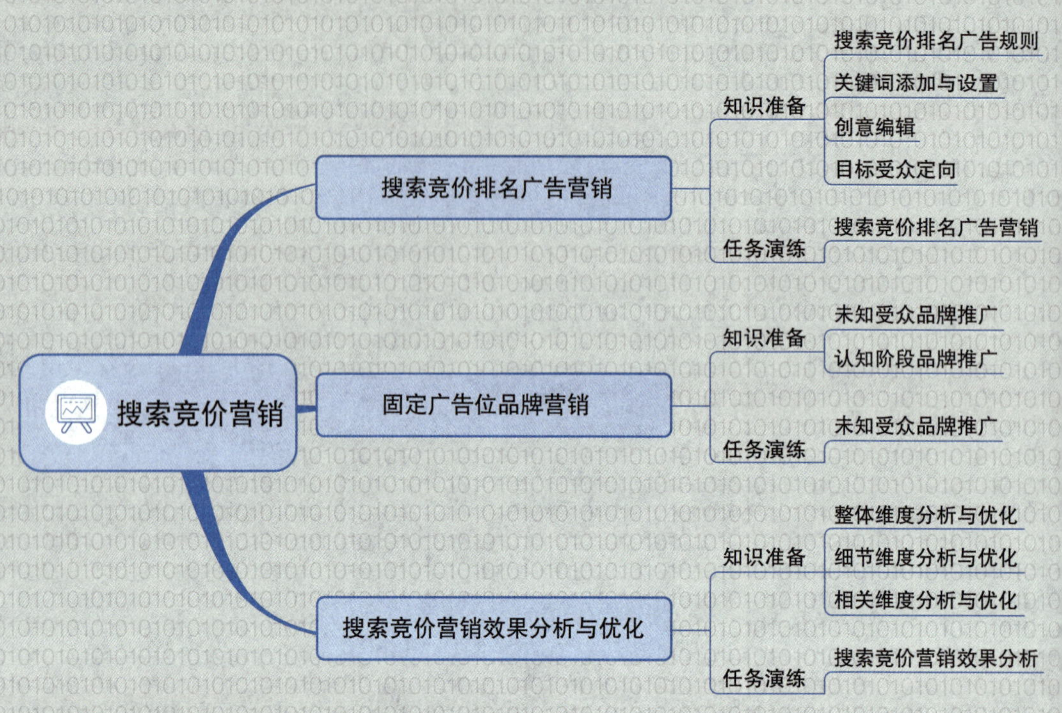

学习计划

素养提升计划

知识学习计划

技能训练计划

案例导入

哈尔滨的搜索引擎营销活动

哈尔滨，这座充满异国情调和冰雪魅力的城市，以其独特的文化和旅游资源吸引着无数游客。为了进一步提升哈尔滨的知名度和旅游吸引力，哈尔滨旅游局与某知名搜索引擎广告平台携手合作，开展了一场精心策划的搜索引擎营销活动。

在活动前期，哈尔滨旅游局与搜索引擎广告平台进行了深入的沟通和需求分析，明确了营销目标：通过搜索引擎营销，精准触达目标游客群体，提升哈尔滨的旅游品牌形象，吸引更多游客前来游览。

为了实现这一目标，策划团队首先利用搜索引擎广告平台的大数据技术，对目标游客群体进行了精准画像。通过分析游客的搜索行为、兴趣爱好、地域分布等信息，策划团队成功圈定了上海、广州、深圳等南方一线城市的潜在游客群体，确保推广活动能够精准触达目标受众。

接下来，策划团队针对哈尔滨的旅游资源和文化特色，精心设计了多套创意物料。这些物料以哈尔滨的冰雪节、中央大街、松花江、太阳岛等标志性景点为灵感来源，融入哈尔滨特有的欧陆风情和冰雪文化元素，通过精美的图片、生动的视频和富有感染力的文案，将哈尔滨的独特魅力展现得淋漓尽致。

在投放策略上，搜索引擎广告平台采取了分阶段投放的方式。首先，在预热阶段，通过大量曝光和互动，引发游客对哈尔滨的兴趣和关注；接着，在活动期间，通过精准投放和实时优化，确保目标游客群体能够第一时间获得哈尔滨的旅游信息和优惠活动；最后，在收尾阶段，通过持续曝光和口碑传播，巩固活动成果，提升哈尔滨的旅游品牌形象。

经过精心策划和实施，哈尔滨的搜索引擎营销活动取得了显著成效。活动期间，哈尔滨的旅游信息在搜索平台上获得了大量的曝光和点击，成功吸引了大量游客前来游览。据统计，活动期间哈尔滨的旅游人数和收入均实现了显著增长，为哈尔滨的旅游业发展注入了新活力。

此次搜索引擎营销活动的成功，离不开精准的投放策略、优质的创意物料和高效的执行团队。通过精准触达目标游客群体、展现哈尔滨的独特魅力、提供优质的旅游体验，哈尔滨成功吸引了更多游客前来游览，进一步提升了旅游品牌形象和市场竞争力。未来，哈尔滨将继续与搜索引擎广告平台深度合作，探索更多创新的营销方式，为游客带来更加丰富多彩的旅游体验。

引思明理：

党的二十大报告提出："坚持以文塑旅、以旅彰文，推进文化和旅游深度融合发展。"党的二十届三中全会也提出："健全文化和旅游深度融合发展体制机制。"近年来，城市品牌的推广，越来越依托于数字广告营销。《"十四五"旅游业发展规划》中指出："鼓励依法依规利用大数据等手段，提高旅游营销传播的针对性和有效性。""支持建设一批旅游营销创新基地，孵化一批具有较高传播力和影响力的旅游品牌。"从案例中可以看出，哈尔滨成功把城市名片推往全国，离不开数字广告营销的应用。通过利用大数据分析、人工智能等先进技术，数字广告营销能够精准定位目标客户群，提升城市知名度和曝光率，助力城市文旅资源的优化配置和高效传播，推动城市文旅产业的创新与发展，打造独特的城市文旅品牌形象。

任务3.1
搜索竞价排名广告营销

◆ 任务描述

搜索竞价排名广告可以全面而有效地利用搜索引擎来进行品牌传播和推广，并产生商业价值。相关岗位人员的主要工作内容包括：负责网站竞价广告投放，网站关键词分析、评估、建议，以及公司网站广告账户日常优化管理；根据网站阶段性投放策略及时调整投放计划，积极收集、总结、分析产品营销过程中的市场信息，提供建设性的意见和建议；分析、评审搜索引擎付费关键词的相关性、合理性，并改进投放效果；创建相关的、精准的关键词列表和展示位置列表并进行合乎逻辑的主题分组；优化广告文案，在保证相关性的前提下提高点击率。因此，要完成搜索竞价排名广告营销工作，就必须掌握搜索竞价排名广告的规则、关键词添加的原则与技巧、关键词匹配方式与出价方式设置的方法、创意编辑的技巧、目标受众定向的技巧等相关知识与技能。

本任务的主要工作流程包括：

（1）查看竞价账户推广的网站能否正常打开以及客服转接页面能否正常打开；

（2）制作并分析每天账户的数据报表；

（3）对自己的相应账户进行调价，查看每天高消费关键词的效果，对无效果的关键词进行综合分析；

（4）根据历史表现评估关键词的效果，选出优质关键词并将其作为重点；

（5）否定并剔除无效且匹配不当的关键词；

（6）对核心重点关键词进行创意优化；

（7）统计账户投放时段和地域效果，对效果好的时段、地域确保重点词排位；

（8）分析目标受众分布，调整并优化目标受众定向。

◆ 知识准备

3.1.1 搜索竞价排名广告规则

搜索竞价排名广告规则是搜索引擎对不同企业的不同广告进行排名的规则，同时也为企业的搜索竞价营销工作指明了方向，使企业能够清楚地知道如何进行竞价营销以及针对具体的营销效果如何进行分析和改进。

1. 广告排名规则

搜索竞价排名广告是一种按点击付费的广告服务，企业广告排名位置由主要网页的综合排名指数决定，综合排名指数由关键词质量度及出价（竞价价格）决定。其计算公式为：

$$综合排名指数=关键词质量度\times出价$$

由此可知，要想使广告信息获得好的排名，企业应当努力提高账户关键词质量度，适当提高关键词的出价，但需要注意，出价并不是越高越好。

博文约礼

竞价排名商品或者服务应当显著表明广告

根据《中华人民共和国广告法》(以下简称《广告法》) 第十四条的规定，广告应当具有可识别性，能够使消费者辨明其为广告。大众传播媒介不得以新闻报道形式变相发布广告。通过大众传播媒介发布的广告应当显著标明“广告”，与其他非广告信息相区别，不得使消费者产生误解。广播电台、电视台发布广告，应当遵守国务院有关部门关于时长、方式的规定，并应当对广告时长作出明显提示。

《中华人民共和国电子商务法》于2019年1月1日正式实施，根据其规定，电子商务经营者向消费者发送广告的，应当遵守《广告法》的有关规定。电子商务平台经营者应当根据商品或者服务的价格、销量、信用等以多种方式向消费者显示商品或者服务的搜索结果；对于竞价排名商品或者服务应当显著表明“广告”。

搜索引擎广告的排名很大程度上决定着消费者到底将点击哪个企业，购买哪家产品。据了解，当下搜索引擎平台的很大一部分收入来自平台内企业的广告投放。若没有明显标识，企业往往会竞价购买获得靠前的搜索结果展示，以使消费者点击率提高。但这样损害的是消费者的利益，将误导消费者对商品或服务的评价。明确竞价排名的广告属性，将更好地保护消费者的知情权，并通过必要的限制来避免可能出现的不正当竞争行为。

(1) 关键词质量度。关键词质量度是搜索竞价排名广告中衡量关键词质量的综合性指标，企业广告账户中每个关键词都会获得一个质量度得分，通常以 10 分制呈现。质量度可以反映目标受众对企业推广的关键词及广告创意的认可程度。质量度得分越高，代表系统认为企业的推广结果和着陆页对于看到推广结果的目标受众来说更具有相关性，同等条件下赢得潜在目标受众关注与认可的可能性更高。如果关键词质量度为 0 分，企业推广的信息无法获得广告展现的资格。影响关键词质量度的因素主要有以下几个：

① 点击率。点击率是指网页的点击率，是搜索引擎中网页的点击量占展现量的比例，点击率的高低是影响关键词质量度的重要因素，较高的点击率表示目标受众对企业广告信息的关注和认可程度较高。系统主要参考企业网页中关键词的历史点击率和账户的当前设置。目标受众搜索词、企业购买关键词、对应的创意、创意展现样式，以

及推广落地页的内容、搜索词与广告信息之间的相关性等都会影响企业网页中关键词的点击率。

② 相关性。相关性主要指关键词与目标页面的关联程度、关键词与创意内容的关联程度。换言之，关键词要紧扣所访问的页面，创意要紧扣关键词。与搜索排名规则中的相关性相同，关键词质量度中的相关性主要由关键词匹配度、关键词密度、关键词分布、关键词权重标签、语义相关性等决定。

关键词与创意内容、目标页面的相关性是为了保证目标受众搜索关键词后看到的创意内容符合搜索需求；同时确保他们点击查看网页信息后，网页内容同样符合目标受众的搜索需求。

③ 落地页体验。落地页体验主要衡量企业推广的落地页内容和质量。优秀的落地页不仅能给目标受众带来良好的目标受众体验，同时也有助于企业更好地展现产品和服务信息。企业推广的落地页是否被系统抓取，呈现内容是否清晰、充实、易于浏览等都是影响落地页体验的因素。在不考虑影响排名的其他因素时，推广落地页的体验越好，排名就越有机会靠前显示。

④ 账户历史表现。账户历史表现首先要保证账户没有出现违规处罚信息，在网站历史推广过程中添加违规内容、设置禁用词等都会影响账户的历史表现。一般而言，老账户的关键词质量度大于新账户的关键词质量度，稳定账户的关键词质量度大于不稳定账户的关键词质量度。

（2）关键词出价。关键词出价是指企业愿意为广告被点击一次所支付的最高价格，不是由搜索引擎设定的，而是由企业自行设定的。这里有两点需要特别注意，一是这个价格是企业愿意支付的点击价格，并不是系统实际收取的点击价格；二是企业设定的出价表示该关键词的最高点击价格。出价是影响关键词排名的重要因素，在其他因素都相同的情况下，价格越高，越有机会获得较高的排名，但是通过提高出价的方式提高广告排名往往会导致扣费较高，所以要合理设置出价。

关键词出价要高于关键词最低展现价格，也就是底价，不同关键词的最低展现价格相同。一般来说，在设置关键词出价时，如果关键词出价低于最低展现价格，关键词无法正常投放，也就无法获得展现机会。

2. 广告扣费规则

广告扣费规则是指在搜索引擎中进行广告投放时，搜索引擎广告平台向企业收取费用的规则。根据广告平台的设定，广告主可以按照不同的方式出价；而在不同的广告出价方式下，平台会有不同的广告扣费方式。常见的有按点击扣费、按展现扣费、按转化扣费、按时间扣费、按成交扣费等方式。

（1）按点击扣费。按点击扣费（Cost Per Click，CPC）是指按照被点击的次数进行扣费的方式。大部分搜索引擎广告平台均有此种扣费方式，其计算公式为：

$$\text{点击价格} = \frac{\text{下一名出价} \times \text{下一名质量度}}{\text{本关键词质量度}} + 0.01$$

当目标受众点击平台上的CPC广告后，平台就会按照点击扣费公式进行扣费。广告平台会识别恶意点击与无效点击，恶意点击与无效点击不扣费。

(2) 按展现扣费。按展现扣费（Cost Per Mille，CPM）是指按每千人展示的成本扣费的方式。只要展示了广告主的广告内容，广告主就为此付费。其计算公式为：

$$\text{千次展现价格} = \text{下一名的千次展现出价} + 0.01$$

(3) 按转化扣费。按转化扣费（Cost Per Action，CPA）是指按实际投放效果出价，进而达成转化扣费的方式。它按反馈的有效问卷或订单的数量来计费，不限制广告投放量。

(4) 按时间扣费。按时间扣费（Cost Per Time，CPT）是指以固定时间周期来出价和对应扣费的方式，一般来说扣费等于出价。国内主流广告平台都有按照"一个月多少钱"或"一周多少钱"这种固定模式扣费的广告。例如，百度的品牌专区、品牌起跑线、品牌华表等广告营销工具都以购买关键词包的形式按照一定周期出价。本项目任务二中的固定广告位品牌营销采用的就是按照时间扣费的广告方式。

(5) 按成交扣费。按成交扣费（Cost Per Sales，CPS）是指通过实际销售量出价，进而达成成交扣费的方式。通常而言，此方法更适合购物类App的推广，但是需要收集精确的流量数据进行统计和转换。

职场透视

搜索引擎竞价推广岗位职责

随着互联网的发展，数字营销人才越来越重要，搜索引擎竞价推广是数字营销中比较受欢迎的职位，需求量大且就业薪资相对较高。下面是常见的搜索引擎竞价推广岗位职责及任职要求，以供参考。

1. 某企业搜索引擎竞价推广岗位职责

（1）负责公司SEM投放策略和优化策略的制定。

（2）负责百度、360、搜狗、神马等搜索引擎SEM账户的深度优化工作。

（3）灵活进行相关数据的统计和整合，并对优化效果进行追踪评估，制定推广方案。

（4）负责账户关键词搜集、筛选、账户策划和创意撰写；分析同行SEM排名并进行实时调价。

（5）灵活控制成本和预算投入，创造咨询量，最大程度提高投入产出比（ROI）。

（6）定期对推广情况进行总结并提出下一阶段的推广建议和思路，对自己的SEM工作效果负责。

2. 任职要求

（1）市场营销、网络营销、统计学、电子商务、互联网等相关专业优先。

（2）拥有丰富搜索引擎广告投放经验者优先考虑。

（3）具有良好的沟通能力和出色的文案编辑写作能力。

（4）执行能力强，工作认真细致，对数据有较强的敏感性。

3.1.2 关键词添加与设置

在搜索竞价营销过程中，关键词可以直接让企业的网站在互联网众多的竞争者中脱颖而出，好的关键词设置还能在显著减少广告费用的同时提升营销效果。在本小节中，需要重点了解关键词添加、关键词匹配方式设置和关键词出价设置的相关知识内容。

1. 关键词添加

（1）关键词添加的步骤。

关键词添加的步骤如下：

① 新建推广计划或选中需要添加关键词的推广计划。

② 新建推广单元或选择需要添加关键词的推广单元。

③ 单击“添加关键词”按钮，进入关键词工具页面，如图 3-1 所示。

④ 写入需要添加的关键词，或者在“搜索关键词”框中用核心关键词进行扩展，选择符合营销目标的关键词进行添加。

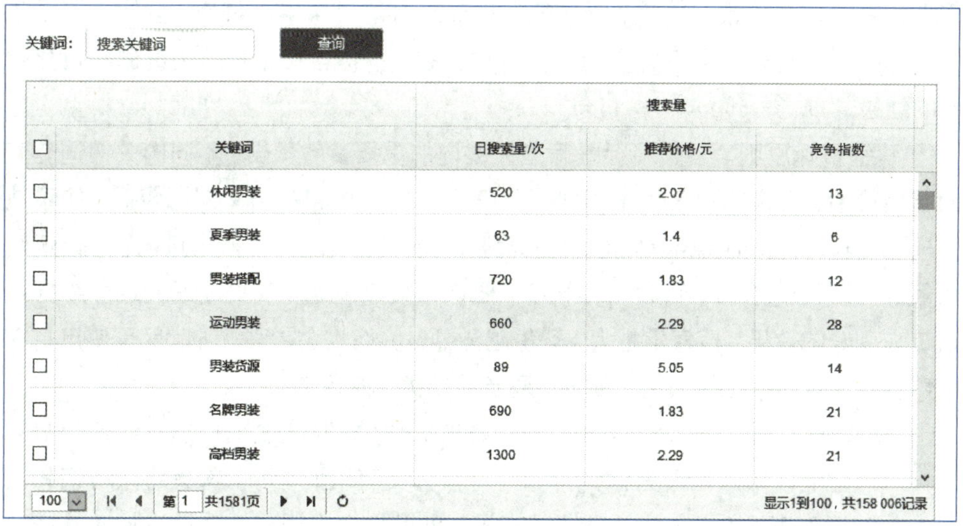

关键词：搜索关键词 查询

		搜索量		
□	关键词	日搜索量/次	推荐价格/元	竞争指数
□	休闲男装	520	2.07	13
□	夏季男装	63	1.4	6
□	男装搭配	720	1.83	12
□	运动男装	660	2.29	28
□	男装货源	89	5.05	14
□	名牌男装	690	1.83	21
□	高档男装	1300	2.29	21

100 第1 共1581页 显示1到100，共158 006记录

图3-1 关键词工具页面

行业洞察

淘宝直通车智能推广

淘宝直通车智能推广是淘宝平台提供给网店经营者的一种平台内的关键词流量购买工具。智能推广直通车不需要关键词，由网店经营者选择推广商品，设定出价上限，系统便会根据一定的机器算法与大数据积累，面向不同人群，智能推广关键词并调整出价、创意等，精准投放。智能推广利用人工智能技术实现商品推广，可以大大降低推广难度与推广成本。

随着大数据、人工智能算法的不断发展与成熟，这些技术也同样在数字广告领域落地生根，从而尽可能地节省劳动力，提高数字广告的投放效率与效果。

(2) 关键词添加的原则。

关键词添加的原则如下:

① 与企业产品或服务相关的原则。搜索竞价排名广告添加的关键词要遵循与企业产品或服务相关的原则。可以对企业网站提供的产品和服务内容进行分析，筛选出与网站业务相关度较高的关键词作为核心关键词完成关键词添加。具体来说，可以对企业网站上的整个产品线进行分类，将每条产品线下面的关键词作为核心关键词进行添加。

② 精准性原则。关键词要尽量精准，关键词越精准，搜索该关键词的意图越明显，就越能够为企业带来更多的精准流量，点击转化效果就越好，对排名提升也会有很大的促进作用。在某些特殊情况下，如追求最大程度的品牌曝光时，可选择比较宽泛的关键词。越宽泛的关键词，其对应的信息需求种类越多，宽泛关键词对应的目标受众的搜索意图有可能是购买相关产品，但更多的也许是其他方面的需求，并不一定会导致消费行为。在竞价推广中，企业必须为目标受众的每次点击付费，虽然企业希望尽量只为那些能够转化为自己客户的人支付点击费用，但含义宽泛的关键词却可能带来相反的结果。

③ 营销目标原则。营销目标是筛选关键词的重要参考依据，不同的关键词有着不同的营销价值，带来的效果也不相同。品牌词的转化率和点击率都比较高，如果从效果指标上比较，品牌词通常具有很大的优势；产品词的点击率、点击量比较高，但转化率一般。关键词的添加不可盲目，千万不要认为搜索量越大，关键词就越能给自己的网站带来良好的效果，搜索量越大，竞争越激烈，价格也会越高，所以尽量使用具有一定搜索量且竞争压力比较小的关键词，适当降低优化难度。

④ 预算原则。除了营销目标外，还需要考虑预算，毕竟企业以追求经济效益为首要目标。当企业以市场拓展为营销目标同时预算又有限时，可以考虑将人群词和产品词加入关键词列表；如果企业预算非常充足，可以将竞品词和活动词也加入推广单元中，这类词可以实现的营销效果也是多重的，推广人员要根据具体情况考虑是否使用。

⑤ 符合相关国家标准原则。关键词应当符合 GBK 汉字编码国家标准，可以包含

汉语拼音、英文大小写字母、阿拉伯数字和空格、短横线（-）、点（.）等符号，不能添加特殊符号、全角字符、粗体字符、非中英文字符和繁体中文字符。

2. 关键词匹配方式设置

关键词匹配是指目标受众搜索关键词与广告主设置的推广关键词的匹配程度。在不被搜索引擎打击、不恶意堆积关键词的情况下，匹配度越高，排名效果越好。关键词匹配方式设置大致分为以下四种：

（1）精准匹配。精准匹配是指搜索关键词与推广关键词二者字面完全一致，用于精确严格的匹配限制。一般的精准匹配条件较为严格，若搜索词中包含其他词语，或搜索词与推广词的语序不同，均不会展现对应的内容，如图 3-2 所示。

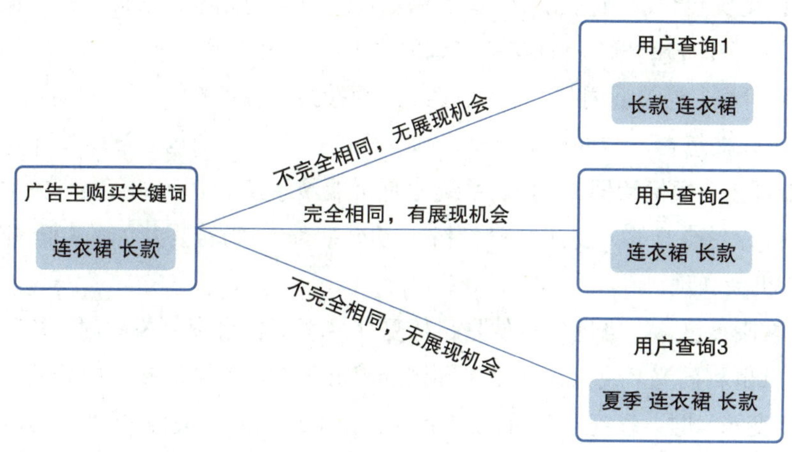

图3-2　严格精准匹配

部分平台精准匹配的匹配条件相对宽松，当搜索词与推广词完全一致或仅词序不同时，广告均有机会展现，如图 3-3 所示。

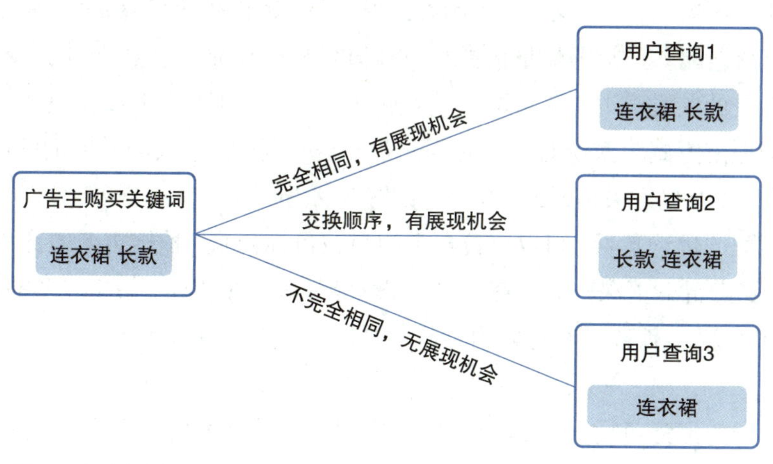

图3-3　宽松精准匹配

精准匹配的优势：① 只有当目标受众搜索词与推广词完全一致的时候，广告才有机会展现，所以精准匹配的最大优点是“定位精准”。② 企业广告预算有限时，可以有效控制花费。③ 部分关键词出价过高时，设置精准匹配，可以让价格相对较高的关键词只“抓”精准客户。

精准匹配的劣势：精准匹配会显著降低广告的展现机会，会失去大量捕获潜在客户的机会。

(2) 短语匹配。短语匹配是指搜索关键词完全包含推广关键词（包括关键词的同义词）或关键词位置颠倒时，系统有可能会展示推广广告。短语匹配可分为以下三种类型。

① 短语精确包含。当匹配条件是目标受众的搜索词完全包含推广的关键词时，系统才有可能展示广告。例如，推广关键词为“奶粉”，目标受众搜索“购买奶粉”“婴儿奶粉”“奶粉价格”等关键词时，都可以匹配，而搜索“牛奶米粉”时不匹配。

② 短语同义包含。当匹配条件是目标受众的搜索词完全包含推广关键词或关键词的变形（如插入、颠倒和同义）时，系统才有可能展示广告。例如，推广关键词为“婴儿奶粉”，目标受众搜索“婴儿奶粉价格”“幼儿奶粉”“奶粉婴儿”等关键词时都可以匹配，且有机会展现。

③ 短语核心包含。当匹配条件是目标受众搜索词包含商品关键词、关键词的变形（如插入、颠倒和同义）或包含推广关键词的核心部分、关键词核心部分的变形（如插入、颠倒和变形）时，系统才有可能展示广告。例如，推广关键词为“婴儿奶粉”，目标受众搜索“婴儿奶粉价格”“幼儿奶粉”“奶粉婴儿”关键词都可以匹配，搜索“奶粉”“二段奶粉”也可以匹配。

短语匹配的优势包括：与精确匹配相比更为灵活且能获得更多潜在客户的访问，与广泛匹配相比有更强的针对性且可能有更高的转化率。短语匹配的劣势包括：获得的展示次数不够多，介于广泛匹配与精确匹配之间，转化率没有精确匹配高。

(3) 广泛匹配。广泛匹配是指搜索关键词完全包含推广关键词，或者包含词序不同甚至不连贯的关键词时，商品均有机会展现。广泛匹配是最宽泛的匹配方式，也是系统默认的匹配方式。系统有可能对匹配条件进行延伸，扩展至关键词的同义词、近义词、相关词以及包含关键词的短语等，如图 3-4 所示。

广泛匹配的优势包括：可以定位更多的潜在目标受众，捕捉更多的商机。展现机会多，能给买家留下更深刻的潜在印象，有可能带来大量点击，触发较多的点击消费，提升品牌知名度。节省时间与精力，不需要提交所有相关关键词，不必担心漏掉关键词。

广泛匹配的劣势包括：点击访问的针对性不足，转化率比精确匹配和短语匹配低。与精确匹配相比，推广费用会更高。由于对应单个关键词的搜索词量大，无法灵活控制关键词的排名与出价。

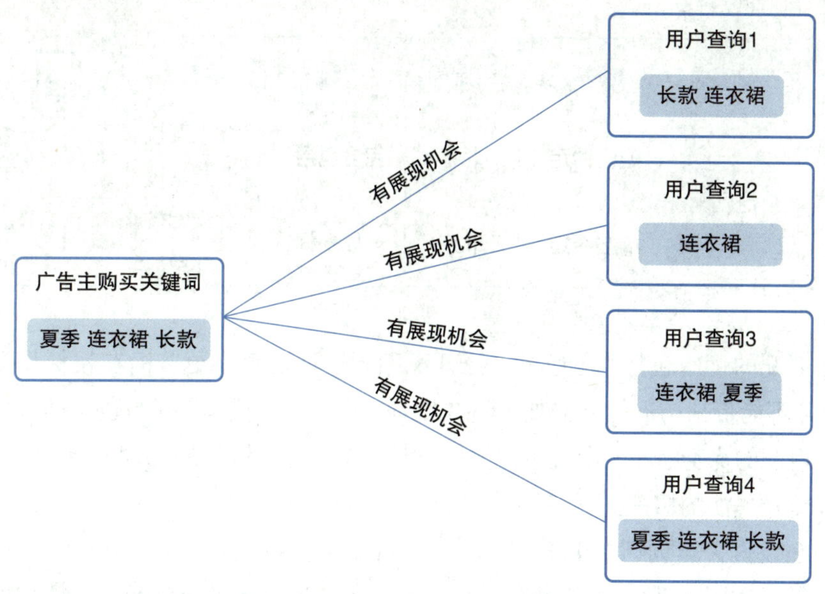

图3-4 广泛匹配

(4) 否定匹配。否定匹配也叫否定关键词，设置某个关键词为否定匹配时，目标受众搜索该关键词或该关键词的相关词，广告信息不展现。对于那些可能被匹配但与推广意图不符合的关键词，可以将它们添加到否定匹配关键词中来阻止对应的广告信息展现。企业通常选择自身关键词反面或者非经营业务类的词作为否定关键词。否定关键词否定了部分没有用的搜索词，也就减少了关键词的无效展现次数，提高了关键词的点击率，从而提高了关键词的质量度。否定匹配一般包括短语否定关键词与精确否定关键词。

① 短语否定关键词。在账户中添加短语否定关键词后，只要目标受众的搜索词完全包含这个短语否定关键词，广告信息就不会展现。

例如，推广关键词为“北京旅游”，匹配模式设置为广泛匹配。在搜索时发现，搜索“北京驾校”也能找到企业的广告信息，则可以分析出搜索“北京驾校”的目标受众并不是意向客户。这样就可以利用短语否定关键词否定“北京”。以后只要目标受众的搜索词包含“北京”，如“北京驾校”“北京学校”这类词时，企业的广告信息就不会展现。

② 精确否定关键词。经营者在账户中添加“精确否定关键词”后，只有目标受众的搜索词与“精确否定关键词”一模一样时，广告信息才不会展现。

仍以推广关键词为“北京旅游”为例，匹配模式是广泛匹配，当目标受众搜索“北京”时，也能找到企业的广告信息。把“北京”设置成“精确否定关键词”，这样目标受众在只搜索“北京”时，广告信息不会展现。否定匹配设置如表 3-1 所示。

表3-1 否定匹配设置表

<table>
<tr><th>关键词</th><th>匹配模式</th><th>否定词类型</th><th>否定词</th><th>规则</th><th>搜索词</th><th>广告信息是否有机会展现</th></tr>
<tr><td rowspan="4">北京旅游</td><td rowspan="4">广泛匹配</td><td rowspan="2">短语否定</td><td rowspan="2">北京</td><td rowspan="2">完全包含</td><td>北京驾校</td><td>否</td></tr>
<tr><td>北京学校</td><td>否</td></tr>
<tr><td rowspan="2">精准否定</td><td rowspan="2">北京</td><td rowspan="2">一模一样</td><td>北京驾校</td><td>是</td></tr>
<tr><td>北京</td><td>否</td></tr>
</table>

否定匹配的优势包括：在通过广泛匹配和短语匹配获得更多潜在目标受众访问的同时，滤除不能带来访问的不必要展现关键词，降低转化成本，提高投资回报率。

否定匹配的劣势包括：设置否定关键词后，将降低关键词的展现概率，即降低获得潜在目标受众关注的概率。

企业在设置关键词匹配方式时，可以组合使用多种匹配方式，其中广泛匹配和短语匹配能够让创意展现在更多潜在受众面前，从而带来更多曝光机会，精准匹配定位精准目标受众，提高点击与转化效果。

3. 关键词出价设置

出价作为商业策略的一部分，将受到搜索引擎隐私机制的严格保护，所有企业的出价信息和出价策略对他人均不可见。掌握关键词的出价方法与技巧可以降低广告花费。

（1）关键词的出价方法。

① 关键词批量出价。为了减少关键词维护的工作量，在关键词添加后可以对关键词批量出价，批量出价的方式主要有按默认出价、自定义出价、按市场平均价的百分比出价、按底价或底价的百分比出价等，不同搜索引擎广告平台有不同的批量出价方式。

② 关键词单独出价。为了进行更精细的关键词出价维护，在添加关键词后，要逐一对每个关键词设置单独出价。

关键词出价的设置既可以在推广单元层级进行，也可以在关键词层级进行。推广单元层级的出价是该推广单元下所有关键词的统一出价，即批量出价，单元内关键词没有单独设置出价时均默认为按照单元出价。关键词层级的出价是该关键词的单独出价，在为关键词和其所在的推广单元同时设定出价的情况下，以关键词出价为准。关键词出价方法如表 3-2 所示。

表3-2 关键词出价方法

层级	出价方法
关键词	最优先级 仅用作该关键词
单元	次优先级 作用于该单元内所有的关键词

③ 关键词智能出价。部分搜索引擎提供了这种出价方式供广告主选择，如百度的OCPX出价系统，会在广告主出价基础上基于多维度实时反馈和历史积累数据出价，并根据预估转化率和竞争环境变化动态调整，以优化广告排序，帮助广告主获得适合的流量，降低广告成本。

(2) 关键词的出价技巧。

关键词的出价技巧包括：

① 按照时段出价。不同时段的目标受众群体及数量不同，关键词的搜索量也不同，所以不同时段的关键词价格也有所不同，可以根据不同时段进行调价，常见的高峰时段一般为9:00—11:00、14:00—17:00、20:00—22:00等。随着时间段的不同，关键词出价也应该随之变化。

② 按照地区出价。不同推广地域的目标受众群体及数量不同，关键词的搜索量也不同，对于同一个或同类关键词，各个地区的出价并不相同。例如，北上广等一线城市的出价普遍要高于二三线城市，可针对不同城市设置不同的出价。

③ 根据关键词性质出价。关键词按性质不同可以划分为产品核心词、属性词、营销词、品牌词等类别。一般来说，产品核心词搜索量较大，属性词搜索量较小；相较而言，产品核心词的出价要适当高于属性词。营销词在有营销活动时段（如“双11”）内搜索量较大，可以在活动周期内设置高出价。不同企业品牌知名度不同，目标受众搜索品牌词的频率也不相同，知名度高的企业的品牌词的搜索量较高，知名度低的企业的品牌词的搜索量较低，一般而言，在企业进行竞价广告排名时，知名度高的企业品牌词的出价要高于知名度低的企业。

④ 按照排名出价。对于竞价排名广告的展示位置而言，排名越靠前，能够带来的展现量、点击量越高。但要注意，不是一直排在第一名就一定合适，从竞价排名公式与扣费公式来看，关键词想要获得靠前的排名，在相同的质量度下，出价就应更高。一般而言，通过提高出价的方式获得排名靠前的位置时，若质量度无优势，扣费也会相对较高。

⑤ 从整体营销成本考虑出价。从账户整体考虑，综合衡量账户的平均点击价格，若某些关键词相较于其他关键词出价过高，则很有可能提高该关键词的点击花费，进而影响账户整体的平均点击价格，提高营销成本。因此，针对个别出价过高的关键词，要从整体营销成本角度考虑降价。

除了以上内容，关键词出价的技巧还有很多，比如设置不同关键词的投放力度，参考关键词的最低展现价格等。总体来说，企业要通过关键词技巧实现低投入、高转化，促使目标受众完成购买。

3.1.3 创意编辑

创意编辑可以理解为对搜索竞价排名广告所展示的创意内容进行编辑。

1. 搜索竞价排名广告创意的作用

（1）让目标受众观看。企业推广的最终目的不是在搜索引擎中展现企业的广告信息，而是把企业的目标受众吸引到企业网站，让他们接受企业的广告信息，这个阶段也可以称为“引流”。当目标受众通过某个关键词进行检索时，会在结果页中看到企业的广告信息，这个“广告信息”就是广告创意。在进行广告竞价排名时，需要企业及时把握潜在受众的搜索行为。准确的关键词和独特的创意能够抓住目标受众需求，将产品的特点与优势传达给目标受众。

（2）让目标受众点击。创意以文本、图像、视频的形式呈现在目标受众面前，其实就是用来吸引目标受众点击的广告。出色的创意能使广告在众多企业中脱颖而出，在第一时间吸引目标受众的视线，从而带来更多的潜在客户。广告的目的大多是促成订单，广告创意最重要的作用就是让目标受众去点击，把目标受众引流到企业网站，之后利用网站的吸引力、销售及客服人员的业务能力最终促成订单。

（3）提高关键词排名。创意质量在很大程度上影响关键词的点击率，创意质量越高，关键词的点击率越高；关键词与创意的相关性越高，关键词的质量度也会越高。关键词质量度是影响排名的重要因素，在出价不变的情况下，关键词的质量度越高，排名越靠前。

（4）降低关键词点击花费。创意质量影响关键词的质量度，从关键词的扣费公式中可知，在排名不变的情况下，关键词的质量度越高，关键词的单次点击花费就会越低。

2. 创意编辑

创意是企业展示在搜索目标受众面前的推广内容，包括标题、描述、访问 URL 和显示 URL。关键词的作用是帮助企业找到尽可能多的潜在受众，而创意决定了是否能吸引这些潜在受众，进而促使他们产生点击行为并进入网站。因此，掌握创意的撰写要求和技巧非常重要。SEM 创意编辑有四个操作技巧：创意飘红、创意相关、语句通顺、具有吸引力。

微课：创意飘红

（1）创意飘红。创意展现在网民面前时，标题、描述中部分文字以红色字体显示，称为创意的飘红。当创意文字包含的词语与目标受众搜索词包含的词语完全一致或意义相近时，在搜索结果展现中就会出现飘红。为了使创意包含更多的飘红，创意中应尽量多出现与搜索词一致的内容。创意飘红能够有效吸引目标受众的注意，如图 3–5 所示。

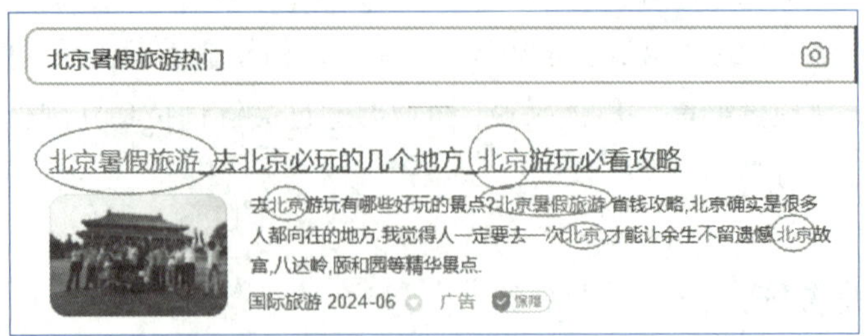

图3–5 创意飘红

在 SEM 中，通配符是一种特殊的创意关键词控制符号。添加通配符能够增加创意飘红的概率，在创意中合理、适当地插入通配符后，通配符位置会显红，使展现结果更醒目，从视觉上提升吸引力，从而提升质量度。例如，设置通配符“铝合金桁架”和“桁架租赁”在展现结果的创意标题和描述中均飘红显示，如图 3-6 所示。

桁架_铝合金桁架_truss架_铝合金舞台_桁架搭建_桁架租赁_北京中展...

【北京中展圣博桁架舞台厂】，国内知名企业铝合金桁架厂家倾力专注桁架生产，专业定做铝合金桁架，灯光架，truss架，铝合金舞台，展览器材，展具，质量层层把关，产品质量...

- 百度快照 - 评价

图3-6　创意通配符飘红显示

通配符的个数要适当，在撰写创意时，除了添加通配符外的文字部分可以适当多添加核心业务词，这样当目标受众搜索时，搜索词包含核心业务词的概率会比较大，从而使创意中的这些核心业务词也飘红。也可以使用地域通配符使地域词飘红，当创意中展示目标受众所在地域时，增加创意与目标受众的相关性。

（2）创意相关。所谓相关，就是指创意要围绕关键词撰写，并和公司的产品业务紧密相关。关键词、创意、落地页之间要保证相关性。创意相关性是影响关键词质量度的重要因素。增强目标受众搜索词、触发关键词和展现创意之间的相关性，可以提高关键词质量度，这意味着推广成本的降低和投资回报率的提高。

行业洞察

百度擎舵的“智能创意标题”

在灵感焦虑的时代，好的创意价值千金。但是当下信息泛滥，产出让大众眼前一亮的文案并非易事，很多企业的品牌影响力和商业潜能也受制于此，难以获得更多关注。如今，借助人工智能技术，可以在短时间内得到大量优质创意标题。

百度擎舵的智能创意标题功能，基于百度强大的人工智能技术，能够为用户提供快速、高效的广告标题生成服务。该功能结合了多模态内容生成技术，能够针对用户的营销需求，自动生成符合要求的广告标题，从而帮助用户节省大量时间和精力，提高广告效果。

在擎舵平台，输入产品名称、产品描述和卖点，系统可以在不到2分钟时间内快速生成100条创意广告文案，从多个角度阐释产品优势，可以为企业打开思路，提供创意灵感，也可以直接快速生成广告文案，并与图片、视频平台融合，快速生成广告成片，提升广告效果和市场竞争力。

（3）语句通顺。不通顺的语句创意会增加目标受众的理解成本，不仅影响企业形象，而且会降低客户对企业的信任以及对企业实力的判断，甚至不能引起目标受众的关注。在撰写创意时，如果添加通配符，关键词被触发时就会替换通配符中的默认关键词；因此，在使用通配符时要保证替换后的创意语句通顺，不重复，符合逻辑。

（4）具有吸引力。创意要有卖点并将其突出，有吸引目标受众的能力。也就是说，在创意中要突出企业的价格优惠力度、促销产品，以及独特优势等。还可以按照创意生产的方法（如 FAB 法则[①]、角色扮演法等）编辑具有吸引力的创意内容。

大赛直通车

1. 赛项名称及竞赛模块

市场营销技能赛项——数字营销模块

2. 赛项组别

高职

3. 竞赛内容

各参赛团队在相同的市场环境下，结合给定的企业数据与市场数据，借助数字媒体平台进行品牌传播，增加网站曝光度，提升品牌认知度。

4. 竞赛要求——搜索竞价营销

参赛选手需根据营销预算、企业信息及企业商品，进行搜索引擎竞价营销，通过关键词定位主动搜索目标受众，以付费方式获得目标受众检索关键词时的网页展现机会，并带来更多的点击，将信息传递给目标受众，促进品牌认知度与商业价值变现。参赛选手需要进行推广计划制订、推广单元设置、关键词添加与出价、创意添加等操作。

5. 相关评分标准及解析

（1）相关评分标准。

① 推广计划。包括设置计划名称、计划消耗上限、投放时间、投放地域、出价等。可在推广计划下管理自己的推广单元；消耗限额为该推广计划的营销预算；不同推广时间与推广地域下，通过关键词搜索网页的目标受众数量不同，点击网页信息查看具体介绍的目标受众数量也不同，这些都会影响搜索竞价营销的效果。

② 推广单元。包括设置单元名称、单元出价等。可在推广单元下进行关键词添加与维护；单元出价为该推广单元下所有添加关键词的统一出价。

③ 关键词添加与出价。不同关键词的目标受众搜索数量不同，点击查看网页信息的目标受众数量也不同。关键词展现量代表搜索该关键词的目标受众数量，关键词点击量代表搜索

① FAB 法则是营销中常用的销售法则，由属性（Feature）、作用（Advantage）和益处（Benefit）三部分组成。

该关键词并点击查看网页信息的目标受众数量，关键词点击率代表搜索该关键词并点击查看网页信息的目标受众占搜索该关键词的目标受众的比例。

通过查询关键词的形式查找并添加关键词，设置关键词的匹配方式与出价。添加关键词并出价后，系统给出推广关键词的质量度与预估排名，可以根据预估排名继续进行关键词出价调整或创意优化。

④ 创意设置。需要编写创意标题、创意描述第一行、创意描述第二行等信息，推广创意与推广关键词相关性越高，提升推广关键词的质量分也就越多。在搜索竞价营销中，不同推广计划设置的预算总额为该次营销能够花费的最高限额，点击结束后，计算能够获得的展现量和点击量。

（2）评分标准解析。搜索竞价营销的成绩评定为展现量和点击量，而展现量和点击量受多方面影响。

首先，关键词本身的展现量和点击量数据在一定程度上反映了最终能够带来的展现效果和点击效果。

其次，关键词能够获得的排名也会影响最终带来的展现效果和点击效果，而关键词的质量度、出价都会影响关键词排名。质量度由关键词与网页信息的相关性，网页的展现量、点击量等综合决定。出价较高的关键词排名往往单次点击扣费也会较高，会造成广告预算的浪费，减少最终能够带来的展现量和点击量。

最后，关键词的匹配方式也会影响最终带来的展现量和点击量。

3.1.4 目标受众定向

目标受众定向又称目标人群定向、人群溢价，是指在搜索引擎营销过程中，如果企业愿意为指定的受众人群标签设置溢价比例，当指定的受众出现时，系统就会在原来出价的基础上增加相应的溢价比例出价，使广告排名更加靠前，以便优先让具有更大转化价值的目标受众优先看到。

溢价是指愿意为指定的流量加价，通过目标人群提高出价系数的方式进行拓流，同样也可以通过对非目标人群降低出价系数的方式进行排除。假设广告主为目标人群设置了溢价比例，当受众进行搜索时，系统会自动进行人群识别。若识别为目标人群，则执行溢价后的出价（此时目标人群投放最终出价为关键词出价与人群包出价系数的乘积），以此提高排名和展现概率，实现高转化预期；若无法识别为目标人群，则按照原关键词出价正常投放；若识别为非目标人群，系统会自动退出竞价，不展现广告。目标受众定向的出价系数如图 3-7 所示。

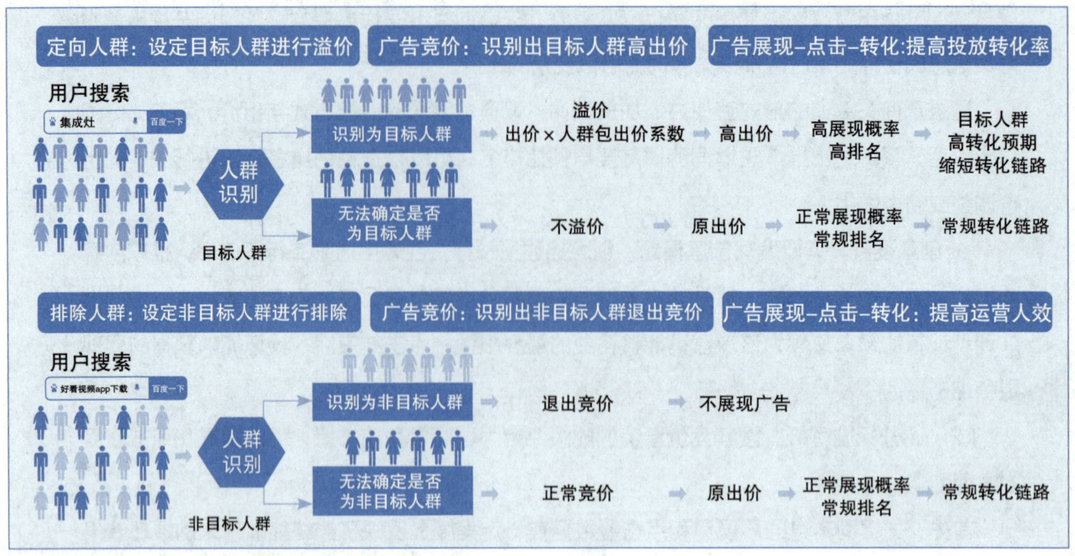

注：人群包是广告投放时同一类特征的人群的集合。

图3-7　目标受众定向的出价系数

1. 目标受众定向的原理

目标受众定向是在关键词定向基础上叠加目标受众定向，区分人群价值，设定差异化竞价，针对高价值人群高出价，精细化控制 ROI，实现精细化的受众定向。同样的搜索词，搜索人群不同时，潜在转化意图可能会有差异，统一的投放策略无法进行差异化运营，因而可通过“溢价”调整广告竞价价格，增加目标受众的展现概率，降低非目标人群的商品展现概率。

2. 目标受众定向的方法

数据驱动的目标受众分析是实现广告精准投放的基础。通过收集和分析用户数据，包括消费行为、兴趣爱好、地理位置等信息，企业可以深入了解目标受众的特征和需求。这些数据可以来自企业自身的数据库、第三方数据提供商，以及各种分析工具和平台。通过合理利用这些数据，企业可以建立用户画像，精准定位目标受众，并制定相应的广告策略和内容。此外，人工智能和机器学习技术通过大规模数据分析和处理，在目标受众定向中发挥了重要作用。例如，借助人工智能技术，根据个人特征和历史数据形成用户故事，一个生动形象且具有日常细节的用户画像就呼之欲出，以此进行目标受众定向更加高效。

在进行目标受众定向时，需要结合目标受众分析，确定产品或服务的使用人群、目标受众的行为标签、消费特征等，然后根据搜索引擎广告平台提供的标签进行定向。可以从不同维度进行目标受众的定向，合理使用不同的定向技巧，排除非目标受众的广告投放，把钱花到更有价值的目标受众身上。

（1）目标受众定向。搜索引擎不同，人群定向分类的方法不同，提供的人群标签也不同，但定向的方式基本相同。目标人群定向的方式基本可以分为基础属性定向、行为定向、场景定向和兴趣偏好定向。

① 基础属性定向。基础属性定向是指通过性别、年龄、人生阶段、收入、学历、设备类型、商圈地域等维度定位目标受众。其中，商圈地域定向指的是根据目标受众的实时地理位置或者常驻地理位置进行定向，以帮助企业触达目标区域内的受众。

② 行为定向。行为定向是指根据目标受众的历史行为定向，其包含的范围最广，App 行为定向、电商行为定向、资讯行为定向、再营销人群定向均属于这种定向方式。App 行为定向主要是定向安装了某类 App 的目标受众；电商行为定向主要是指点击、收藏、加购、购买某些商品的目标受众；资讯行为定向主要是指对某些文章等资讯具有浏览、收藏、转发、点赞等行为的目标受众；再营销人群定向是定向历史互动人群，主要是指有过广告展现、点击、转化等行为的目标受众。

③ 场景定向。场景定向主要是针对节日场景、活动场景的定向，如春节、中秋节、国庆节等，定向对特定场景感兴趣的目标受众。

④ 兴趣偏好定向。兴趣偏好定向主要是通过目标受众关注的行业、兴趣标签分类进行定向，如浏览兴趣、购买偏好等，定向具有特定兴趣偏好的目标受众。

(2) 目标受众出价。在进行目标受众定向出价时，需要分析广告业务的目标受众，定义目标人群，使用出价系数，梯次化设置，一般可采用低出价高溢价、高出价低溢价和先正常出价再慢慢溢价等技巧。

① 低出价高溢价。低出价高溢价是指关键词出价低，人群溢价高，这是一种面向精准人群出价的方式，广告主清晰地知道自己的目标受众属性，通过关键词出低价、精准人群高溢价的方式过滤掉不必要的点击和展现，提高转化率。在预算有限的时候，企业可以使用此方法，把钱花在需要的关键地方。

② 高出价低溢价。高出价低溢价是指对关键词进行较高的出价，人群溢价出价较低，甚至不进行溢价。在对关键词进行出价时，高出价的关键词排名就会提高，进而会带来高展现量和点击量。这种出价方法影响最小，关键词流量较稳定，但缺点是花费较高。新手企业在不知道目标受众群体的特征时，可以采用这种办法，推广后可根据人群画像重新定向目标受众，并提高目标受众的出价。如果企业的主营商品是标品，消费周期较长，就可以出高价保证广告排名靠前，低人群溢价。在品牌积累了一定的忠实消费者后，可以根据消费周期，适当地提升人群溢价的比例。

③ 先正常出价再慢慢溢价。先正常出价再慢慢溢价是指逐步提升溢价，提高人群排名的精准度，提高点击率，圈定精准人群。这种方法适合网站流量比较少，层级比较低，搜索流量比较少的小类目产品企业。

◆ 任务演练

演练任务 1 搜索竞价排名广告营销

1. 任务目标

- 能够根据主营业务内容建立推广计划，并完成推广地域、推广时间和预算金额的设置。
- 能够根据企业主营业务，建立推广单元并完成单元出价和创意的设置。
- 能够根据主营业务内容与目标受众搜索词分析，完成关键词添加与出价设置。

2. 任务背景

某数码科技公司经过一段时间的搜索排名优化，网站排名和流量都有所提升，为了快速定位意向受众，获取精准流量，杨军决定通过搜索竞价排名广告对企业品牌进行推广。

在整个搜索引擎营销的过程中，关键词是至关重要的，不同的关键词有不同的商业价值。通过关键词分析可以清楚地掌握目标受众的搜索意向，进而采取不同的营销策略。杨军对营销策略基本有了一个比较清晰的思路。在接下来的营销过程中，主要是新建推广计划与推广单元，根据营销目标添加合适的关键词，完成创意编辑，并设置推广地域、推广时间和预算金额等。

3. 任务分析

关键词搜索推广的主要内容包括计划、单元、关键词三个层级。在计划层级下，根据公司主营业务和产品销售目标设置预算金额、推广地域及推广时间，通过新建计划，完成推广业务、推广网址的设置。在单元层级下，根据公司主营业务的内容和产品信息，完成单元名称、单元出价的设置。在关键词层级下，主要是添加关键词并修改关键词出价。添加关键词时主要的分析指标有相关性、搜索人气、点击率等。相关性是指选择与企业主营业务内容相关性高的关键词；搜索人气及点击率是指选择搜索人气及点击率高的关键词。创意需要围绕公司的主营业务内容、产品信息、添加的关键词进行编辑。

4. 任务操作

(1) 根据企业主营业务内容与用户需求，完成新建计划，并完成计划名称、推广地域、推广时间、预算金额的设置。

(2) 新建推广单元。

(3) 根据关键词分析结果，筛选出符合要求的营销关键词，添加至关键词列表，完成关键词出价等一系列操作。

(4) 完成广告展示创意编辑，如图 3-8 所示。

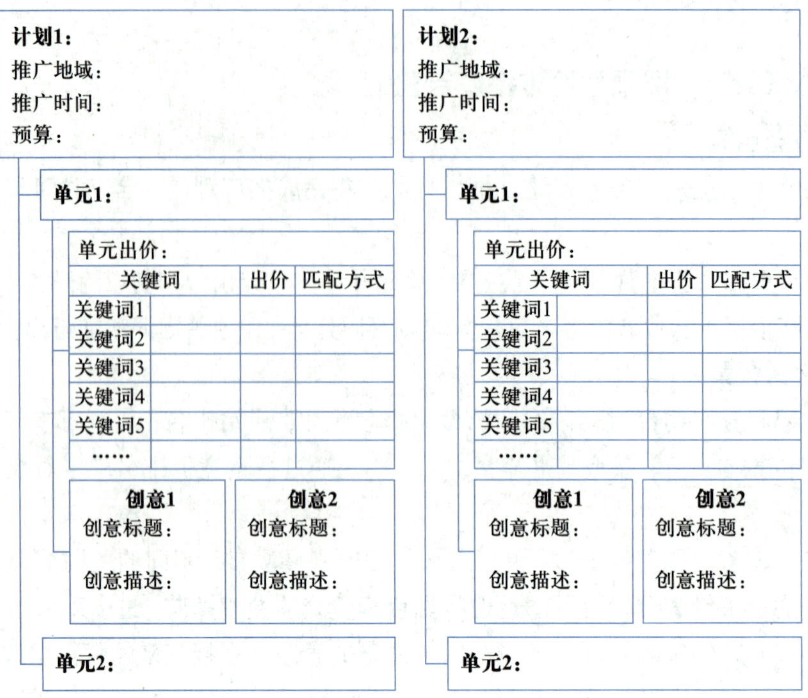

图3-8　新建计划内容

（5）可尝试定向目标受众并进行溢价处理。

5. 任务评价

本任务评价见表 3-3。

表3-3　搜索竞价排名广告营销任务评价

评价方式	客观评价
评价内容	能够完成推广计划、推广单元的新建工作
	能够完成关键词的添加与出价
	能够完成创意的设置
	能够获得一定的展现量和点击量

6. 任务拓展

（1）为了获得更好的推广效果，杨军决定对推广计划进行分类管理，按照不同的产品制订推广计划，在不同的推广计划内尽可能多地添加关键词并完成一个周期的广告推广。

（2）结合本任务演练，完成服装行业网站的搜索竞价排名广告营销推广。

任务3.2
固定广告位品牌营销

◆ 任务描述

固定广告位品牌营销的广告位于搜索结果首页首位的超大黄金首屏位置，以文字、图片、视频等多种广告形式全方位展示企业的品牌信息，将最精华和直接的品牌信息展现在目标受众面前，方便目标受众更便捷地了解品牌官网信息，更方便地获取所需企业资讯，这是提升企业品牌推广效果的创新品牌推广模式。但固定广告位品牌营销价格昂贵，为了提高推广效果，需要针对不同阶段的目标受众进行不同维度的推广。对于品牌而言，可以从目标受众对品牌的认知度将其划分为未知受众群体和认知受众群体。进行固定广告位品牌营销，就必须要了解未知受众的搜索特点和已知受众的搜索特点，并熟悉其推广流程。本任务的主要工作流程包括：

（1）确定主要营销目标和营销群体；

（2）根据营销目标协商制作品牌展示物料；

（3）确定广告展示周期和搜索词，进行竞价询价工作；

（4）展示创意制作并进行推广；

（5）分析固定广告位品牌营销效果数据。

◆ 知识准备

3.2.1 未知受众品牌推广

未知受众品牌推广是指在通用词搜索时让品牌广告出现在搜索结果首位的推广方式，它的主要作用是在目标受众认知过程中传达某品牌在该行业内具有一定的代表地位。例如，当目标受众搜索“越野车”时，出现了某品牌的广告，目标受众就会认为这个品牌的产品在该领域做得好，而且潜意识里会对该品牌产生一定的信赖。

1. 未知受众品牌推广的营销价值

未知受众品牌推广主要触达对广告品牌没有认知的潜在目标受众，其目的是开发新流量，符合大多数广告对品牌营销的根本需求。未知受众品牌推广有助于品牌知名度的塑造，其最终产生的营销价值主要体现在以下几个方面：

（1）全面覆盖未知受众。触发关键词为通用词，能够全面覆盖品牌未知受众，影响范围大，能够很好地覆盖那些对某类产品感兴趣但并未锁定具体品牌的目标受众。

（2）产生品牌联想，引发品牌好感。消费者总是喜欢购买自己熟悉的品牌，就像人们总是喜欢跟自己熟悉的人打交道。熟悉意味着拉近距离，意味着减少不安全感。品牌联想是消费者品牌知识体系中与品牌相关联的一切信息结点，包含了消费者对特定品牌内涵的认知与理解。针对未知受众的品牌推广可以在目标受众搜索新的品类信息时多次大面积地曝光品牌信息，品牌的多次展现会给消费者形成一定的品牌记忆，使消费者熟悉品牌，引发品牌好感，形成一定的品牌记忆与联想。

(3) 传递品牌权威性，影响购买决策。目标受众搜索通用词时，品牌信息独占首屏首位，可以强调品牌正面信息，同时可以展示品牌的“加 V”(正品认证、官网认证等) 信息。这种品牌广告可以在搜索结果页图文并茂地展现出来，支持图片、视频、文字等多种元素的组合，视觉上更加吸引眼球，侧面向目标受众传达品牌具有可靠性、权威性的信息，能有效吸引目标受众了解品牌、提升品牌认知度，加快目标受众购买决策的形成。

(4) 弱化竞争品牌影响。目标受众对信息的吸纳一般要经过“过滤”环节，只有那些对受众有用的、新鲜的、有特殊意义的信息，才有可能进入受众的“长时记忆”被存储起来。品牌知名度越高，意味着目标受众对该品牌的印象越深刻，竞争品牌进入目标受众“印象领域”的难度越大。针对未知受众进行品牌推广可以加深受众对品牌的印象，在一定程度上淡化竞争品牌的记忆，弱化竞争品牌的影响。

2. 未知受众搜索词

品牌未知受众的搜索词一般为通用词，当目标受众想要了解品类信息时，会使用品类词作为搜索条件查询相关信息，如“手机”“鲜花”“无人机”等。这些关键词表明目标受众有一些模糊的欲望和兴趣。例如，当目标受众搜索“车”或“英语”时，不能确定这个人到底是不是要买车，或者要不要学英语，因为其搜索意图特别模糊。

当目标受众有一定的品类购买倾向时，往往会进一步搜索，进行价格与价值的比较，往往会以商品品类或服务业务类型名词为核心，并由其结合排行、对比、价格、外观、性能、口碑、加盟、经验等需求进行拓展，组合出新的搜索词。在这个过程中，其搜索意图逐渐清晰，目的是辅助后期购买决策。

3. 未知受众品牌推广流程

下面以百度通用词时效品专为例，查看未知人群的品牌推广流程。

(1) 询价阶段。需要登录推广网址，进行询价管理，查看是否已经有同行询价在公示。如果已公示，可以直接报名竞价；如果没有，则需要自己进行关键词询价，按照图 3-9 的提示填写即可。

(2) 公示阶段。提交询价后会进入询价公示阶段，公示阶段在如图 3-10 所示的位置搜索显示结果。在此公示期间，其他广告主可以直接报名参与竞价。公示期结束之后变成竞价阶段，交纳保证金之后才可以参与竞价。

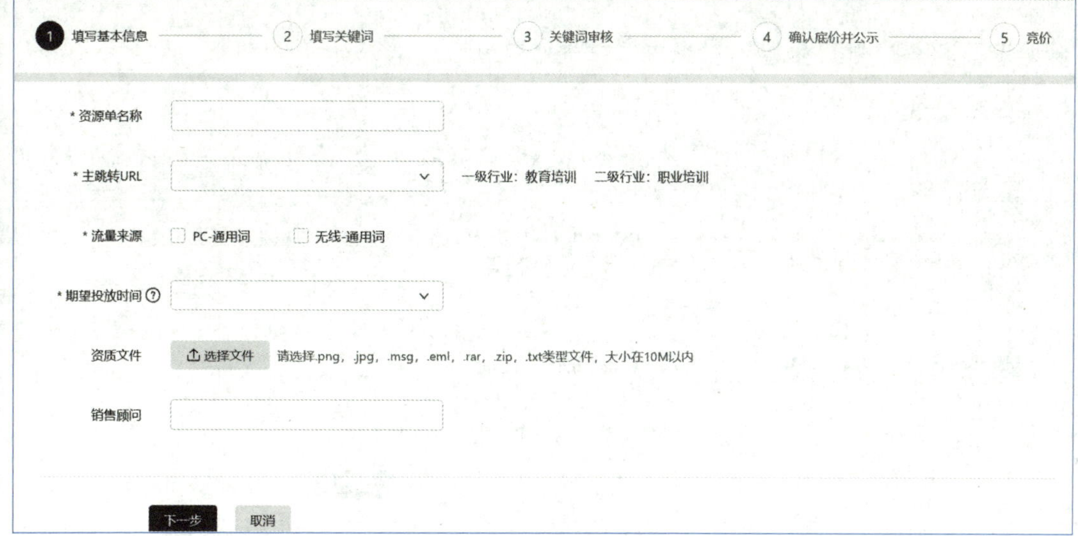

图3-9　询价阶段

词包ID	词包名称	关键词	端	地域	词包行业	时间段	操作
780795	【官方】大闸蟹-太原	太原2024大闸...	无线搜索	全国	食品饮料&饮料冲调,食...	2024/09/13~2024/09/19	去竞价
780794	【官方】大闸蟹-太原	太原2024大闸...	PC搜索	全国	食品饮料&饮料冲调,食...	2024/09/13~2024/09/19	去竞价
780793	【官方】大闸蟹-太原	太原2024大闸...	无线搜索	全国	食品饮料&饮料冲调,食...	2024/09/06~2024/09/12	去竞价
780792	【官方】大闸蟹-太原	太原2024大闸...	PC搜索	全国	食品饮料&饮料冲调,食...	2024/09/06~2024/09/12	去竞价
780791	【官方】大闸蟹-太原	太原2024大闸...	无线搜索	全国	食品饮料&饮料冲调,食...	2024/08/30~2024/09/05	去竞价
780790	【官方】大闸蟹-太原	太原2024大闸...	PC搜索	全国	食品饮料&饮料冲调,食...	2024/08/30~2024/09/05	去竞价
780789	【官方】大闸蟹-太原	太原2024大闸...	无线搜索	全国	食品饮料&饮料冲调,食...	2024/08/23~2024/08/29	去竞价
780788	【官方】大闸蟹-太原	太原2024大闸...	PC搜索	全国	食品饮料&饮料冲调,食...	2024/08/23~2024/08/29	去竞价
780787	【官方】大闸蟹-太原	太原2024大闸...	无线搜索	全国	食品饮料&饮料冲调,食...	2024/08/16~2024/08/22	去竞价

图3-10　公示阶段

（3）竞价阶段。如果没有其他广告主与自己竞争，系统统计截止之后就需要交纳竞价费用；如果有其他广告主竞价，则根据需要进行提价，竞争此投放包，如图3-11所示。

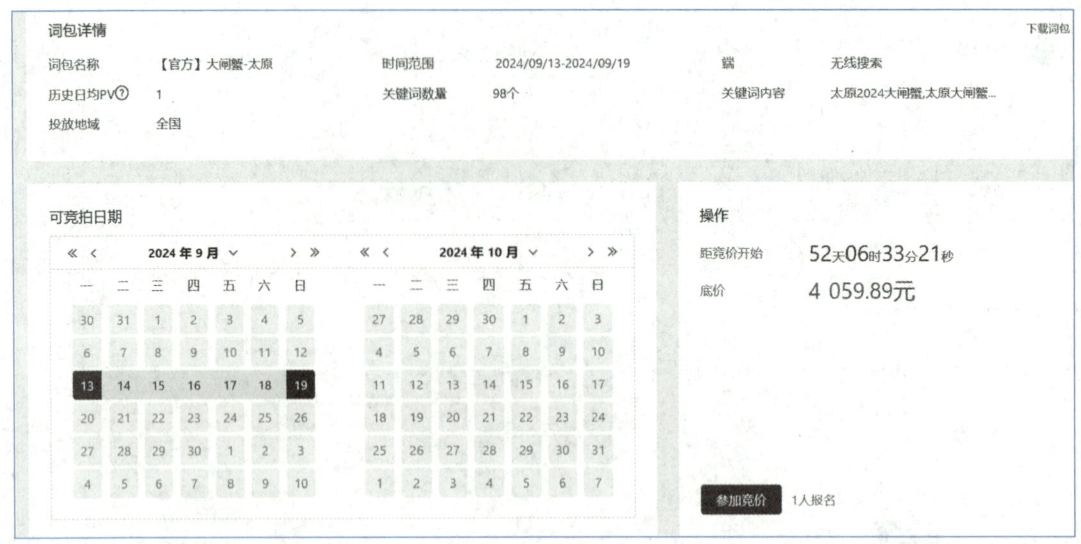

图3-11 竞价阶段

(4) 投放阶段。如果竞价成功会进行合同签署，签署完成后选择物料上传并等待其通过审核，之后选择创意开启，到约定时间即可自动完成投放。

3.2.2 认知阶段品牌推广

品牌认知可以简单概括为对品牌固定的印象和感知。品牌认知可以占领目标受众的心智，这样当目标受众想买一样东西的时候，就会自然联想到某个品牌；即使没有产生联想，也会更信任有认知的品牌。

认知阶段的目标受众对品牌已经有一定的印象和感知，他们开始主动获取与品牌相关的信息，为了达成购买，目标受众会进一步了解品牌信息，以更多的信息作为决定后期购买行为基础。为此，目标受众会通过搜索品牌词和具体产品词的形式了解品牌的详细介绍、产品的竞争力信息、销售信息、价格信息、售后信息等，甚至会搜索其他竞争对手的品牌词和具体产品词进行价格与价值的比较。企业必须在目标受众搜索时，将浓缩提炼的企业品牌信息快速展现在目标受众面前，树立企业的品牌形象，传递品牌价值。

1. 认知阶段品牌推广的营销价值

认知阶段品牌推广对于企业而言有着十分特殊的意义，它实现了在搜索引擎上的品牌传播效能最大化，其营销价值主要体现在以下几个方面：

(1) 加深品牌认知。认知阶段品牌推广面向的是具有一定品牌认知度的目标受众。品牌广告展示于品牌词搜索结果页的首页首屏黄金位置，能够使其获得更多关注，容易给受众留下良好的第一印象。

(2) 易于让目标受众接受。内容丰富、图文并茂的品牌信息能够有效缩短信息到达路径，为企业提供便捷的销售渠道，可以将目标受众需要的信息以最短的路径传递到目标受众面前，减少因信息传播路径增多带来的销量衰减。

（3）增加权威性。搜索引擎是互联网时代企业重要的沟通渠道，当目标受众想要了解品牌信息时，可以让官方信息的传递变得更加便捷。图文并茂的品牌信息从整体看上去更像一个微型的企业网站，在向目标受众传递企业信息的同时，还非常好地传递了“官方”“权威”“真实”等隐性感受，让目标受众觉得更亲切、更值得信赖。

（4）沟通企业与受众。搜索引擎是目标受众了解热门信息的主要渠道之一，利用搜索引擎做品牌推广是企业最直接的信息发布方式，同时也可以拉近与目标受众的距离，及时发布企业信息，做好正面引导。

2. 认知阶段的搜索词

认知阶段的搜索词是特定的品牌词，当目标受众在搜索特定品牌词和产品词时，才会出现相关的品牌广告信息，即品牌广告信息按关键词精准触发。例如，联想公司为“联想”这个关键词购买了品牌专区。当目标受众在百度上输入“联想”时，显示的第一条信息就是联想的品牌广告信息，当目标受众输入其他词时，就看不到联想公司的品牌广告信息。

特定品牌词是指明确带有企业品牌名称的关键词。是网站、产品、服务的一个代表性的名字，子品牌词也属于品牌词的范畴，如红米、卡萨帝、方程豹、哈弗等。

特定产品词一般是指具体的产品名称词，如华为 mate70、Redmi Note 14 等。

3. 认知阶段品牌推广的流程

下面以百度品牌专区为例，介绍认知阶段的品牌推广流程。

（1）提交品牌词。企业需要登录推广网址，根据自身推广需求，结合平台的关键词推荐，自主选择关键词并提交要推广的品牌词，如图 3-12 所示。

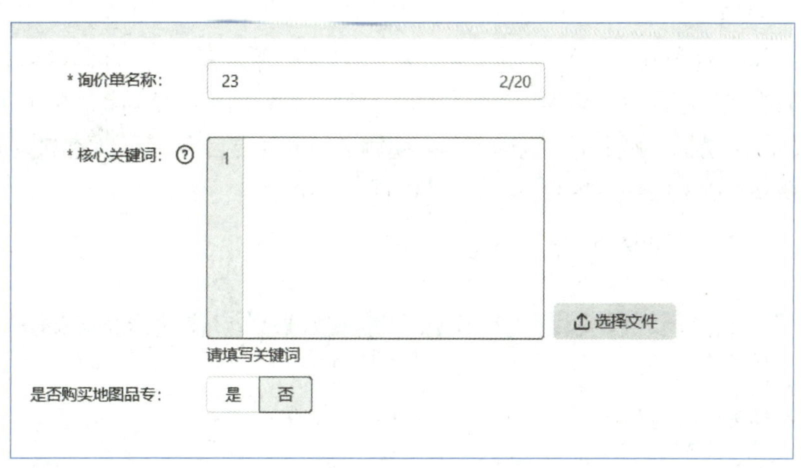

图3-12　提交品牌词

（2）填写基本信息。基本信息的填写主要包含选择投放的位置、展现样式、预计上线时间、投放周期，以及企业资质文件的上传等，如图 3-13 所示。

* 主跳转 URL:

* 流量来源: PC 无线 PC-新闻 PC-知道 PC-图片 PC-视频 PC-百科 PC-文库 PC-阿凡达 无线-资讯 无线-问答 无线-图片 无线-视频 无线-百科 无线-文库 地图品专

* PC 物料样式: 标准 高级 定制

* 无线物料样式: 标准 高级 定制

无线样式增值: 超级品专 附赠50套精细化单元

精细化投放: PC 物料数量: 未选择 无线物料数量: 未选择

* 预计上线时间: 请选择日期

* 投放周期: 请选择

资质文件: 选择文件 请选择.png，.jpg，.msg，.eml，.rar，.zip，.txt类型文件，大小在10M以内

客户类型: 无 营销联络服务中心 行业发展

图3-13　填写基本信息

(3) 关键词审核。完成关键词的提交与基本信息的填写后，搜索引擎广告平台会对提交的关键词进行审核，同时也会根据企业的具体情况、各个关键词的流量来为企业量身定制品牌方案并提供相应的报价。购买的关键词类型有一定的要求，可购买的关键词有品牌词、产品词、品牌词 / 产品词 + 官网、品牌词 + 产品词、品牌词 + 行业词、品牌词 + 专属活动词、娱乐词（电影名、电视剧名、电视节目名等）、地名或旅游景点名等。不可购买的关键词类型有需求词、通用词、客服电话、公关词、争议词、部分顽疾相关词等。具体示例如图 3-14 所示。

关键词类型	示例
1. 品牌词	如：鸿星尔克、海尔、小米、回力
2. 产品词	如：宏光、安慕希
3. 品牌词/产品词+官网	如：华为官网、小米官网
4. 品牌词+产品词	如：比亚迪宋、五菱宏光、华为P70
5. 品牌词+行业词	如：比亚迪汽车、海尔电器、张一元茶叶
6. 品牌词+专属活动词	如：蒙牛安检员
7. 娱乐词（电影名、电视剧名、电视节目名等）	如：《我和我的父辈》《功勋》《国家宝藏》
8. 地名或旅游景点名	如：武当山、长隆

图3-14　可购买的关键词示例

(4) 报价查看与合同签署。搜索引擎广告平台在进行关键词审核的同时，会反馈具体的报价情况，企业确认投放意向（词包、价格及投放时长）后，需签署品专投放合同并付款。投放费用必须充值到账户的广告资金池完成充值后才可以进行账户资质审核、“加 V” 等操作，直到账户生效。

(5) 广告投放。资质审核通过后，需要进行《百度网络发布服务通用条款》的签署确认，之后才能完成整个广告资质审核的流程。签署上述条款后，即可进入品牌专区产品投放管理页面，进行品牌专区广告的投放。

◆ 任务演练

演练任务 2　未知受众品牌推广

1. 任务目标

● 能够根据主营业务内容与目标受众搜索需求，完成面向未知受众的品牌推广关键词词包选择。

● 能够根据主营业务内容和商品信息，结合品牌定位与品牌宣传需求，制作符合品牌形象的创意内容。

● 能够完成针对未知受众的品牌推广，获得品牌推广信息的曝光，提升品牌知名度。

2. 任务背景

小米公司是一家以手机、智能硬件和物联网（IoT）平台为核心的互联网公司。小米的品牌个性化形象如表 3-4 所示。

表3-4　小米的品牌个性化形象

品牌名称	小米
品牌 logo	
品牌定位	为发烧而生
品牌核心价值	真诚和热爱
品牌个性	低价格、高性价比
品牌愿景	让每个人都能享受科技的乐趣，和用户交朋友，做用户心中最酷的公司
品牌口号	永远相信美好的事情即将发生

公司主营不同分类的产品 / 服务，并各自有其品牌特色，在不同的分类下经营多款商品和服务，主推商品如表 3-5 所示。

表3-5　主推商品

名称	分类	品牌特色
小米 14	手机	低价高配
小米 14 Ultra		
小米 Civi 4 Pro		

续表

名称	分类	品牌特色
Redmi Book Pro 15	笔记本电脑	高性价比
小米 ProX15		
Redmi G 游戏本		
小米电视 5	家电	智能互联
米家互联网对开门冰箱		
米家空气净化器 3		

为了更好地进行品牌宣传，塑造品牌形象，公司网站设有品牌宣传页、在线社区、售后服务页等。在“618”年中大促来临之际，网站推出夏季酬宾活动，活动主题为“夏季酬宾，美好不停歇”，旨在向目标受众传达共创美好未来的真诚愿望。其活动物料如表 3-6 所示。

表3-6　活动物料

活动主题	夏季酬宾，美好不停歇
活动时间	2024 年 5 月 30 日—2024 年 6 月 25 日
活动宣传图片	
活动内容	（一）降价（薄利多销）。满 1 000 元商品减 50 元；满 2 000 元商品减 200 元；满 3 000 元商品减 250 元，并送价值 99 元耳机一副 （二）抽奖。凡是购买商品达到 4 000 元者，即可通过参与抽奖活动，买得越多抽奖次数越多哟！奖项设置为特等奖、一等奖、二等奖、三等奖和幸运奖，中奖率可达 100%

为了向品牌未知人群展示企业品牌信息，增加品牌信息在未知人群搜索时的展现机会，杨军决定利用搜索引擎，结合品牌未知人群搜索词的特点，进行面向未知人群的品牌推广。在进行品牌推广时，利用企业宣传物料，制作丰富的创意展示内容，尽可能多地展示品牌信息与商品信息。

3. 任务分析

未知受众可能对企业的产品或品牌一无所知或知之甚少，此时营销人员必须首先为品牌建立知名度，让目标受众对品牌有更多的了解。品牌未知受众的搜索词一般为通用词，当受众想要了解品类信息时，会使用通用词作为搜索条件查询相关信息，如“手机”等。这些关键词表明目标受众对某类产品有一些模糊的欲望和兴趣，其搜索意图相对模糊。当目标受众有一定的品类购买倾向时，往往会进一步搜索，进行价格与价值的比较，会以商品品类或服务业务类型名词为核心并结合排行、对比、价格、外观、性能、口碑、经验等需求拓展出搜索词，其搜索意图逐渐清晰，目的是辅助后期购买决策。

为了更好地展示企业的品牌形象，吸引受众关注，缩短信息传播路径，品牌信息要内容丰富，图文并茂，展示在搜索结果的首屏首位。

4. 任务操作

（1）根据企业营销预算与主营业务内容，选择合适的推广关键词词包。

（2）根据品牌信息与营销目标，参考如图 3-15 所示的格式，设置左侧展示创意的具体内容，主要包括设置标题、图片、描述、图片项、标签页及其详细内容、按钮等。

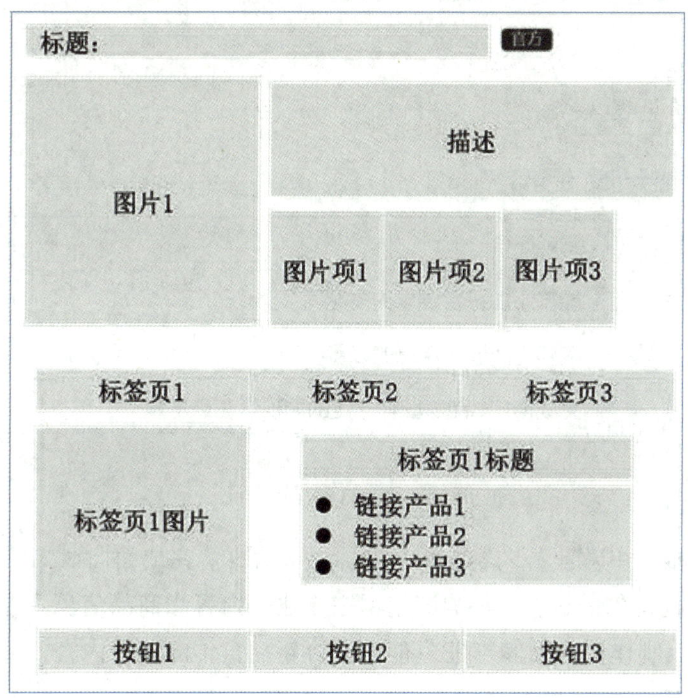

图3-15 左侧展示创意具体内容

（3）根据品牌信息与营销目标，参考如图 3-16 所示的格式，设置右侧展示创意的具体展示内容，主要包括判断选择视频或图片，是否选择分享，并编写相应的分享语等。

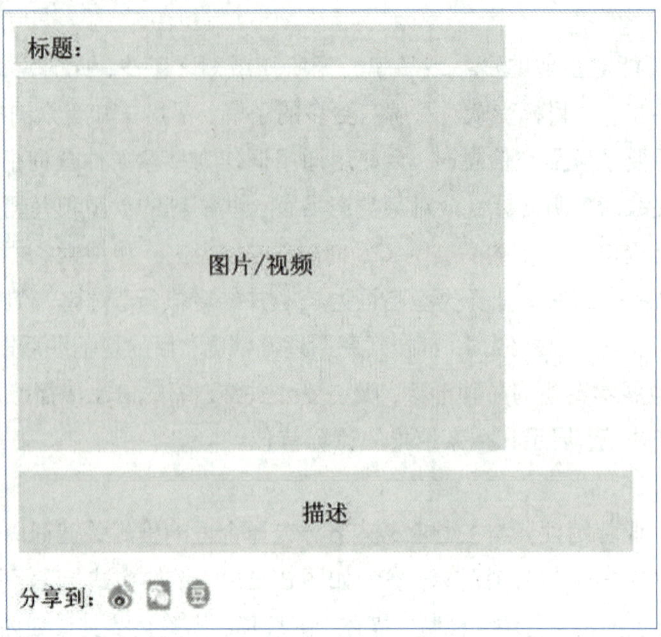

图3-16　右侧展示创意具体内容

5. 任务评价

本任务评价见表 3-7。

表3-7　未知受众品牌推广任务评价

评价方式	客观评价
评价内容	能够添加符合要求的关键词
	能够完成展示创意的设置
	完成推广，能够获得一定的展现量和点击量

6. 任务拓展

(1) 能够根据主营业务内容与目标受众搜索需求，完成面向认知阶段目标受众的品牌推广关键词词包的选择，并能够根据主营业务内容和商品信息，结合品牌定位与品牌宣传需求，制作符合品牌形象且能够进行新品宣传的创意内容，完成消费者认知阶段的品牌推广。

(2) 能够结合本任务的具体操作，为某服装行业公司的网站完成未知受众和认知阶段的品牌推广任务。

任务3.3

搜索竞价营销效果分析与优化

◆ 任务描述

搜索竞价营销数据分析的最大意义在于通过一系列数据分析，提取有价值的信息并指导企业的搜索引擎营销工作，具体体现在现状分析、原因分析与预测分析三个方面。数据分析是一项重要的工作，在搜索引擎广告营销的过程中，需要清楚数据分析的维度，掌握数据分析的方法，不断进行搜索引擎优化和搜索竞价营销的效果数据分析。本任务的主要工作流程包括：

（1）利用统计工具获取效果数据；

（2）利用数据处理工具，围绕主要数据指标进行数据透视；

（3）从多种维度，结合多种分析方法，完成数据分析；

（4）根据数据分析的结果，进行搜索竞价营销改进与优化。

◆ 知识准备

3.3.1　整体维度分析与优化

账户整体分析的思路主要遵循从整体到局部，从局部到细节的原则。在分析过程中，需要理清三个维度：整体维度、细节维度和相关维度，如表3-8所示。

动画：搜索竞价营销效果分析

表3-8　效果分析维度

维度	内容
整体维度	渠道、设备、地域、时段等
细节维度	计划、单元、关键词、创意等
相关维度	页面、客服服务等

1. 基于渠道维度

通过渠道分析管理，可以更好地匹配渠道管理措施，带来更多、更优质的目标受众。可以先简单地按照“流量”“质量”两个维度做一个渠道类型分布图，如图3-17所示。

第一象限：渠道2、3属于头部优质渠道，质量高，流量大。通常头部渠道需要重点维护，除了保持优质的渠道合作关系外，还需要持续提高渠道收入，挖掘渠道潜力。

第二象限：渠道 1 质量比较差，但是流量相对较大。排除渠道本身的受众质量问题（如目标受众画像有差异），渠道 1 依然具备成为头部渠道的潜力。所以需要调整渠道 1 的投放策略，力求更精准地找到目标受众。

第三象限：渠道 6 质量差，流量小。需要评估渠道是否具有投放价值，是否放弃该渠道，以节省人力物力。但具体情况还要因渠道对象而异，在这里暂不深入分析。

第四象限：渠道 4 和 5 的质量比较高，但带来的流量相对偏小。该类渠道的主要策略是加大投放，在加大投放的过程中还要持续关注渠道质量的变化。

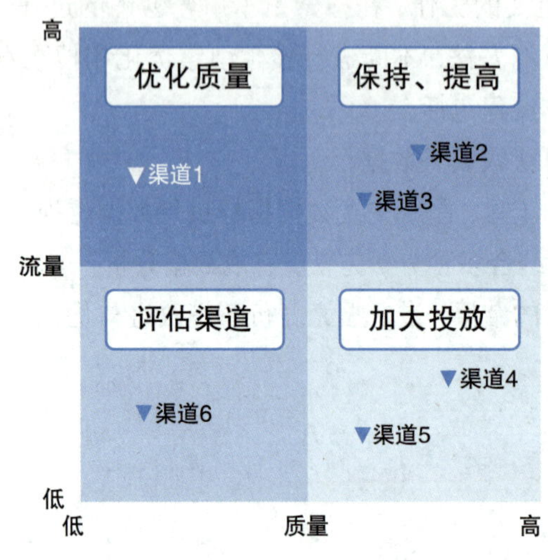

图3-17　渠道类型分布图

2. 基于设备维度

通过对比分析不同设备端的指标数据，可以优化调整不同设备端的投放策略。某企业广告账户 PC 端和移动端的各项指标数据如表 3-9 所示，根据表中指标数据的显示，PC 端的转化成本和点击率均低于移动端，但转化率却高于移动端。

表3-9　不同设备端各项指标数据

设备	展现量 / 次	点击量 / 次	消费 / 元	点击率	转化量 / 次	转化率	转化成本
PC 端	58 123	2 345	21 015.65	3.77%	187	13.25%	78.24
移动端	287 265	8 372	68 272.23	4.35%	323	3.53%	256.18

因此，在 PC 端可以增加新的展现样式并提升转化词的价格。例如：地区 + 业务类词，提价 10%。移动端可以降低均价并增加新的展现样式；也可以降低竞品词的出价和通用词的出价。

3. 基于地域维度

地域分析是搜索竞价营销数据分析的重点，地域分析数据报告有助于对投放地域的调整。北京某相机厂家的推广数据如表 3-10 所示，其中广西、西藏、上海等地只有少量展现且无点击量。

表3-10　各地域指标数据

地域	展现量 / 次	点击量 / 次	消费 / 元	地域	展现量 / 次	点击量 / 次	消费 / 元
河北	24 445	304	1 426.71	西藏	2	0	0.00
北京	32 205	260	1 189.50	重庆	9	0	0.00
山西	16 330	195	915.79	上海	5	0	0.00
内蒙古	9 044	140	653.30	甘肃	3	0	0.00
天津	9 926	80	330.22	福建	7	0	0.00
广东	49	4	22.32	云南	6	0	0.00
辽宁	9	3	14.31	宁夏	10	0	0.00
河南	53	3	13.12	贵州	4	0	0.00
湖南	9	2	12.87	海南	1	0	0.00
山东	24	1	4.30	新疆	2	0	0.00
湖北	10	1	6.43	吉林	7	0	0.00
陕西	13	1	5.93	浙江	21	0	0.00
黑龙江	12	1	4.83	江苏	40	0	0.00
四川	13	1	4.23	安徽	11	0	0.00
广西	5	0	0.00	江西	6	0	0.00

针对数据结果可以进行地域优化，若企业业务很少在距离远的省份（如海南等）开展，为节省推广成本，可以考虑停止在这些地域的推广。推广一段时间后，若发现虽然企业业务在某些地域有所涉及，但广告反馈数据显示效果很差，可以先检查关键词和创意，如果关键词和创意等都没有问题，可能意味着企业的业务内容不太适合该地区，这时可以减少该地域的推广预算，降低推广成本。

4. 基于时段维度

通过对比分析各时段的指标数据，可以实现不同时段的精细化投放。某账户 9:00—21:00 各时段的指标数据及其可视化分析如表 3-11 和图 3-18 所示。通过表 3-11 的数据可以看出：10:00—11:00、14:00—17:00 这两个时段转化率较高且转化成本较低，9:00、13:00 和 19:00 的转化成本较高。

表3-11　各时段指标数据

时间	展现量 / 次	点击量 / 次	消费 / 元	转化量 / 次	点击率	转化率	转化成本 / 元
9:00	7 495	113	528.46	12	1.51%	10.62%	44.04
10:00	8 330	97	493.05	32	1.16%	32.99%	15.41
11:00	9 335	114	587.18	45	1.22%	39.47%	13.05
12:00	2	2	9.26	0	100.00%	0.00%	—
13:00	9 816	190	429.29	7	1.94%	3.68%	61.33
14:00	11 472	125	269.71	15	1.09%	12.00%	17.98
15:00	12 342	131	270.12	14	1.06%	10.69%	19.29
16:00	11 392	124	555.85	26	1.09%	20.97%	21.38
17:00	9 250	86	383.38	18	0.93%	20.93%	21.30
18:00	6 972	180	453.87	17	2.58%	9.44%	26.70
19:00	5 664	38	224.32	4	0.67%	10.53%	56.08
20:00	5 700	86	129.99	7	1.51%	8.14%	18.57
21:00	675	14	19.78	1	2.07%	7.14%	19.78

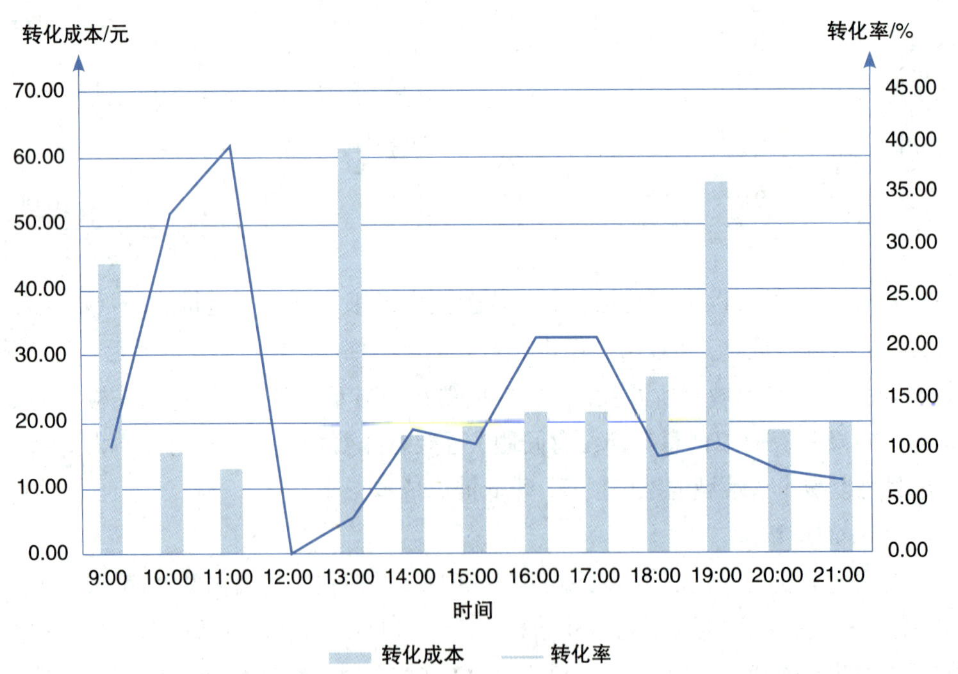

图3-18　各时段指标数据可视化分析

针对上述情况，可以分时段设置出价，如降低 9:00、13:00 和 19:00 的消费，增加 10:00—11:00、14:00—17:00 的出价和消费；同样地，可以在 10:00—11:00、14:00—17:00 时段添加有转化关键词的同义词，提高有转化关键词的价格，导出搜索词报告，添加账户里没有的搜索词。

3.3.2 细节维度分析与优化

1. 推广计划维度

通过分析各推广计划的转化率和转化成本可以指导后期推广策略的调整。按推广计划维度下载数据并经过整理后，形成如表 3-12 所示的数据表，数据表显示，“2024 年相机租赁”推广计划的点击率很高但是转化率很低且转化成本也比较高。

表3-12 各推广单元的指标数据

推广计划	展现量 / 次	点击量 / 次	消费 / 元	转化量 / 次	点击率	转化率	转化成本 / 元
2024 年相机租赁	6 543	527	216.50	2	10.98%	0.56%	116.25
2024 年相机销售	83 257	456	4 295.10	37	3.47%	15.09%	232.17
2024 年最新相机销售租赁	3 677	67	297.91	17	5.81%	54.46%	39.08

可以根据预算进行适当优化调整。如果是预算较小的账户，可以先暂停转化少或无转化的推广计划，把预算留给那些转化效果好的推广计划；如果账户的预算充裕，则可以针对那些展现少的推广计划进行放量操作，以观察其实际转化效果。

2. 推广单元维度

通过分析各推广单元的转化率和转化成本，可以及时调整后期的推广策略。按推广单元维度下载数据并经过整理后形成如表 3-13 所示的数据表。其中“相机”推广单元的点击率很高，但是转化率很低、转化成本较高，因此，可以根据预算对推广单元进行适当优化调整，优化方法与推广计划基本相同。

表3-13 各推广单元的指标数据

推广单元	展现量 / 次	点击量 / 次	消费 / 元	转化量 / 次	点击率	转化率	转化成本 / 元
相机	8 385	654	453	2	11.22%	0.34%	213.35
相机租赁	98 677	567	4 623.8	38	2.57%	19.09%	254.23
新款相机销售	4 533	77	286.15	21	58.81%	65.21%	48.76

3. 关键词维度

关键词是数据分析中非常重要的一个分析维度，通过对关键词的展现、点击、消费、转化等指标的分析，可以判断各关键词的转化与其实际商业价值，从而为关键词的优化调整提供依据。

(1) 四象限分析法。以“关键词”为维度导出数据并经过 Excel 整理后，可以形成某公司的搜索竞价营销数据，如表 3-14 所示。该数据表清晰显示了每个关键词的展现量、点击量、消费、转化量等指标数据，基于这些数据可以用四象限分析法进行分析，判断每个关键词的推广效果。

表3-14　搜索竞价营销数据表

关键词	展现量 / 次	点击量 / 次	消费 / 元	消费占比	展现占比	转化量 / 次	转化率	转化成本 / 元
桁架	71 421	511	2 075.67	43.16%	72.56%	34	6.65%	61.05
铝合金桁架	3 446	148	924.87	19.23%	3.50%	21	14.19%	44.04
舞台桁架批发	2 273	98	453.94	9.44%	2.31%	11	11.22%	41.27
桁架生产厂家	2 241	49	202.11	4.20%	2.28%	4	8.16%	50.53
帐篷租赁	2 317	28	199.77	4.15%	2.35%	7	25.00%	28.54
桁架厂	5 474	39	179.76	3.74%	5.56%	12	30.77%	14.98
桁架厂家	3 299	36	160.74	3.34%	3.35%	9	25.00%	17.86
演出桁架厂家	1 083	22	114.2	2.37%	1.10%	2	9.09%	57.10
演出舞台桁架	396	21	102.09	2.12%	0.40%	1	4.76%	102.09
北京背景板	1 394	20	81.37	1.69%	1.42%	12	60.00%	6.78
桁架搭建	653	10	50.9	1.06%	0.66%	6	60.00%	8.48
桁架租赁	712	10	47.36	0.98%	0.72%	2	20.00%	23.68
北京桁架租赁	205	7	33.12	0.69%	0.21%	4	57.14%	8.28
桁架展会	157	6	24.27	0.50%	0.16%	1	16.67%	24.27
北京背景板制作	88	4	22.50	0.47%	0.09%	0	0.00%	—
舞台桁架租赁	46	4	18.84	0.39%	0.05%	0	0.00%	—

四象限分析法是指将关键词按照消费和转化分成四个象限，针对不同象限的关键词执行不同的优化调整。例如，基于关键词的消费和转化数据，依据平均值对关键词进行四象限分析，其中每个数据点即为一个关键词，将各关键词分布于四个不同的象限，如图 3–19 所示。

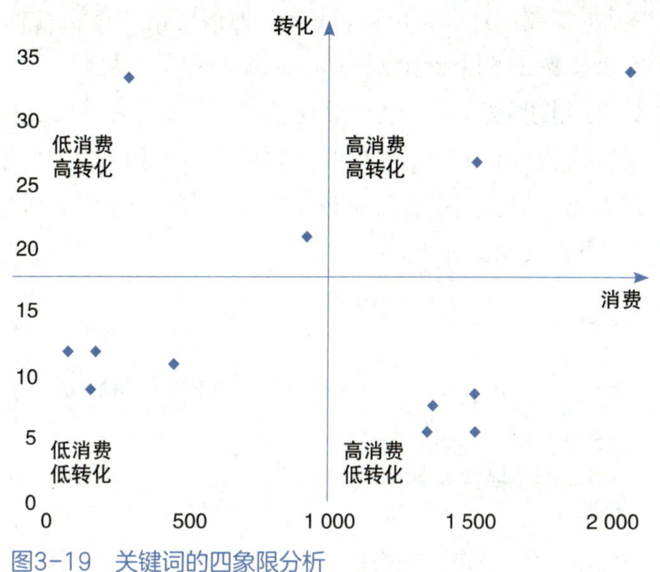

图3–19　关键词的四象限分析

其中，高消费高转化的关键词需要重点关注，应该着重关注它的排名，如果均价和转化成本没有超出预期金额，就不要轻易降价。

低消费高转化的关键词说明虽然展现少或被点击的次数少，但关键词足够精准。这类词也是应该花时间去关注的词。如果消费低是因为展现太少，则多加匹配，多设置否定匹配，否定不合适的关键词。如果消费低是因为点击均价太低，则需要查看排名，排名低则尝试提价；如果有排名而且位于 1—2 名，则需要检查创意是否具有吸引力。

对于低消费低转化的关键词，消费低说明展现少或被点击的次数少，转化低则说明流量不精准。可以把这类关键词的匹配模式扩大，通过否定关键词排除不精准的关键词。

对于高消费低转化的关键词，消费高说明点击多或点击均价太高，转化低则说明流量不精准。这类词是导致转化成本过高的主要原因，需要重点关注。

（2）Top N 分析法。Top N 分析法是指基于数据的前 N 名汇总，从研究对象中得到所需的 N 个数据，并从排序列表中选取最大或最小的 N 个数据，与其余汇总数据进行对比，从而得到最主要的数据占比，确定主要问题。例如，根据消费降序排列，选取消费前 50 个关键词，对这 50 个关键词进行分析，找出消费高的原因，并进行适当调整。

4. 创意维度

创意维度分析主要是进行创意内容分析、创意数量分析、创意展现和点击数据分析。

（1）创意内容分析。创意内容分析主要是分析创意是否与关键词相关，创意是否有针对性的标题，描述是否通顺连贯，对潜在目标受众是否具有吸引力，断句符号使用是否规范等。

（2）创意数量分析。关键词与创意是多对多的关系，指单元内的任意一个关键词都可能匹配单元内的任意一条创意。所以，为了保证创意足够丰富，能够吸引更多目标客户的关注，单元内需要添加多条创意。另外，为保证正常有效的推广，需要检查每个单元中是否具备 2 条及 2 条以上创意。

（3）创意展现和点击数据分析。创意展现和点击数据分析主要是针对多条创意的展现量和点击量进行对比分析，找出创意的问题所在。例如，2 月份某糕点零食行业早餐节活动时推广单元下的创意报告效果数据如表 3–15 所示。先观察这几条创意标题，然后进行展现和点击数据的分析。

表3–15 创意报告效果数据表

创意标题	创意描述	展现量	点击量	消费 / 元	点击率	CPC/ 元
品质{早餐}，挑战味蕾	品质早餐节，是美味零食，又是品质{早餐}，快来试试看	45	0	0.00	0.00%	0.00
美食俱乐部,{早餐}省钱的秘密	你常吃的在这里，早餐盛宴，好又省钱	33	0	0.00	0.00%	0.00
{早餐}实惠，满足你挑剔的味蕾	没胃口？吃货精选美味{早餐}，低价促销中	45	0	0.00	0.00%	0.00
{早餐}狂欢，吃货精选	吃货精选，快来试试看	124	5	71.04	4.03%	14.21
品质{早餐}，挑战早餐节，第二件半价	品质{早餐}，挑战早餐节，第二件半价，来这里，有你爱吃的	1 226	27	392.54	2.20%	14.54

注：本表中“{ }”为关键词搜索排名时使用的通配符。

前三条创意展现量较低，并且无点击，这说目标受众对这三条创意不是很认可，所以需要对这三条创意进行修改、删除并添加更优质的创意。

后两条创意有展现与点击，其中最后一条创意的展现量与点击量最高，说明目标受众比较认可这条创意，所以才给予更多的展现机会。针对这种数据较好的创意，尽量不要修改或删除，否则会直接影响此单元内关键词的质量度；但此条创意点击率并不高，还需要在单元内添加更多的优质创意。

3.3.3 相关维度分析与优化

相关维度分析主要是进行落地页面分析和客户服务分析等。

1. 落地页面分析

搜索竞价营销广告首先需要保证有足够的曝光和精准的点击，而最终的转化主要依托于优质的落地页。所以，要保证落地页可以正常访问，并且有足够的吸引力和良好的交互方式，尽可能提高目标受众的浏览体验，从而促进转化。

2. 客户服务分析

客服团队的专业知识、沟通技巧、营销意识等都可以影响转化的效果。在客户服务时间之外进行广告投放会造成目标受众咨询无响应，进而降低转化率，因此广告投放还需要结合客服工作人员的服务时间。例如，周六日与节假日企业不上班，客服不在线，广告也可以暂停投放。另外，可以参考每天的咨询报告，对咨询量较高的时段加大投放力度；对消费高但咨询量较少的时段暂停或减少投放。

行业洞察

数字广告营销账户智能优化

在之前，账户优化或许只能依靠人工。如今随着人工智能和大数据技术的发展，账户优化逐渐变得智能化、自动化。数字广告营销账户智能优化是营销领域的一大革新，它充分利用了人工智能技术的强大能力，对账户进行精细化、高效化管理。

例如，百度营销提供了智能账户优化功能。在智能助手的帮助下，广告主仅通过对话，就可以获取产生问题的原因以及自查指南，还可以从工具直接进行智能诊断排查。目前，百度营销的智能账户优化支持针对消费波动、关键词无展现、账户风险点、超成本、无效线索、展现突增突降方面的智能化问题诊断，以及账户潜力点挖掘、关键词优化、降低成本、提升点击率、提升转化率等方面的场景调优。比如，在对话框中输入“账户风险点”，即可筛查账户内是否存在买词低效、买词不相关、预算过低、落地页质量低等风险。

随着技术的不断进步，未来的数字广告营销账户优化将更加智能、更加个性化，将满足广告主更加多样化的需求。

◆ 任务演练

演练任务 3　搜索竞价营销效果分析

1. 任务目标

● 能够根据搜索竞价排名广告营销的效果数据，完成受众基础属性、地域、浏览时间段分布的分析。

● 能够根据搜索竞价广告营销的效果数据，结合关键词四象限模型，对关键词效果进行分析并提出优化方案。

2. 任务背景

经过一段时间的搜索竞价排名广告营销后，杨军发现公司的品牌流量得到了显著提升，为了更好地进行下一步推广工作，杨军决定针对营销效果数据进行分析，分析的思路遵循从整体到局部，从局部到细节的原则。账户分析的指标主要有展现、点击、消费、点击率等，主要是对受众人群属性、地域、浏览时间段分布、关键词效果进行分析。

3. 任务分析

需要先收集整理前期的推广数据，通过数据之间的联系发现推广的问题，从而调整账户内的细节操作，制定账户优化策略。通过展现量、点击量、流失次数、营销余额等情况的分析可以分析整体的营销效果，针对受众的基础属性、地域、浏览时间段分布进行分析，可以找出主要受众，辅助广告进行再次投放。可以结合四象限分析模型进行关键词分析，理顺关键词存在的问题并找出优化的方向。

4. 任务操作

(1) 根据搜索竞价排名广告营销的效果数据，完成受众的基础属性、地域、浏览时段的分析，如表 3-16 所示。

表3-16　受众分析

主要性别分布	主要年龄分布	主要地域分布（按展现）	主要地域分布（按点击）	主要时段分布（按展现）	主要时段分布（按点击）
例如： 男	例如： 18—24 岁	例如： 北京市	例如： 山东省	例如：	例如：

(2) 结合关键词效果数据与四象限模型，对关键词推广效果进行分析并提出优化方案，如表 3-17 所示。

表3-17　关键词分析表

序号	关键词	质量度	排名	点击花费	展现量	点击量
1						
2						

5. 任务评价

本任务评价见表 3-18。

表3-18　搜索竞价营销效果分析任务评价

评价方式	客观评价
评价内容	能够正确分析受众人群的属性分布
	能够正确分析受众人群的地域分布
	能够正确分析受众人群的浏览时段分布
	能够正确分析关键词的营销效果，找出效果较差的关键词存在的问题

6. 任务拓展

（1）根据搜索竞价排名数字广告营销效果分析的方法，完成未知受众品牌推广效果的分析和认知阶段品牌推广效果的分析。

（2）能够结合本任务的具体操作，完成某服装行业公司搜索竞价排名数字广告营销效果数据的分析。

（3）能够结合本任务的具体操作，完成某服装行业公司网站未知受众的品牌推广任务和认知阶段的品牌推广任务分析。

1+X证书知识训练

一、单项选择题

1. 未知受众品牌推广流程的第一步为（　　）。

A. 询价阶段　　B. 公示阶段

C. 竞价阶段　　D. 投放阶段

2. 关键词出价要（　　）关键词最低展现价格。

A. 等于　　B. 低于

C. 高于　　D. 无关

3. 小美在进行搜索竞价营销时，设置的关键词出价为 5 元，那么最终的实际扣费（　　）。

A. 等于 5 元　　B. 大于 5 元

C. 小于 5 元　　D. 等于 10 元

4. 老张要做一个女性服装批发的销售站进行在线销售，他最应该选择关键词（　　）进行推广。

A. 女装　　B. 女装网站

C. 女装批发　　D. 服装批发

5. 设置完匹配方式后，当目标受众搜索该关键词或该关键词的相关词时，广告信息不展现，这种匹配方式为（　　）。

A. 精准匹配　　B. 短语匹配

C. 广泛匹配　　D. 否定匹配

二、多项选择题

1. 在搜索竞价广告中，以下符合关键词添加原则的有（　　　）。

A. 与企业产品或服务相关　　B. 关键词尽量要宽泛，覆盖范围广

C. 考虑营销预算　　D. 符合相关国家标准

2. （　　　）会影响账户的历史表现。

A. 账户出现违规处罚信息　　B. 推广过程中添加违规内容

C. 推广过程中设置禁用词　　D. 老账户使用时间过长

3. 搜索竞价排名广告创意具有（　　　）的作用。

A. 让目标受众观看　　B. 降低关键词排名

C. 让目标受众点击　　D. 提高关键词点击花费

4. 在搜索竞价营销过程中，细节维度优化是指（　　　）。

A. 关键词维度　　B. 渠道维度

C. 创意维度　　D. 地域维度

5. 客服团队的（　　　　）会影响营销转化的效果。

A. 专业知识　　　　B. 沟通技巧

C. 营销意识　　　　D. 服务态度

三、判断题

1. 在认知阶段品牌推广中，搜索词是特定的品牌词。（　　）
2. 在搜索竞价排名广告中，不同关键词的最低展现价格都相同。（　　）
3. 在搜索竞价营销过程中，只要展示了广告主的广告内容，广告主就要为此付费。（　　）
4. 添加通配符能够增加创意飘红的概率。（　　）
5. 为了吸引更多目标受众的关注，单元内的创意越少越好，这样比较有利于账户的管理。（　　）

项目

4 推荐引擎营销

学习目标

素养目标

- 培育推荐引擎广告营销从业者敬业专注的工匠精神和职业素养
- 提高推荐引擎广告营销从业者的职业道德，构建清朗的网络空间
- 引导学习者树立诚信、敬业的社会主义核心价值观

知识目标

- 了解内容推荐的原理和内容优化的维度与方法
- 熟悉推荐引擎广告排名规则与扣费规则
- 掌握推荐引擎广告受众定向和创意编辑的维度与技巧
- 掌握不同场景下推荐引擎广告营销的应用
- 掌握推荐引擎广告效果分析与优化的维度与方法

技能目标

- 能够根据内容推荐原理，运用内容优化技巧，完成不同类型的内容优化
- 能够根据目标受众定向及出价原理，运用目标受众定向及出价的技巧，制定有针对性的目标受众策略，完成目标受众定向及出价
- 能够根据创意编辑的原则，结合创意编辑的技巧，编辑有吸引力的创意并完成创意标签设置
- 能够结合推荐引擎广告数据分析及优化的不同维度，完成推荐引擎广告营销的数据分析和优化

思维导图

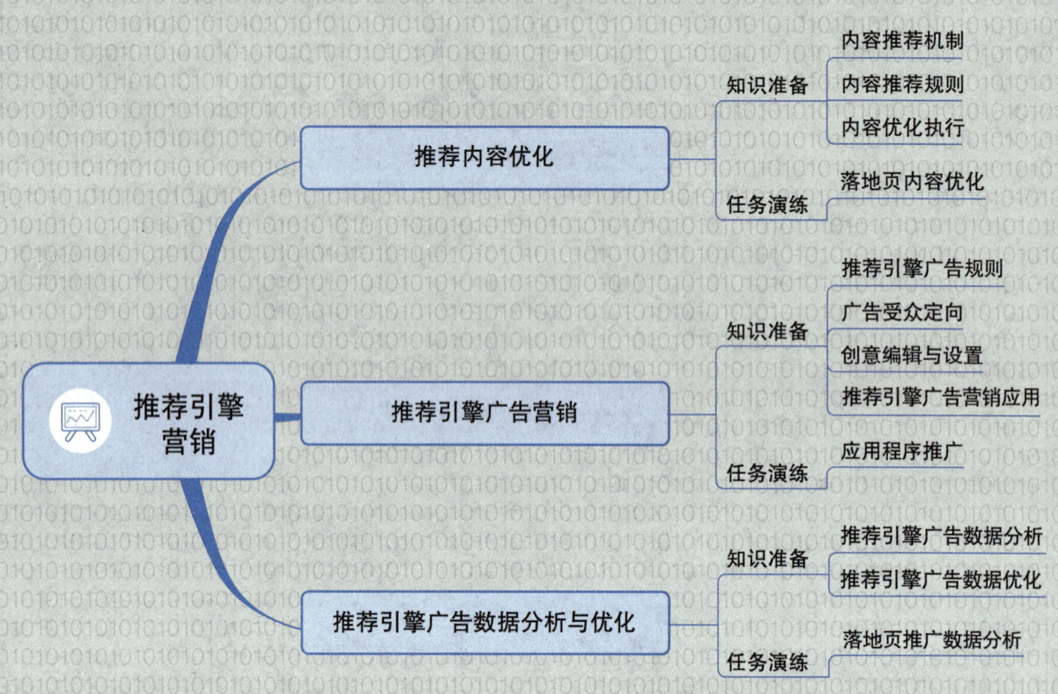

学习计划

素养提升计划

知识学习计划

技能训练计划

案例导入

鸿星尔克的个性化营销

鸿星尔克是一家创立于2000年的国产服饰品牌，总部位于厦门，以“迈向第一”为口号，后调整为“你好，阳光”。近年来，鸿星尔克通过一系列创新营销手段，尤其是个性化营销策略，成功吸引了大量消费者的关注，并树立了良好的品牌形象。

在个性化营销方面，鸿星尔克主要采取以下策略：

1. 精准用户画像构建

鸿星尔克利用大数据技术，收集并分析消费者的购物习惯、喜好、年龄、性别等信息，构建出精准的用户画像。这有助于品牌更好地理解消费者需求，为不同的消费者群体提供个性化的产品和服务。

2. 个性化内容推送

基于用户画像，鸿星尔克向消费者推送个性化的内容，如定制化的商品推荐、优惠信息、时尚资讯等。这种策略使得消费者能够接收到更加符合自己兴趣和需求的信息，提高了信息的有效性和转化率。

3. 个性化购物体验

鸿星尔克在实体店和线上平台都提供了个性化的购物体验。在实体店，消费者可以享受专业的顾问服务，根据个人的体型、风格等需求挑选合适的商品。在线上平台，消费者可以通过智能推荐系统找到自己喜欢的商品，享受便捷的购物体验。

鸿星尔克通过构建精准的用户画像，推送个性化的内容和提供个性化的购物体验，成功实施了个性化营销策略。这一策略不仅提高了品牌的知名度和美誉度，还增强了消费者对品牌的忠诚度和认同感。在市场竞争日益激烈的情况下，鸿星尔克通过创新营销策略实现了品牌的快速发展和突破。

引思明理：

数字广告营销越来越讲求“个性化”，通过精准对接消费者需求，提升品牌吸引力和客户忠诚度，从而增强市场竞争力。个性化营销离不开大数据分析等数智化技术。党的二十届三中全会强调：“支持企业用数智技术、绿色技术改造提升传统产业。”数智技术是数字化和智能化的有机融合，是在数字化基础上融合应用机器学习、人工智能等智能技术的过程。数智化是新型工业化的鲜明特征，是形成新质生产力的重要途径。随着科技的发展，未来还将涌现出更多新的数智技术，融入数字广告营销之中，提高品牌传播的精准度，提升消费者的幸福感，推动经济高质量发展。

任务4.1
推荐内容优化

◆ 任务描述

推荐内容优化是指在不投入广告费用的情况下，利用内容优化尽可能多地获得广告展现的资格。从业人员在进行推荐内容优化时，应首先了解内容推荐的原理与过程，并能够熟记内容推荐的规则，从遵循内容推荐规则的维度和满足目标受众需求的维度优化推荐内容。本任务的主要工作流程包括：

（1）与设计人员对接，描述出图片、视频等物料拍摄的主题风格，提出落地页搭建的思路和方向；

（2）与文案策划人员对接，策划落地页文案的输出；

（3）与咨询人员对接线索质量情况，统计无效线索和有效线索并进行分析总结；

（4）监控推荐引擎营销效果数据，分析问题，及时优化落地页。

◆ 知识准备

4.1.1 内容推荐机制

当企业或个人发布内容后，平台会先给予一定人数的流量池，然后根据受众的阅读、评论、转发等反馈数据决定是否将其推荐到下一个更大的流量池中，如此循环，一直到数据达到最高的推荐标准为止。

1. 推荐原理

推荐系统的本质是从一个巨大的内容池内给目标受众匹配出感兴趣的内容。这个内容池有几十万、上百万条内容，涵盖文章、图片、小视频、问答等各种各样的体裁。信息的匹配主要依据三个要素：用户画像、内容刻画、兴趣匹配。

（1）用户画像。推荐引擎会根据用户画像来推荐感兴趣的内容。用户通过媒体账号登录并阅读浏览时，推荐引擎算法会解读用户兴趣，形成用户画像。在用户浏览过程中，算法还会根据用户的点击、搜索、订阅等行为优化用户画像，如图 4-1 所示。如果用户不登录账号，推荐引擎则会先推荐一些大众化的内容，再根据用户的点击情况来确定用户画像。

推荐引擎广告平台的用户画像是指根据用户属性、用户偏好、生活习惯、用户行为、兴趣爱好等信息而抽象出来的标签化用户模型。用户画像的目标受众标签化如图 4-2 所示。

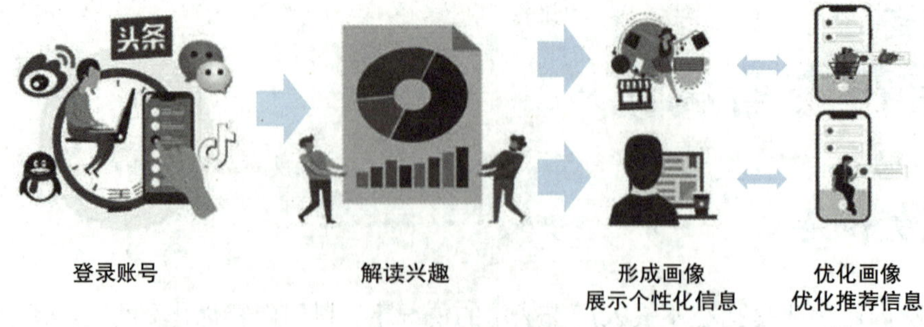

图4-1 内容推荐过程

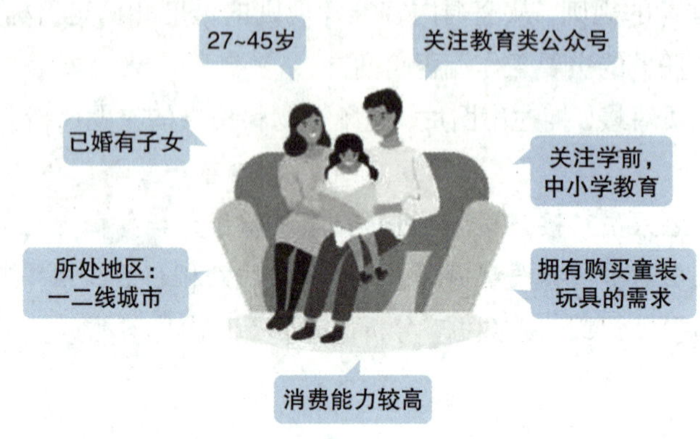

图4-2 目标受众标签化

（2）内容刻画。机器提取内容中的关键词，或者利用AI技术识别音频与视频的具体内容，从而将内容快速分类，形成内容标签。

（3）兴趣匹配。用户的阅读标签与内容分类、内容标签的重合度越高，就越会被系统认定为对该内容感兴趣，这些内容就会被系统推荐给这批最可能对其感兴趣的用户。

2. 推荐过程

动画：头条号文章审核

（1）内容初审。初审是媒体平台对内容的第一道审核，当发文不符合平台规范时，文章将被退回不予收录，或被限制推荐。如果出现严重违规行为，将导致账号被惩罚或者封禁。

虽然不同平台的内容审核规范细则不同，但一般都不允许发布违反法律法规和相关政策、地图不规范、抄袭侵权、无发布资质的内容，也不允许发布谣言或不实内容，禁止推广违规、流量作弊、宣扬不良价值观、引人不适或反感、低俗诱导、不文明用语、恶意营销等行为。

（2）首次推荐。成功发布的内容会被媒体平台的推荐引擎分批次按照一定的规则排序并推荐给用户。首先推荐给最感兴趣的用户，然后根据这批用户的反馈信息决定下一批推荐量，反馈信息包括点击率、收藏数、评论数、转发数、读完率、页面停留时间等。其中，点击率权重最高。反馈信息的数据越高，在一定程度上说明内容越优质。

（3）二次推荐。首次推荐后，如果点击率低，系统就会认为这些内容不适合推荐给更多用户，就会减少二次推荐量；如果点击率高，系统则会认为这些内容受到了用户的喜爱，将进一步增加推荐量。某平台推荐过程如图 4–3 所示。

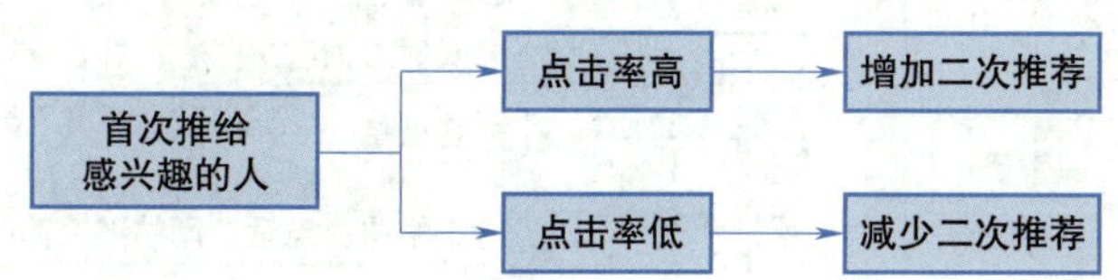

图4–3　某平台推荐过程

以此类推，内容每一次的新推荐量都以上一次推荐的点击率为依据。此外，推荐引擎还会考虑收藏数、评论数、转发数、读完率、页面停留时间等反馈信息和内容时效性。时效期节点通常为 24 小时、72 小时和一周，内容过了时效期后，推荐量将明显衰减。

动画：头条号违规处罚

（4）内容复审。在内容被推荐展示的过程中，如果出现推荐量很大或内容负面评价较多等情况，会被送入复审。在复审中，如果发现存在“标题党”“封面党”，低俗、虚假等问题，系统就会停止这一篇内容的推荐，严重违规的内容将会受到处罚。

4.1.2　内容推荐规则

成功发布的内容会被媒体平台的推荐引擎分批次按照一定的规则进行排序并推荐给用户。平台会从内容合规性、内容原创性、内容垂直度、内容质量、账号活跃度、账号权威性等多方面进行综合评定排序。

1. 内容合规性

推荐引擎在向用户推荐内容时，所推荐的内容必须合规。以某平台为例，在它的算法里包含一个可被拦截的内容库，如图 4–4 所示。如果发布的内容匹配到拦截库中，那么内容就会被拦截，无法发布。

发布内容后，可以进行修改，再次提交后平台会重新审核，但内容发布后反复修改不利于内容的推荐。

在内容提交前，除了进行人为审核，还可以通过人工智能技术进行审核。从基本的语法校正到复杂的用户反馈分析，人工智能工具正在帮助内容创作者提升作品的整体质量。在某些应用场景中，人工智能的内容优化水平优于人工编辑。通过深度学习、自然语言处理和计算机视觉等技术，人工智能可以自动分析文本、图像和视频等多种类型的内容，快速识别出错别字、语病、违规信息、敏感信息，从而在内容发布前进行有效过滤，降低潜在风险，提升用户体验。更高级的系统甚至能够提供内容的风格建议，如调整语气和风格以适应特定的受众群体，从而提高文章的可读性和专业度。这种技术不仅提高了审核效率，而且降低了人力成本，成为现代内容管理的重要工具。

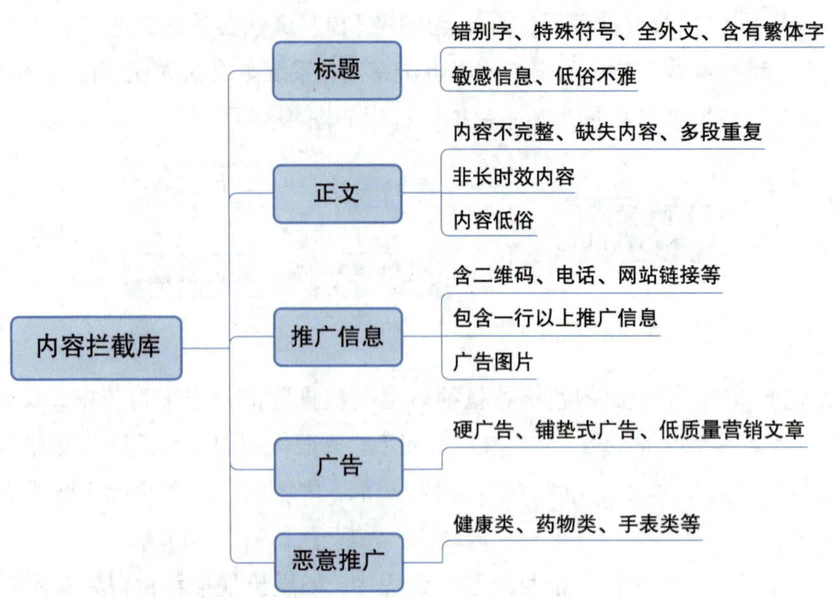

图4-4　某平台的内容拦截库

行业洞察

头条号信用分

今日头条平台采用信用分机制来规范创作者计划中作者的行为。创作者计划是今日头条为帮助作者更好地创作而提供的一系列权益，构成一个作者成长体系。其中，信用分是衡量作者内容健康与合规程度的分值，满分和初始分皆为100分。作者若出现违反社区规范的行为，将会扣除相应的信用分。

对于出现违规行为已扣信用分数的作者，如果之后连续十天无违规情况（从扣分第二天开始计算），信用分恢复10分；如有新的违规情况，则重新开始计算。扣分规则如表4-1所示。

表4-1　扣分规则

违规内容 / 行为	对应扣除分值
违反法律法规和相关政策	30
诱导低俗	30
侵犯著作权	20
侵犯隐私权和名誉权	20
违规声明原创	20

续表

违规内容 / 行为	对应扣除分值
发布谣言或不实内容	20
违规推广	20
引导互粉	10
不文明用语	10
标题夸张	10
题文不符	10
封面与内容不相符	10
发布已过时效内容	10
含商品卡内容违规	10
违规涨粉	10

2. 内容原创性

目前，各大媒体平台都对原创性有很严格的要求和技术评估手段，以保护原创内容，也会通过内容消重提高用户体验。在推荐引擎内容推荐的过程中，往往会分给原创内容较高的权重，所以，原创内容更有利于系统的推荐。

3. 内容垂直度

内容垂直度是指媒体平台上的内容创造账号在其擅长的领域发表内容的专注程度。推荐引擎会对内容进行特征识别，从而判断内容的类型和涉及的领域，因此，内容发布的领域一定要垂直且定位清晰。

4. 内容质量

如果内容质量很高，平台就会优先推荐。内容质量越高，点击量和点击率就会越高，其推荐量也会越高。平台的内容质量评估是排除非法、低俗、不符合平台价值观的内容后的评估，目前内容质量的评估主要包含以下五个维度：

（1）内容分。内容分主要是综合文章内容本身的图文结构、图文配比、标签分类的准确度进行计算，主要是判断段落结构是否合理、是否图文并茂、内容标签设置是否准确、语句是否通顺、是否有错别字等。

（2）效果分。效果分在首次推荐阶段都是 0，在内容被推荐出去后，系统会根据实际实时表现和上次推荐的反馈信息进行计算，主要计算的指标有点击率、点赞数、评论（正向或负向）、分享数、完读率、完播数、互动数等。

（3）时效性。内容的发布具有时效性，越及时越好。目标受众和平台对信息的时效性要求很高，越新的内容越能满足目标受众对信息及时性的需求，不同媒体平台和不同新闻热度情况下内容的时效期不同。

（4）覆盖度。覆盖度是指内容能够覆盖目标受众的数量。覆盖度越高，表示内容越能满足更多目标受众的需求，该指标一般会通过内容覆盖的标签和主题计算。

（5）稀缺度。稀缺度是指媒体平台上同类内容较少且能满足目标受众需求的内容，这样的内容会很快被推荐。稀缺度是通过内容每个标签对应的人数与平台上同类内容数的差值进行赋分的。稀缺度越大，表示对该标签感兴趣的人越多，平台上匹配该标签的内容越少。

5. 账号活跃度

平台在进行内容推荐时会评判账号活跃度，账号长期不输出内容，活跃度就会降低，账号权重就会受到影响，推荐量也会减少。可以通过保障自己的内容更新频率、按周期稳定发布、多与用户评论互动、浏览他人内容的方法提高账户活跃度。

6. 账号权威性

在广告内容的时效期内（一般为 24 小时、72 小时、一周等），平台会选择更权威的发布者作为原创内容的来源。一则相似度很高的内容，若发布者没有申请原创，平台也会选择权威发布者作为原创内容来源。因此，要不断发布高质量的内容来增强账号的权威性。

4.1.3　内容优化执行

对于内容的优化，重点是思考产品的痛点和营销点，为目标受众提供有价值内容，并能够从布局、设计、文案多个角度提升目标受众的体验和接受程度，最终提升落地页转化率。因此，可以从以下两个维度进行内容优化：

1. 从内容推荐规则维度优化

要按照内容推荐规则进行优化，以获得排名靠前的推荐机会与较高的推荐量。具体来说，就是要保证内容合规、内容原创、内容垂直、内容质量高、账号活跃度高、账号具有权威性。

2. 从目标受众维度优化

（1）分渠道设计内容页。不同媒体平台的受众特征不同，需求也不同。同样的页面在不同渠道要面对不同的目标受众，内容做到“因地制宜”可以更好地满足目标受众的需求，带来更好的营销效果。

（2）展示卖点与痛点。内容页作为广告创意的承接，要用简练的文字或图片突出产品特点与价值，展示产品卖点并抓住受众眼球，如用简单的一句话击中受众痛点。

（3）精简文案。内容必须有明确的主题和关键词，尽量简明扼要，提取要点，避免堆砌大段文字。视觉焦点要显示产品介绍和活动福利，突出重点信息，其他信息（如产品背景介绍等）可以后置或放入其他导航页内。

（4）分类信息。过多的内容和信息的复杂罗列会对用户造成不必要的干扰，降低用户对信息的接受度。通过增加导航进行信息分类优化、首页、品牌介绍、产品介绍等，节省页面空间，能够让客户有层次地接收落地页传达的信息，诱导用户的注意力和行为。

（5）优化按钮。按钮是内容页上最重要的元素之一，直接关系到最终的转化效果。通常可利用各种手段让按钮变得吸引人，如采用鲜艳的颜色、个性化的文案或多处放置等。

（6）精简表单。大多数受众不愿意泄露个人信息，因此表单越简单越好，一般表单问题越多，占据的页面越多，填写的字段越多，转化率就越差。可以精简样式与问题，减少页面空间，可以用优惠活动刺激目标受众填写表单，或者用倒计时刺激消费者支付或咨询。

（7）提高信任度。通过展示产品的客户案例或合作单位，展示已有的业务数据，展示已经获得的资格证书等方法增加权威性，进而提高信任度。

（8）确保风格、色调一致。确保内容的风格、色调与广告创意和其他页面的风格、色调保持一致，不能出现太大的差别，做到视觉统一，强化目标受众的心理印象。

◆ 任务演练

演练任务 1　落地页内容优化

1. 任务目标

- 能够根据目标受众的浏览习惯与营销活动内容，设置落地页内容的表现逻辑。
- 能够根据内容推荐机制与内容推荐规则，设计落地页的文案与图片内容。

2. 任务背景

随着目标受众浏览时间的碎片化，各种信息流渠道成为目标受众获取信息的主要渠道之一，某服装公司为了宣传周年庆活动，决定借势周年庆活动热度，开展新一轮的落地页内容优化工作，争取获得在信息流平台中活动信息被推荐的资格。周义重新梳理产品核心卖点和品牌活动信息，对落地页内容进行优化，头图更注重品牌 logo，突出福利政策，落地页与入口创意图的风格、色调一致，文案更加精简，增加信任度的证书案例等。

3. 任务分析

内容推荐时往往会从内容合规性、内容原创性、内容垂直度、内容质量、账号活跃度、账号权威性等方面进行综合评定。

4. 任务操作

（1）能够根据目标受众与平台的特点，分渠道设计落地页内容，如表 4-2 所示。

（2）设置头图品牌 logo、突出福利政策和卖点。

（3）编辑落地页的标题文案。

（4）优化落地页的风格与配色。

（5）优化表单与提交按钮。

表4-2　落地页内容

头图品牌 logo	
福利政策	
产品卖点	
落地页标题	
落地页风格	
落地页配色	
表单设计思路	
提交按钮设计思路	

5. 任务评价

本任务评价见表 4-3。

表4-3 落地页内容优化任务评价

评价方式	主观评价
评价内容	落地页符合渠道特点
	落地页风格与配色符合企业的品牌形象
	标题文案简洁有吸引力
	表单与提交按钮简洁清爽

6. 任务拓展

请结合本任务的操作内容，围绕不同的推广目的，分别完成线下门店、电商店铺图文内容的落地页优化。

任务4.2

推荐引擎广告营销

◆ 任务描述

在进行推荐引擎广告营销时，首先要了解推荐引擎广告排名的规则，同时进行目标受众定向调研；然后根据调研结果，结合企业的实际背景，完成目标受众定向分析；再根据分析结果，制定目标受众定向策略，并能够根据目标受众的出价技巧，完成目标受众出价；最后结合营销的目标和主题，选定创意类型，制定创意定向策略，从创意标题撰写、创意内容制作、创意标签选择三部分入手，设置有吸引力的创意，吸引目标受众点击，提高广告排名。

推荐引擎广告营销在线下门店、电商店铺、应用程序、图文内容等方面都有广泛的应用。本任务的主要工作流程包括：

（1）根据企业的核心业务内容，借助分析工具分析行业人群的兴趣偏好；结合以往免费或付费营销的数据，定位本企业目标受众群体，设置合理出价。

（2）与设计人员对接，提供图片或视频拍摄的主题风格以及创意编辑与设置的思路；与文案策划对接，确定创意文案的输出方案；监控推荐引擎营销效果数据，分析问题，及时调整广告投放方向，优化创意。

（3）熟悉线下门店、应用程序、电商店铺等应用场景的特点，科学制定投放策略；持续跟进素材投放效果，对投放效果进行数据跟踪和分析，及时优化。

◆ 知识准备

4.2.1 推荐引擎广告规则

与搜索引擎广告规则相似，推荐引擎广告规则包括排名规则和扣费规则，从而为推荐引擎广告营销的相关工作框定规范，指明方向。

动画：推荐引擎广告规则

1. 推荐引擎广告排名规则

虽然不同媒体平台的广告排名规则细节不同，但总体来讲，可以分为按照出价排名和预估收益（ECPM）排名两种。如果选择按照出价排名的方式，媒体广告平台只考虑企业的出价，出价越高广告排名越靠前。如果选择按照预估收益排名的方式，平台除了考虑企业的出价外，还要考虑广告的质量。下面本书将围绕按照预估收益排名介绍推荐引擎广告排名和扣费规则。

从媒体平台的角度讲，预估收益是广告能够给媒体平台带来的收益预估。从企业角度讲，预估收益是在当前广告及出价下进行营销活动需要花费的广告费用。预估收益值越高，排名越靠前。其计算公式可以表示为：

$$预估收益 = 预估点击率 \times 出价$$

不同媒体平台对预估点击率的定义基本相同，影响预估收益的因素主要是预估点击率和出价，预估点击率受多种因素影响，不同的出价方式下预估收益的计算方法不同。

(1) 预估点击率影响因素。

① 历史点击率。历史点击率越高，预估点击率就越高。在展现量一定的前提下，提升广告的点击率有两种方法：一是提供更优质的创意内容吸引目标受众点击；二是加价做排名，获得更多的点击量。点击率计算公式为：

$$点击率 = \frac{点击量}{展现量}$$

② 创意相关性。创意相关性是图片和文字能否相辅相成，且能否与广告推广的产品或品牌信息、活动信息相关的关键，即创意要围绕推广的产品、品牌或活动编辑。

③ 落地页质量。落地页质量主要受落地页内容是否和创意内容高度相关、落地页打开速度是否足够快、目标受众在落地页的停留时间是否足够长这三个方面的影响。

④ 其他影响因素。账户的历史表现和推广商户的信用值等因素均影响预估点击率。账户的历史表现主要指账户在推广过程中消费是否稳定，是否有违法、违规推广等情况。推广商户的信用值是指企业是否能够保障公司资质的合法有效性。

(2) 不同出价方式。

① 常规出价。在数字广告发展前期，CPC、CPM、CPA 是常见的出价方式。

按点击出价（Cost Per Click，CPC），即企业平均获得每个点击愿意支付的最高成本，按照点击次数出价。当目标受众点击广告时，广告平台才会扣费，广告被展现以及观看不收费。

按展现出价（Cost Per Mille，CPM），即企业平均获得千次展示愿意支付的成本。只要展示广告内容，广告主就为此付费。

按转化出价（Cost Per Action，CPA），即企业平均获得每次转化行为愿意支付的成本，按广告投放的实际效果计价。例如，按回应的有效问卷或订单来计费。

CPC、CPM 是媒体认为广告被点击、被看见就算有效果的出价方式。对于多数企业来说，获取客户的有效信息才算有效果，而不是只有点击和展现。因为 CPC、CPM 都不能完全满足企业对效果转化的需求，因此发展出按转化量付费的方式——CPA。不同行业转化难度不同，这要求媒体的平台技术手段能把控营销成本，这样才能进一步提升广告营业额。

② 智能出价。广告中的智能出价体系包括 OCPC、OCPM，俗称“O”出价或智能出价，是全新的广告出价方式。“O”出价代表去人工化的智能投放，系统自动帮助企

业做广告投放优化，并能在企业规定的金额内完成营销目标。

优化点击出价（Optimization Cost Per Click，OCPC）的本质是CPC。企业广告主在出价基础上，依据媒体广告平台提供的多维度、实时反馈及历史积累的海量数据，根据预估转化率以及竞争环境智能化的动态调整出价，进而优化广告。

优化千次展现出价（Optimized Cost Per Mille，OCPM）的本质是CPM。广告主对媒体广告平台推送的点击率和转化率进行分析，根据企业实际的推广需求，自定义广告的优化目标并对优化目标设定出价，将广告展现给容易转化的目标受众。

优化行为出价（Optimized Cost Per Action，OCPA）的本质是CPA。广告主在广告投放流程中选择特定的优化目标，提供愿意为此投放目标而支付的平均价格，媒体广告平台及时、准确回传效果数据，广告主根据数据进行出价的优化。

③ 创新出价方式。单次展现出价（Cost Per View，CPV），是指单次视频播放出价或有效观看费用，适用于“以视频播放量”为推广目标的广告。CPV一般在视频播放达到固定时长（如10秒）后开始计费，让广告只为有效观看付费，使播放成本基本可控。

随着推荐引擎广告的发展，未来的出价方式还会有更多变化，但不变的是每种出价方式都是付费营销发展的必然产物。

（3）不同出价方式的ECPM。一般而言，推荐引擎自有的数据模型系统会自动根据账户设置和物料内容预估广告的点击率和转化率数值。出价方式不同，ECPM计算也有所区别，如表4-4所示。

动画：
实时竞价

表4-4　不同出价方式对应的ECPM计算

出价方式	ECPM计算
CPM	ECPM＝CPM出价
CPC	ECPM＝预估点击率 × 出价 ×1 000
OCPM/OCPC/CPA/CPV	ECPM＝预估点击率 × 预估转化率 × 目标转化出价 ×1 000

2. 推荐引擎广告扣费规则

推荐引擎广告根据排名的下一名扣费，不同出价方式对应的扣费公式有所不同，如表4-5所示。

表4-5　不同出价方式的扣费公式

出价方式	扣费公式
OCPM/CPM	扣费＝下一名ECPM＋0.01
OCPC/CPC	扣费＝下一名ECPM/(自己预估点击率 ×1 000)＋0.01

续表

出价方式	扣费公式
CPA/CPV	扣费 = 下一名 ECPM/(自己预估点击率 × 自己预估转化率 × 1 000)+ 0.01

4.2.2 广告受众定向

企业在进行推荐引擎广告营销时，先基于目标受众进行精准定向，后根据业务内容分析确定目标受众的群体特征，然后通过平台有针对性地推送广告信息到目标受众面前进行广告展现，排除了向非目标受众广告展现的机会。目标受众定向原理如图 4-5 所示。

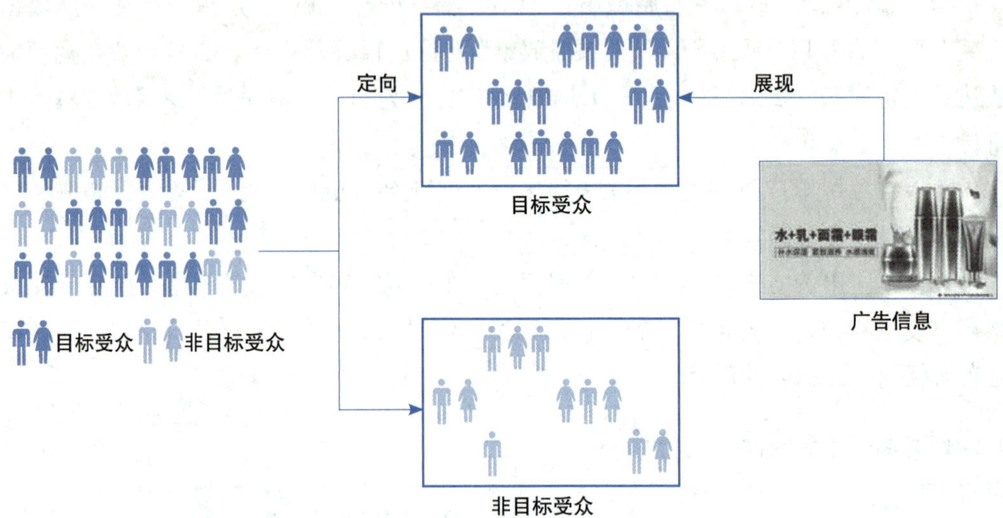

图4-5 目标受众定向原理

1. 广告展示位置定向

广告展示位置定向是选择广告出现的场景。广告展示位置直接对广告效果和广告成本发生影响。推荐引擎广告平台除了具有自己的优质广告位置外，还会整合资源，扩大自己的商业版图。不同媒体资源的目标受众特点不同，要根据不同媒体资源的特点选择符合企业主营业务内容和营销需求的广告展示位置。

以字节跳动为例，其巨量引擎广告投放平台提供了三种选择：优选广告位、按媒体指定位置和按场景指定位置。

（1）优选广告位。推荐引擎依据用户对广告的历史转化行为及广告位置的效果展现，智能分配预算到不同广告媒体资源上，由系统采用智能托管的方式为广告优选展现位置。

（2）按媒体指定位置。字节跳动旗下拥有多个媒体，通过巨量引擎可在这些媒体上投放广告，满足用户不同的阅读需求。具体可选媒体包括今日头条、西瓜视频、抖音火山版、抖音等，如图 4-6 所示。不同媒体的受众群体特点不同，例如，抖音的新潮年轻化特色主要迎合一二线城市受众以及年轻群体市场；而西瓜视频和火山小视频用户以三四线城市用户为主，其中火山小视频的用户年龄相对偏大。

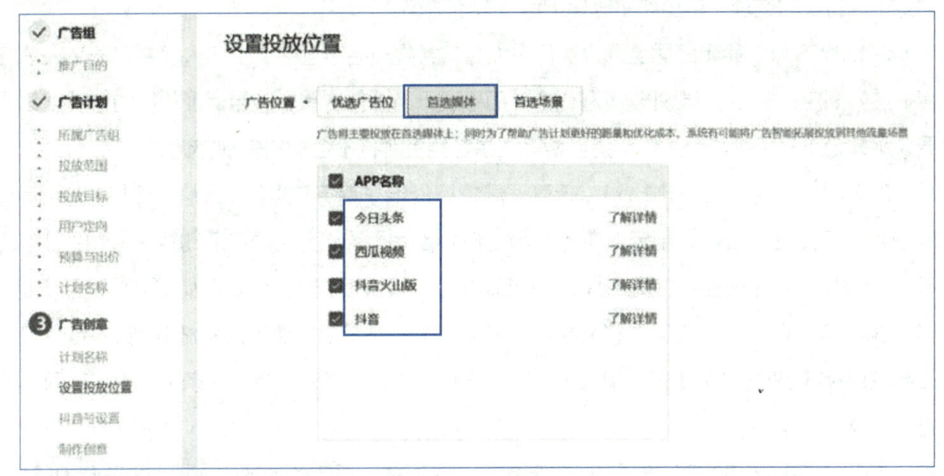

图4-6　巨量引擎广告投放的首选媒体

（3）按场景指定位置。企业可以根据需要选定使用场景，系统将广告投放到选定场景的广告位下，使广告与场景匹配，从而提升转化效果。当前巨量引擎支持的场景有竖版视频场景、信息流位置、视频后贴和尾帧场景三种。

① 竖版视频场景。竖版视频场景是指全屏视频广告位，其优点是展示效率高、转化高，适合投放视频类素材，具体场景包含抖音信息流、头条小视频信息流和火山详情页等位置。

② 信息流位置。信息流位置的优点是流量大，兼容素材样式多，如今日头条、西瓜视频、抖音火山版的信息流。

③ 视频后贴和尾帧场景。与原生内容连接度高，比较适合投放图片类素材。其广告位置包括今日头条视频后贴片、今日头条图集尾帧及西瓜视频后贴等。

博文约礼

营销领域算法滥用的法律规制

在营销领域，各种算法的应用既能提高消费决策效率，又能降低消费活动成本，但算法滥用行为导致的法律风险不容忽视，比如数据保护和隐私安全、“大数据杀熟”、不正当竞争、广告合规，以及知识产权等，侵害了消费者的合法权益，损害公平竞争的市场秩序。

国务院2017年发布的《关于印发新一代人工智能发展规划的通知》提出，“建立健全公开透明的人工智能监督管理体系，实行设计问责和应用监督并重的双层监管结构，实现对人工智能算法设计、产品开发和成果应用等的全流程监管。”

自2019年1月1日起实施的《电子商务法》规定：“电子商务经营者根据消费者的兴趣爱好、消费习惯等特征向其提供商品或者服务的搜索结果的，应当同时向该消费者提供不针对其个人特征的选项，尊重和平等保护消费者合法权益。”

2021年8月，第十三届全国人民代表大会常务委员会通过的《中华人民共和国个人信息保护法》规定：“个人信息处理者利用个人信息进行自动化决策，应当保证决策的透明度和结果公平、公正，不得对个人在交易价格等交易条件上实行不合理的差别待遇。”

2021年11月，上海市市场监督管理局根据《电子商务法》《个人信息保护法》《反垄断法》等相关法律法规，制定发布的《上海市网络交易平台网络营销活动算法应用指引（试行）》，规范了网络交易平台网络营销活动算法应用行为，为平台经营者划出合规底线。

2024年2月，国务院通过了《中华人民共和国消费者权益保护法实施条例》，其中规定“经营者不得在消费者不知情的情况下，对同一商品或者服务在同等交易条件下设置不同的价格或者收费标准。”

未来，随着新的技术不断涌现，国家将会出台更多、更完善的法律法规来规范营销行为。营销人员应该始终把法律作为营销底线，不仅追求经济利益，更要担负起社会责任。

2. 目标受众定向

不同平台目标受众定向分类的方法不同，提供的目标受众标签不同，但定向的维度基本相同，可分为基础属性定向、行为定向、兴趣定向、场景定向。

（1）基础属性定向。基础属性定向是指通过基础属性定位目标受众。基础属性的标签包括性别、年龄、收入水平、婚姻状况、是否有车、是否有子女、地理位置等。企业在进行广告发布之前需要明确哪些标签的对应受众是潜在消费者。例如，婚纱摄影类企业会选择婚姻状况标签为“未婚”的受众进行广告投放，美甲美睫类商家会选择性别标签为“女性”的受众进行广告投放，母婴产品可能需要定向“女性、25—35岁、已婚”的目标受众。在确定基础属性定向之前，企业需要了解消费者、影响决策者和产品使用者的区别。

① 消费者。最终购买产品的人，也是实际花钱的人。

② 影响决策者。影响消费者决策的人，其意见会影响消费者是否购买产品。大部分产品的影响决策者和消费者都是同一类受众。

③ 产品使用者。真正使用产品的人。

以年龄定向为例，在实际工作中，企业将根据产品和推广目标合理设置年龄定向。为了方便精细化推广，广告计划层级通过定向不同年龄段的受众，使他们观看不同内容的广告。例如，少儿书籍、中学生书籍、商务书籍的年龄定向设置不同，如表4-6所示。

表4-6 书籍年龄定向表

受众属性	少儿书籍	中学生书籍	商务书籍
消费者	3—12 岁儿童的父母	13—18 岁青少年的父母	有工作需求的成年人
影响决策者	3—12 岁儿童的父母	13—18 岁青少年的父母	有工作需求的成年人
产品使用者	3—12 岁儿童	13—18 岁青少年	有工作需求的成年人
年龄定向（分段）	24—30 岁；31—40 岁；41—49 岁	13—18 岁；31—40 岁；41—49 岁	18—23 岁；24—30 岁；31—40 岁

使用基础属性定向的时候，标签既不能过于笼统，也不能过于细分。例如，考研辅导机构选择年龄标签的时候，一方面不能选择 0—60 岁，这种受众定向太宽泛，会导致广告不精准，低年龄段和高年龄段受众可能都没有强烈的考研需求；另一方面也要防止目标受众定向太过细分。例如，只选择 22 岁的受众可能导致受众覆盖面不完整。

（2）行为定向。行为定向是指通过行为定位目标受众。行为定向主要包括 App 行为定向、电商行为定向、资讯行为定向和再营销定向。

① App 行为定向。App 行为定向是根据用户群体的特征去分析这些用户会使用哪些类型的 App，在 App 分类里进行筛选，从而圈定群体。即根据推广的产品，反向思考安装过哪类 App 的人群最有机会成为潜在客户。例如，返利网利用 App 行为定向做信息流推广，其认为自己的客户会对电商类 App 感兴趣，京东、天猫、拼多多、美团、大众点评等 App 都隶属于移动应用中“网上购物”的 App 类别，可按照分类和具体的 App 名称进行目标受众的定向。按照 App 名称定向时，数量不宜过少，否则覆盖的目标受众数量会非常少，很难实现营销效果。

② 电商行为定向。电商行为定向主要是定向所有与电商相关的页面产生互动行为（包括浏览、搜索、下单、购物车、收藏等）的用户，这类目标受众的定向方式适用于电商相关行业的企业。

③ 资讯行为定向。资讯行为定向是基于目标受众阅读相关资讯的行为进行的，此类用户本身已显示出对该类目的兴趣和喜爱，可根据企业产品确定兴趣类目，并根据观看时长、观看频次、是否点赞、是否转发等指标衡量兴趣程度。

④ 再营销定向。再营销定向是指根据受众的历史行为，将曾经发生过广告展现、点击、转化等行为的受众作为企业的目标受众。完成目标受众的二次召回。通常情况下，目标受众不会在仅看过一两次的情况下记住广告内容，所以要通过再营销定向以视觉方式提醒，刺激消费或二次消费。相较于耐消品而言，快消品行业更适合通过转化行为进行再营销定向。

（3）兴趣定向。兴趣定向是指基于受众的历史兴趣图谱，选择兴趣范围定向目标受众。兴趣定向的核心思想就是将数量庞大的目标受众聚合成一个个清晰的受众画像，如喜欢买衣服的女生、热衷数码产品的中年男士、酷爱旅游的大学生等。落实到推荐引擎广告营销中就是通过选择目标受众的兴趣点、爱好来实现投放。兴趣定向可以分为兴趣分类定向和兴趣关键词定向。

① 兴趣分类定向。企业要结合产品的特点，通过兴趣分类，找到对与自身产品相关内容感兴趣的受众进行精准广告投放。可选择符合目标受众特征的多个标签，如某儿童服装企业在进行目标受众定向时，可以同时选择“孕产育儿”与“童装童鞋”分类。在使用兴趣分类定向时，多个分类取交集。

② 兴趣关键词定向。兴趣关键词定向的颗粒度比兴趣分类更细，通过关键词标签精准定位目标受众，能有效避免广告主浪费投放资源。

企业在推荐引擎广告营销的过程中必须注意一点，如果同时设置兴趣分类与兴趣关键词定向，则定向的目标受众会取交集，即覆盖人群必须既有某些兴趣点，又对兴趣关键词感兴趣，这样覆盖人群数量就有可能变得非常少，从而给推广效果带来负面影响。因此，两种定向方式并存时要避免定向过窄，要根据企业的推广目的、预算等实际要求设置合适的兴趣定向方式。

假设有 3 家做品牌服装的企业，每家的推广目的和预算都不相同，如表 4-7 所示。对于品牌服装业务，品牌宣传就是强化产品或品牌的认知，一般不涉及转化指标的要求；而效果导向一般需要尽可能多地获取有效受众信息。预算多的企业，对于推广成本的要求不会太严苛；预算少的企业更希望精准投放，从而控制推广成本。

表4-7　不同企业的推广目的和预算对比

项目	品牌服装企业 1	品牌服装企业 2	品牌服装企业 3
推广目的	品牌宣传	效果导向	效果导向
预算	多	多	少
定向方式	兴趣分类	兴趣分类或兴趣关键词	兴趣关键词

品牌服装企业 1 属于推广预算较多的公司，目的是品牌宣传且预算充足。对于这家企业来说，适合做兴趣分类定向，多选择一些一级兴趣，可最大限度覆盖潜在目标受众。

品牌服装企业 2 是不怕花钱但要求投放具有实际效果的企业，做较精准的兴趣分类定向或兴趣关键词定向都比较适合。

品牌服装企业 3 是要求有实际投放效果且严格控制预算的企业，最好做兴趣关键词定向，受众精准且成本可控。

（4）场景定向。场景定向主要是针对节日场景和活动场景、气候天气、平台环境定向。

① 节日场景和活动场景定向。节日场景和活动场景定向主要是配合企业的营销活动，进行季节性活动或特殊事件的广告投放。例如，企业想要开展“618”促销活动，可以定向于有参与电商活动倾向的目标受众。

② 气候天气定向。气候天气定向通过温度、紫外线指数、穿衣指数、化妆指数，以及气象等维度定向目标受众。气候天气定向本质上是地域定向，基于实时天气数据更新，可按照天气数据覆盖指定气象条件下的地域，适用于具有气候天气特征的产品生产企业或销售企业。

③ 平台环境定向。平台环境定向包括操作系统、运营商、手机品牌、网络类型等方面的定向。操作系统定向除了常规的 iOS 和安卓系统，还涉及其他系统，全面覆盖移动端和PC端流量。运营商定向是通过区分目标受众的设备使用网络的情况，如移动、联通、电信等不同网络对应的目标受众；在广告和产品对操作环境和运营商有要求时，可进行具体的细分定向。手机品牌定向可以在一定程度上区分目标受众的消费能力。网络类型定向一般适用于对网络要求较高的广告或产品。例如，推广大安装包的 App 应用时，尽量选择 Wi-Fi 环境。

大赛直通车

1. 赛项名称及竞赛模块

市场营销技能赛项——数字营销模块

2. 赛项组别

高职。

3. 竞赛内容

各参赛团队在相同的市场环境下，结合给定的企业数据与市场数据，借助数字媒体平台进行品牌传播，增加网站曝光度，提升品牌认知度。

4. 竞赛要求——设置精准投放条件

通过推广地域、投放媒体、投放受众、广告位置圈定精准目标受众。

不同推广地域下浏览信息的目标受众数量不同，点击网页信息查看具体介绍的目标受众数量也不同，通过投放媒体可以圈定偏向不同行业的目标受众和浏览过不同网址的目标受众；通过投放受众可以圈定搜索过不同关键词的目标受众和有不同属性特征的目标受众；通过广告位置可以选择推荐引擎营销广告展现的位置。

5. 相关评分标准及解析

（1）相关评分标准。设置精准投放条件，通过不同方式圈定的目标受众不同，能够获得的展现量不同，点击量也不同。目标受众定向越精准，推荐广告被目标受众点击的概率越高，越能带来良好的展现量与点击量。

（2）评分标准解析。推荐引擎广告通过精准的目标受众定向实现广告展现，广告展现的条件是圈定目标受众。目标受众定向不能过窄，过窄会降低展现机会。多种维度的目标受众定向共存时，广告平台会取交集。例如，同时定向男性和18—24岁两个条件时，广告仅在18—24男性目标受众面前展现，因此多种定向同时使用时，要注意定向选择目标受众标签的数量，才能保证展现量。

推荐广告内容呈现在用户面前，其实就是用来吸引用户点击的，目标受众定向越精准，点击广告的概率越大，点击量才会越大。

3. 目标受众出价

微课：推荐引擎营销定向人群出价

目标受众出价是指企业在进行推荐引擎广告营销时愿意支付的广告价格。出价一定要以目标受众为核心，根据所处的时间结点、投放的广告位置和样式、选择的定向条件等要素进行调整，出价与广告效果密切相关。目标受众出价的优化技巧通常包括以下几种：

（1）先高价后调价。开始时可以将初始价格设定为较高的值，观察该广告的展现量、点击量等数据，决定后续操作是降价、提价、暂停还是更换素材等，不断总结优化经验。

（2）热门人群高出价。消费能力强的热门人群是很多行业竞相争取的对象。如金融、汽车、房地产、出国游学等行业，客源重合度高，价格自然就水涨船高。如果出价过低，广告基本没机会展现在目标受众面前。

（3）紧俏资源高出价。一般情况下，按照资源紧俏程度进行出价排序，大图出价 > 组图出价 > 小图出价，iOS 用户出价 > 安卓用户和 PC 端出价，首页出价 > 列表页和内容页的出价。

（4）旺季高出价。在品牌售卖旺季，如果出价和平时一样，会导致展现量降低。一般情况下，品牌售卖旺季目标受众的出价会高于平时出价。

4.2.3 创意编辑与设置

1. 创意编辑

可以分别从渠道、目标受众、场景和样式四大维度考虑编辑创意。

（1）渠道维度。推荐引擎广告的营销渠道不同，创意展现形式、创意内容表达等也应该不同。在制作推荐引擎广告创意之前，要清楚渠道的类别、主调性、界面风格，才可能制作出与渠道融合的、更为原生态的内容。

① 新闻资讯类渠道。一般目标受众使用此类平台是为了获取最新热点新闻信息，因此在创意内容上，最好要做成一条“类新闻”，在图片创意上，尽量选择与上下文内容相符合的、实景类图片，而非过度美化、刻意设计的图片。

② 社交类渠道。在社交平台投放的广告创意一方面要符合受众获取信息的习惯、

与主内容协调混排；另一方面应当尽力帮助受众创造出一种专属的社会身份，以便激发其兴趣和情感共鸣，刺激其转发和分享。

③ 视频/短视频类渠道。一般受众浏览此类平台是为了娱乐消遣，因此创意首先要做成与平台主体内容一致的广告展现形式（如视频或短视频），其次是创意内容（画面和音乐等）要有趣，以吸引受众点击。

④ 其他垂直类渠道。这类平台由于垂直属性突出、内容固定（如针对汽车、美妆、数码产品等），且受众使用是为了获取对己有用的信息，因此创意要尽量与媒体主调性、人群诉求等契合。

（2）目标受众维度。受众的购买阶段不同，广告创意也应不同。对品牌未知的潜在目标受众，创意内容需要表明“我是谁”“卖什么”；对于已进入品牌了解阶段或竞品比较阶段意向的目标受众，创意要能结合产品、服务的优势来解决受众的“痛点”或“纠结点”，即告知产品、服务能够产生什么效果，解决什么问题，竞争优势在哪里，从而直击痛点、吸引点击；对于品牌忠诚受众，创意要突出“活动”“优惠”等，刺激二次消费。

（3）场景维度。根据受众所处时间段、地理位置、天气状态等场景的不同，所呈现的创意内容也要不同，即营销者应该设计与场景高度融合的物料。例如，“出差必备”“雾霾天必备”“在北京打拼必备”等，基于受众当前所处的场景特征输出信息更容易与目标受众进行“有温度”的沟通，进而增加点击。

（4）样式维度。不同渠道除了风格、调性不同，广告展现样式也不同。因此，创意的设计也要符合该渠道该类样式的特点。创意多为文字、图片和视频的组合，不同样式维度编辑的重点不同。

① “文字+小图”展现样式。建议图片中尽量减少或不显示文字内容；图片清晰可辨认，且在有限的尺寸内尽可能突出重点。

② “文字+大图”展现样式建议尽量采用高清、真实的图片，让广告看起来有较强的质感和可信度；同时可适当加入文字内容，如行动召唤类文案（倒计时、抢先购）、利益吸引类文案（免费送、买二送一）等。

博文约礼

“清朗·整治‘自媒体’无底线博流量”专项行动

2024年4月，中央网信办印发《关于开展“清朗·整治‘自媒体’无底线博流量”专项行动的通知》（简称《通知》），在全国范围内开展为期两个月的专项行动，聚焦“自媒体”无底线造热点、蹭热点，制造以假乱真、虚实混杂的“信息陷阱”等突出问题，从严整治漠视公共利益、违背公序良俗、扰乱公共秩序，为了流量不择手段、丧失底线的自媒体。

《通知》指出，专项行动整治的重点问题包括：自导自演式造假、不择手段蹭炒社会热点、以偏概全设置话题、违背公序良俗制造人设、滥发“新黄色新闻”。

自媒体对于流量的追求一定要“取之有道”，遵守基本底线。比如，编造苦情故事制造卖惨人设，打着助农、慈善等旗号，利用公众同情心理骗取关注、牟取利益的现象，近些年已然成为一个相对突出的无底线蹭流量套路。《焦点访谈》栏目就披露了一批“抄袭演绎”“摆拍卖惨”“先赚流量后带货”的短视频乱象。有些故事看起来吸睛，但背后却是剧本演绎，不仅欺骗了受众，也在消耗社会的信任和爱心，危害性不可低估。

营造清朗的网络空间人人有责，数字广告营销人员更要在这方面体现自己的责任和担当。

③“文字＋多图”展现样式。建议分别展示不同产品（如服装类推广）或不同场景（如办公类推广）的图片，以增加卖点和吸引点。同时，所有图片之间布局要协调，颜色搭配要合理，整体完整性要强。

④“文字＋视频”展现样式。文字不宜过长但要突出重点；视频画面要有趣且吸睛，让用户产生点击观看的冲动。

2. 创意优化

（1）创意相关性优化。要尽可能多地挖掘目标受众需求，从目标受众的角度出发优化创意，同时还要具体结合落地页内容，保证目标受众从点击广告创意链接到落地页后，落地页展示的产品或服务信息能够满足目标受众需求。

可以在创意文案中使用通配符。例如，设置地域通配符展示访客所在地域。设置商品品类通配符，针对不同目标受众展示不同商品等，来增加创意的相关性。

（2）语句通顺度优化。创意添加通配符后，广告触发时就会替换通配符中的默认关键词，替换后要保证创意语句通顺、不重复，行文符合逻辑。

（3）吸引力优化。要及时把握目标受众的特点与兴趣点，将产品的特点与优势传达给目标受众。企业需要不断挖掘产品的特点与亮点，进行创意内容优化，增加创意的吸引力。还可以按照创意生产的一些方法（如 FAB 法、角色扮演法等），编辑与优化创意内容，增加吸引力。

大赛直通车

1. 赛项名称及竞赛模块

市场营销技能赛项——数字营销模块。

2. 赛项组别

高职。

3. 竞赛内容

各参赛团队在相同的市场环境下，结合给定的企业数据与市场数据，借助数字媒体平台进行品牌传播，增加网站曝光度，提升品牌认知度。

4. 竞赛要求——推荐引擎营销

参赛选手根据企业网站介绍与产品或服务介绍，结合营销预算，制定并实施推荐引擎营销策略，通过人群标签定向，圈定目标受众，以付费方式获得不同广告位置网页信息（注：在以下内容中，网站首页和产品或服务介绍页统称网页）的强势展现机会，并带来更多点击，将信息传递给目标受众，促进品牌认知度与商业价值变现，包括设置推广计划、推广单元、精准投放条件，添加创意等操作。

5. 相关评分标准及解析

（1）相关评分标准。推广计划的设置包括设置计划名称、预算、投放时间等。可在推广计划下管理自己的推广单元；预算为该推广计划的营销预算；不同推广时段浏览信息的目标受众数量不同，点击网页信息查看具体介绍的目标受众数量也不同，影响推荐引擎营销的效果。

推广单元设置包括设置单元名称、推广位、单元出价等。可在推广单元下进行人群精准投放条件的设置与维护；单元出价为该推广单元下向圈定目标受众进行广告推送的统一出价，出价情况决定排名情况。在同一广告位下，排名第一即可获得推荐引擎营销广告展现的资格。

单次点击支付的费用的计算公式如下：

$$\text{单次点击支付的费用} = \text{下一名竞价价格} + 0.01$$

通过投放地域、投放媒体、投放受众和广告位置，圈定精准目标受众。通过不同方式圈定的目标受众不同，能够获得的展现量不同，点击量也不同。

需要编写创意标题、创意描述第一行、创意描述第二行等信息。

在推荐引擎营销中，不同推广计划设置的预算总额为该次营销能够花费的最高限额，点击结束后，计算能够获得的展现量和点击量。

（2）评分标准解析。推荐引擎营销的成绩评定包括展现量和点击量的得分，展现量和点击量受多方面因素的影响。首先，广告能够获得的排名影响最终带来的展现和点击效果，由高出价提高的排名往往单次点击扣费也会较高，造成广告预算的浪费，会减少最终能够带来的展现量和点击量。其次，目标受众的覆盖范围决定了能够带来的展现量，目标受众的竞争度决定了点击率，通过不同投放媒体、广告位圈中的目标受众不同，能够获得的展现量和点击量也不同。最后，创意是否与目标受众相关、是否与落地页相关，也会通过长期的效果影响最终的展现量和点击量。

3. 创意标签设置

部分推荐引擎广告平台需要进行创意标签的设置。例如，在字节跳动旗下巨量引擎广告投放平台，创意标签是企业对创意的自我介绍，主要介绍创意推广产品或服务的属性。标签描述得越详细、越全面，越有助于把广告精准推送给目标受众。

在操作页面中，标签是一个开放性的选择端口，可以把创意标签划分为以下三种类型：

(1) 主创意标签设置。主创意标签是指核心标签，是对核心属性的描述。例如，连衣裙的核心标签可以设置为女生、夏季、穿搭、服装、裙装等。

(2) 边缘标签设置。边缘标签是指围绕核心标签衍生的标签，即价值属性描述。以连衣裙为例，边缘标签可以设置为时尚、显瘦、减龄、新款等。

(3) 测试标签设置。测试标签是非紧密贴合但是触类旁通的标签，即相关属性的预估性描述，可能借此吸引和转化其他客源，比如衣服材质、工作、聚会等。

4.2.4 推荐引擎广告营销应用

1. 线下门店推广——以某家居品牌为例

以门店推广为目的的推荐引擎广告营销需要设置门店信息，一般支持多门店同时投放。门店推广的目标可以细化为展现量、点击量、到店量和成交量，转化目标的实现难度从低到高依次为：展现量 < 点击量 < 到店量 < 成交量。在实际工作中，还需要按照公司实际营销需求选择不同的转化目标。

门店推广主要针对拥有线下门店的本地广告主（如餐饮企业、商场、培训机构、健身房等），设置好门店信息后，在进行目标受众定向时，可以在地域定向中直接进行商圈定向，一般支持地址切换并设置门店的商圈半径。

在实际展现时，目标受众会在广告下方看到门店的地理位置及距离，所以要按照产品的特性等选择半径范围，才能有效提高广告点击率和到店率。

(1) 营销目标。某家居品牌在此次推荐引擎广告营销中以扩大曝光度、导入更多客流为主要目标。

(2) 营销方案设计与实施。

① 投放受众分析。家居装修可以彰显业主的审美水平，越来越多的家居家装消费者试图通过家居装修彰显自己的生活态度和格调。他们重视商家口碑，喜欢线上咨询、线下体验，关注产品的品质和颜值。结合家居装修产品的特点，此次活动以 45 岁以上的目标受众为主，他们的主要特征是：经济能力持续增强，购买力增强，对美好生活的意识增强，有购买国际高端品牌的欲望。需求关键词有档次、环保、大气等。

从品牌方面来说，优惠促销等价格因素对目标受众的购买影响比较小，而大部分目标受众更在意品牌和材料品质，能更理性地考察环保、设计等方面，这类高端客户对产品品质、购物环境、全程服务的要求比较高，他们不希望花过多时间关注非必需产品，节省客户的时间尤为重要。

② 市场环境分析。家装需求逐年增加，但现阶段消费者对家装的负面反馈仍远高于正面反馈，大部分客户都不满意选购耗时长、家装信息不透明的行业现状。化解“信任危机”是家居行业打动消费者的关键。

③ 广告营销方案实施。为了更好地满足家具家装类客户向线下门店引流的诉求，该家居品牌结合门店信息、基于 LBS 定位技术精准定向目标受众，如图 4-7 所示。另外，企业还采取兴趣关键词定向目标受众，关键词选用窗帘墙纸类、极简轻奢类、进口品牌类及品牌拓展词类。该家居品牌在创意和落地页方面注重产品品质、购物环境、全程服务的表现，并通过多种创意吸引用户到店，实现营销服务闭环。

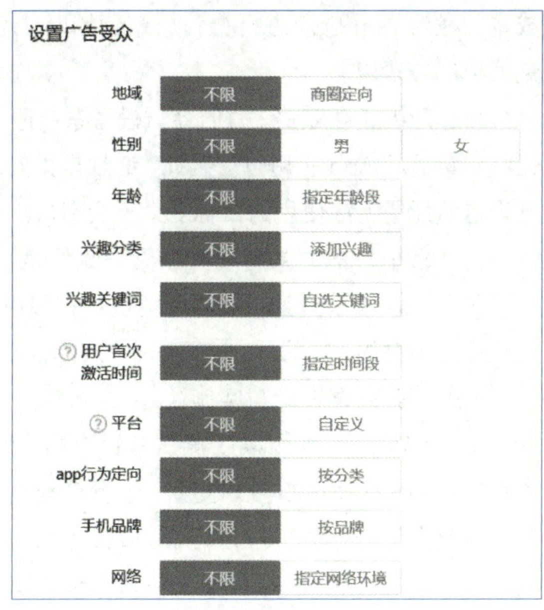

图4-7　门店推广受众定向

该家居品牌的此次营销活动基于商圈进行门店推广，利用 LBS 技术使定向更精准，精准圈定目标受众；在门店展示创意的同时提供位置标签、门店电话线索组件，方便目标受众一键完成电话拨打，一键调用百度地图导航，高效引导客户到店；落地页设计上依据客户需求，对活动页面、沟通方式、数据统计等进行个性化定制，实现精准定位展示，提高了转化效果。

行业洞察

LBS

基于位置的服务（Location Based Services，LBS），是利用各类型的定位技术来获取定位设备当前所在位置，通过移动互联网向定位设备提供信息资源和基础服务。用户可利用定位技术确定自身的空间位置，通过移动互联网来获取与位置相关的资源和信息。LBS 中融入了移动通信、互联网络、空间定位、位置信息、大数据等多种信息技术。利用移动互联网络服务平台进行数据更新和交互，可以使用户通过空间定位来获取相应的服务。

2. 应用推广——以某客户关系管理（CRM）软件为例

App 应用的转化目标细化为激活、下载和安装。要想统计 iOS 和安卓激活转化数据，就需要进行 API 数据对接。App 应用推广的目标可以是激活、下载、安装、转化，转化目标的实现难度由低到高依次为激活 < 安装 < 下载 < 转化。在实际工作中，还需要按照公司实际营销需求选择不同的转化目标。

在进行目标受众定向时，App 推广不支持 PC 定投。如果安装包过大，则网络选择为 Wi-Fi 时可以避免因为下载缓慢或流量不足的问题影响转化量，也能合理降低推广成本。在对 App 应用进行推荐引擎营销时，还可以过滤已安装该 App 的目标受众，避免浪费广告费用。

App 升级速度较快，有时会与设备系统版本出现不兼容的情况，如版本过低的系统无法安装最新 App 应用包。因此，必须根据安装包选择目标受众的设备系统及版本，否则推送给那些无法使用的目标受众就会造成广告费用的浪费，同时也会降低受众体验。

（1）营销目标。某客户关系管理软件是一个销售协同工作软件，此次营销活动的目标包括：① 品牌塑造，赢得市场认知和使用者的认同；② 流量获取，扩大用户规模，延长应用生命周期；③ 单个线索表单成本控制在 40 元以内。

（2）营销方案设计与实施。

① 投放周期。测试期：测试营销方案，积累前期投放数据。稳定期：根据投放数据调整定向，选择优质目标受众，进行精准投放。放量期：这是推广黄金阶段，应加大推广投放力度，全面触达受众，增加获客率。回收期：在获取的表单线索达到稳定量级后，进入控制成本、引导流量的阶段，通过线下客服再沟通，促使客户充值消费，实现盈利。

② 目标受众定向。以受众身上特有的兴趣标签为导向，通过兴趣分类和兴趣关键词定向，圈定有潜力产生转化的用户，择优定向男性和 24—50 岁的目标受众，同时选择"管理订单""管理客户""销售"等作为兴趣关键词定向目标受众。

③ 创意编辑与优化。创意采用"大图＋组图＋小图"的展示方式，在内容上分析用户核心需求点，结合自身优势因素，多维度制作创意，切中用户关注点，如"管理客户""管理订单"等突出自身"方便"的优势；同时，利用"免费试用"按钮增加下载量。

④ 落地页设计。落地页主题明确、篇幅精简，突出产品活动利益点及产品优势；报名位置突出，减少无关内容干扰，利用"免费试用"和"限时送 500 元现金券"的形式刺激目标受众填写表单。表单设计应以获取重要信息为主，内容简洁，减少填写的复杂度，如图 4-8 所示。

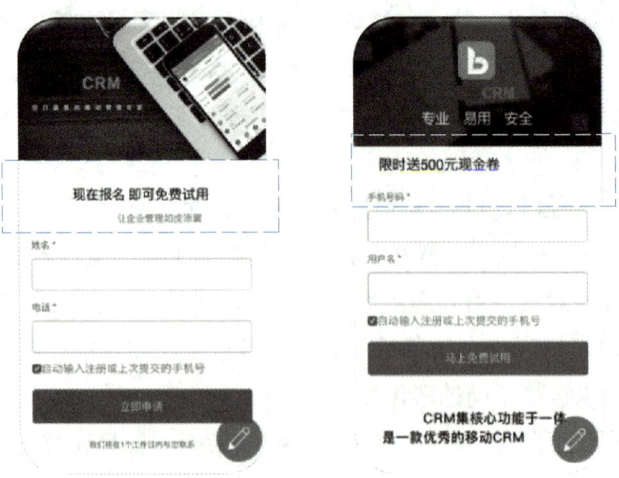

图4-8　该客户管理软件的落地页设计

此次营销活动从周期到落地页都进行了详细策划，最终获得曝光量超过 895 万次，平均千次展现费用为 8.25 元；点击量超过 9 万次，平均点击单价为 0.97 元；点击率为 1.24%，累计表单达 1 945 份，表单成本最低为 22.73 元。该客户管理软件此次营销活动的主要目标是销售线索收集和品牌塑造，并未进行 App 下载的引导，因此未涉及目标受众设备系统及版本的选择。若以 App 下载为营销目标，还需要定向目标受众的设备系统及具体版本，并根据 App 安装包的大小选择是否定向网络类型，保证目标受众看到广告创意点击进入后，能够正常下载。

3. 电商店铺推广——以某服装品牌为例

电商店铺推广适用于拥有成熟电商店铺的企业，如淘宝、天猫、京东、拼多多、1688 等平台内的成熟电商店铺。电商店铺推广的转化目标是展现量、点击量、在线咨询量、表单提交量、订单成交量等。转化目标的实现难度由低到高依次为展现量 < 点击量 < 在线咨询量 < 表单提交量 < 订单成交量。

电商店铺推广的目标受众具有全面性、普适性的特点，受地域和时间限制性较少，且与应用推广不同，对下载速度的要求并不是特别高；与线下门店推广也不相同，对商圈的要求较弱。因此，在进行目标受众定向时，只需要根据业务范围与业务特点进行定向即可。

（1）营销目标。本次营销目标是推广某服装品牌电商店铺的新品，目的是在增加新品曝光的同时为电商店铺导流，有效实现购买转化。

（2）营销方案设计与实施。

① 受众分析与定向。该电商店铺通过历史广告投放数据分析发现，广告点击意愿较高的受众年龄段为 18—30 岁及 50 岁以上，地域上点击率比较高的省份为广东、山东、河南、河北、江苏。对教育培训、家装百货、法律服务、文化娱乐、生活服务、美容化妆感兴趣的目标受众对本产品更为关注。因此，在此次营销活动中，主要通过基础属性、地域和兴趣分类定向目标受众，基础属性定向为 18—30 岁及 50 岁以上的受众，投放地域为广东、山东、河南、河北、江苏，兴趣分类定向为教育培训、家装百货、法律服务、文化娱乐、生活服务、美容化妆。

② 创意设置。创意采用“品牌名称 + 品牌 logo”的形式进行展示；使用直观的数字内容介绍活动，文案简洁明了，图片直白；使用动态智能创意实现千人千面的创意展示，引发用户点击查看的欲望。

③ 落地页设置。本次营销活动落地页设置主要从以下几个方面入手：树立品牌形象，突出企业独立检测及认证信息，展示三包保证信息；突出抢购、限时降价，突出享受当下活动力度的语言；强调价格低不是因为质量差，并进行产品的专业性知识普及；突出口碑、试用体验能增加客户信任度。

在此次活动期间，该电商店铺获得超过 696 万次曝光，受众引流数超过 6 万次，与历史同期数据相比，点击成本降低 70%，曝光成本降低 14.2%，点击率提升 42.9%。

有效实现了品牌曝光和店铺引流。本次营销活动结合产品特点定向目标受众，创意和落地页也结合活动和产品进行介绍，层层诱导，最终引导目标受众进店，增加电商店铺的曝光度，实现店铺引流，也提升了该店铺的品牌知名度。

4. 其他应用场景

除线下门店推广、应用推广、电商店铺推广外，推荐引擎广告营销还可以应用于销售线索收集、文章推广等场景。

（1）销售线索收集。销售线索收集适用于希望通过线索组件收集目标受众信息并需要进行后续沟通促成订单的企业。销售线索收集场景下的广告创意和落地页往往是以表单的形式呈现，推广的目的可以细化为展现量、点击量、表单提交量、表单接通量、成交量，转化目标的实现难度从低到高依次为展现量 < 点击量 < 表单提交量 < 表单接通量 < 成交量，仍然要结合企业的主要营业内容进行受众定向。

（2）文章推广。文章推广适用于有文章曝光需求的企业，文章推广首先需要设置文章内容，内容页即推广的落地页，可以为品牌宣传页、知识型产品页等。文章推广的目标可以细化为展现量、阅读量、点赞量、评论量、转发量，转化目标的实现难度从低到高依次为展现量 < 阅读量 < 点赞量 < 评论量 < 转发量。在实际工作中，还需要按照公司的实际营销需求选择不同的转化目标。

从企业角度来讲，文章推广适用于品牌宣传内容的推广，通过内容的形式讲述品牌故事，塑造品牌形象。互联网软文是普遍存在的形式，因此在进行目标受众定向时没有特别要求，只需要参考企业的营销目标确定即可。

◆ 任务演练

演练任务 2　应用程序推广

1. 任务目标

- 能够根据营销推广目标，结合品牌数据分析，完成应用程序推广账户搭建。
- 能够根据目标受众定向策略，结合行业受众分布特点设置目标受众定向。
- 能够根据营销推广目标，设置应用程序推广广告的预算和出价。
- 能够根据推广创意定向策略，结合品牌信息，完成应用程序推广创意的设置。

2. 任务背景

针对某服装品牌旗下的自有 App——优购商城，公司决定将提升 App 下载量作为此次周年庆营销活动的推广目标，并且投入 10 万元作为投放 App 广告的预算。

为了完成优购商城 App 的推广任务，周义需要根据品牌数据分析的结果，针对未安装应用程序的目标受众，结合营销推广目标、受众及创意定向策略，完成此次应用程序的广告投放。此次广告投放的工作内容包括：完成搭建广告账户，设置受众定向，设置预算和出价，设置创意等。

3. 任务分析

应用程序推广一般适用于有应用下载需求的广告主，以此提升 App 的下载、安装、激活等转化效果，主要包括搭建广告账户，设置受众定向，设置预算和出价，设置创意等工作内容。

4. 任务操作

（1）根据营销推广目标，结合应用程序下载分析，完成广告组的创建。

（2）根据营销推广目标、结合应用程序下载分析，完成广告计划设置。

（3）根据营销推广目标，结合应用程序下载分析，完成广告创意设置。

（4）结合品牌分析数据、应用推广广告投放策略、任务背景要求等，完成应用程序推广的广告投放。

应用程序广告推广策略如表 4-8 所示。

表4-8　应用程序广告推广策略

广告组创建	计划名称	
	预算	
	推广时段	
	设备选择	
广告计划设置	单元名称	
	推广位	

广告计划设置	单元出价	
	投放区域	
	投放行业	
	受众定向	
广告创意设置	创意标题	
	创意描述	

5. 任务评价

本任务评价见表 4–9。

表4–9 应用程序推广任务评价

评价方式	客观评价
评价内容	能够完成广告投放流程的设置
	能够设置合理的目标受众定向
	能够获得一定的广告展现量和 App 下载量

6. 任务拓展

（1）推荐引擎广告营销不仅适用于应用程序推广，同样也适用于线下门店、电商店铺、图文内容等多种场景，请结合应用程序推广的方法与不同场景的特点，完成线下门店、电商店铺、图文内容的推广。

（2）请结合本任务，完成数码行业某企业的推荐引擎广告营销活动。

任务4.3
推荐引擎广告数据分析与优化

◆ 任务描述

数据分析可以帮助企业更好地解决推荐引擎广告账户中出现的问题，而同样的数据通过不同方式的解读，给广告投放带来的指导方向差异很大。因此进行推荐引擎广告数据分析与优化时，要掌握正确的数据分析方法，能够从多种维度分析效果数据，并能够清楚地知道数据异常的原因，才能有针对性地采取优化策略。本任务的主要工作流程包括：

（1）利用各种统计工具获取效果数据；

（2）实时监控广告效果数据；

（3）利用数据处理工具，围绕各种数据指标进行数据透视；

（4）从多种维度出发，结合具体分析方法，完成数据分析；

（5）根据数据分析的结果，进行推荐引擎广告的改进与优化。

◆ 知识准备

4.3.1 推荐引擎广告数据分析

与搜索竞价营销效果数据分析的思路相同，推荐引擎广告数据可以按照“从大到小、从多到少、从几天到一天”的思路进行分析。从大到小是指先看账户整体，再从细节维度查看受众定向的效果数据和创意效果数据等。从多到少是指看成本消耗的多少，按消耗做降序排序，以发现高成本项。从几天到一天是指将当天的数据与前几天的数据进行对比分析，发现数据的波动变化并找出问题所在。

1. 数据分析的维度

推荐引擎广告数据分析包括整体维度、细节维度和相关维度三个不同的角度。

（1）从整体维度分析。广告投放后，广告主需要先根据账户成本及转化量来判断广告整体投放效果，再对各指标进行详细分析。也就是上文所说的“从大到小”。可以进行消耗、展示数、平均千次展现费用、点击数、点击率、平均点击单价、转化数、转化率、转化成本、激活数、注册数、关键行为数、分享数、评论提交数、点赞数、新增关注数等指标的数据趋势、数据占比分析。通过一定时间段内的数据趋势，可以分析不同指标的数据发展趋势，当数据突变时，可以进行异常数据分析。通过数据占比可以分析不同广告计划的不同指标占比，对占比过大或过小的指标进行分析，可以发现重点计划与问题。具体样例如图 4-9 所示。

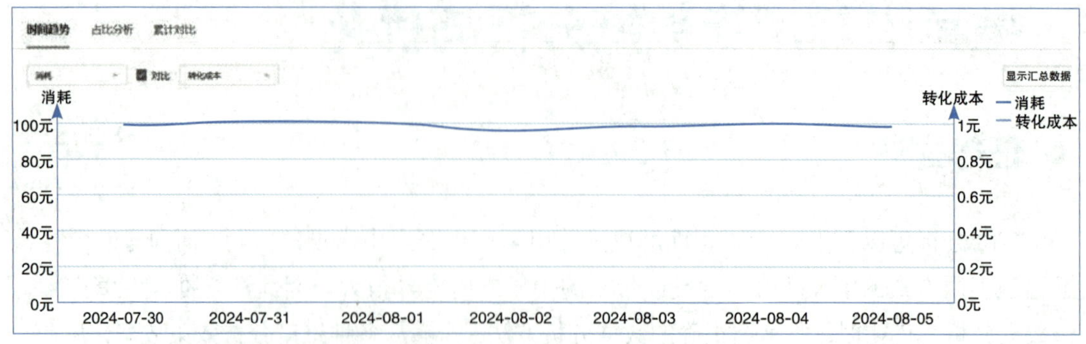

图4-9　消耗和转化成本的数据趋势

一个账户是由多个广告计划组成的。账户整体成本过高，大多是因为某些广告计划成本过高。所以在进行广告数据分析时，要对高成本的广告计划进行分析，以便进行相应的策略调整。也就是上文所说的“从多到少、从几天到一天”。

(2) 从细节维度分析。与搜索竞价营销效果细节分析的维度基本相同，细节维度主要是从推广单元、受众定向效果、创意效果等维度进行分析。其中，受众定向效果分析是推荐引擎数字广告营销分析的重点。

(3) 从相关维度分析。相关维度分析主要是进行落地页和客服服务的分析，具体内容与搜索引擎广告营销效果数据分析基本相同，本任务不再重复。

2. 受众定向效果分析

(1) 广告展示位置定向效果分析。企业可以根据广告展示位置分析效果数据，确定主要广告展示位置并进行问题数据的排查。以今日头条为例，在广告投放过程中，西瓜视频、头条成本数据波动幅度较大，同时出现极值，且不同展示位置的成本数据均在 3 月 31 日—4 月 1 日出现大幅增长。通过对整体消耗占比进行分析，可以发现抖音消耗占整体的 57.3%，如图 4-10 所示。所以，应将数据异常问题进一步锁定在抖音上。

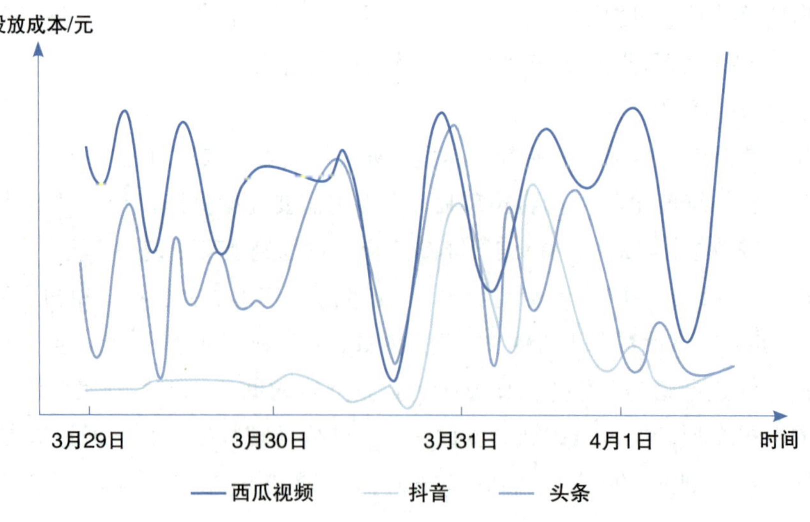

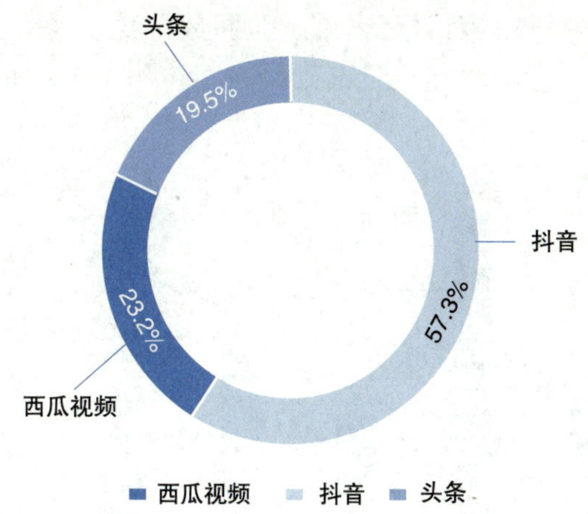

图4-10 广告展示位置定向效果分析

(2) 基础属性定向效果分析。企业可以通过省级分布、城市分布、性别分布、年龄分布等指标查看每个计划的详细数据。通过对相关数据的分析，企业可以确定广告效果最好的目标受众的基础属性特征和广告效果最差的目标受众的基础属性特征。

① 以地域分布分析为例，其数据如表 4-10 所示，企业可以按照地域的展现量排序，查看展现量最高或者最低的地域，从而有针对性地进行投放地域优化。数据显示，宁夏地区的展现量和点击量最低，而转化成本最高。因此，当广告预算有限时可以停止对该地区的广告投放。企业也可以按照转化量、转化成本、转化率的排序分析问题数据。

表4-10 地域分布数据

地域	消费金额 / 元	展现量 / 次	点击量 / 次	平均千次展现成本 / 元	平均点击单价 / 元	点击率	转化量 / 次	转化成本 / 元	转化率
广东	5 627	19 047	2 628	295.43	2.14	13.80%	271	20.76	10.31%
江苏	4 396	11 748	1 611	374.19	2.73	13.71%	166	26.48	10.30%
山东	4 102	9 409	1 408	435.97	2.91	14.96%	134	30.61	9.52%
河北	3 920	8 488	1 263	461.83	3.10	14.88%	123	31.87	9.74%
四川	3 882	7 522	1 083	516.09	3.58	14.40%	108	35.94	9.97%
浙江	3 790	6 597	950	574.50	3.99	14.40%	97	39.07	10.21%
辽宁	2 789	3 603	509	774.08	5.48	14.13%	49	56.92	9.63%
北京	2 698	3 051	516	884.30	5.23	16.91%	226	11.94	43.80%
宁夏	1 620	761	108	2 128.75	15.00	14.19%	9	180.00	8.33%

② 以年龄分布分析为例，某企业头条广告的转化数统计如图 4-11 所示。分年龄来看，24—30 岁人群的转化成本偏高（339 元），点击率较高，但转化率较低（0.43%）；31—50 岁人群的点击率、转化率总体情况合理，且转化成本较低（121 元、166 元）；51—60 岁人群的成本居中（190 元），点击率最高（2.63%），但是转化率最低（0.38%）。

在此情况下，可加大 31—50 岁目标受众的定向投放力度。

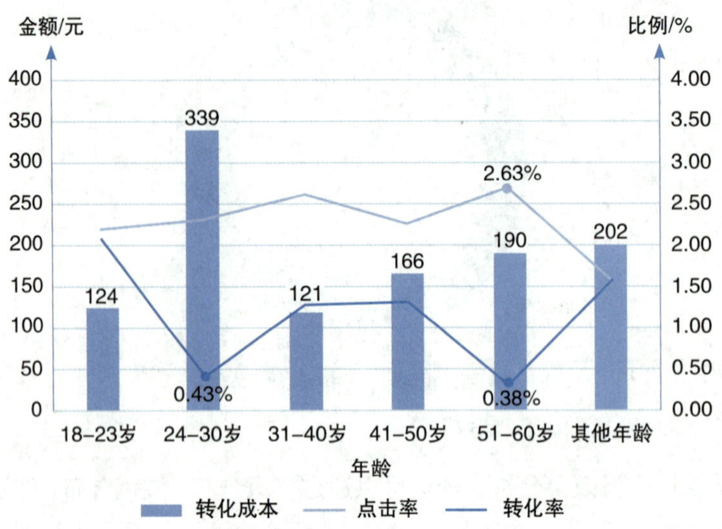

图4-11　某企业头条广告的转化数统计

(3) 行为定向效果分析。企业可以通过一级类目词、二级类目词、三级类目词、四级类目词和关键词分布查看不同行为定向目标受众带来的广告效果。某企业的目标受众行为分布数据如图 4-12 所示，所有行为分类定向的目标受众转化数据为“0”，这说明其定向方式可能存在问题，需要重新选择行为标签进行目标受众的定向。

数据详情　　行为分类　一级行为类目词　自定义列　下载表格

行为标签	标签层级	操作	消耗/元	展现量/次	点击量/次	平均千次展现成本/元	平均点击单价/元	点击率	展示数TGI	点击数TGI	转化数	转化成本/元	转化率	深度转化数
应用软件	一级行为类目词	添加标签	733.86	184098	5812	3.97	0.13	3.15%	148.27	158.44	0	0.00	0.00%	0
生活服务	一级行为类目词	添加标签	517.46	121597	4128	4.26	0.13	3.39%	357.99	360.41	0	0.00	0.00%	0
餐饮美食	一级行为类目词	添加标签	476.35	113493	3791	4.20	0.13	3.34%	238.02	251.04	0	0.00	0.00%	0
新闻资讯	一级行为类目词	添加标签	474.54	112234	3813	4.23	0.12	3.40%	393.60	385.98	0	0.00	0.00%	0
美妆护肤护理	一级行为类目词	添加标签	441.10	108592	3462	4.06	0.13	3.19%	107.61	123.28	0	0.00	0.00%	0
家居家装	一级行为类目词	添加标签	443.17	103847	3555	4.27	0.12	3.42%	314.53	315.97	0	0.00	0.00%	0
游戏	一级行为类目词	添加标签	392.28	102238	3094	3.84	0.13	3.03%	105.38	118.36	0	0.00	0.00%	0
服饰鞋帽箱包	一级行为类目词	添加标签	377.08	96627	2985	3.90	0.13	3.09%	93.36	104.14	0	0.00	0.00%	0
日用百货	一级行为类目词	添加标签	393.61	95309	3142	4.13	0.13	3.30%	195.32	194.83	0	0.00	0.00%	0
商务服务	一级行为类目词	添加标签	410.18	94319	3286	4.35	0.12	3.48%	441.04	472.34	0	0.00	0.00%	0

图4-12　目标受众行为分布

(4) 兴趣定向效果分析。与行为定向效果分析相同，企业在进行受众兴趣定向效果分析时，可以查看最高或最低的兴趣分类，有针对性地制定或调整相应的广告营销策略。某企业的兴趣分类分布数据如表 4-11 所示，其中生活服务兴趣定向下的转化率与其他兴趣分类基本持平，但转化成本较高，预算较低时需要考虑是否继续投放。

表4-11　兴趣分类分布数据

兴趣标签	标签类目	消费金额 / 元	展现量 / 次	点击量 / 次	平均千次展现成本 / 元	平均点击单价 / 元	点击率	转化量 / 次	转化成本 / 元	转化率	深度转化量 / 次	深度转化成本 / 元	深度转化率
旅游出行	一级兴趣类目词	4 621	51 863	6 437	89.10	0.71	12.41%	756	6.11	11.74%	0	0	0.00%
餐饮美食	一级兴趣类目词	4 019	40 662	5 883	98.84	0.68	14.47%	622	6.46	10.57%	0	0	0.00%
服饰箱包	一级兴趣类目词	2 503	23 632	4 484	105.92	0.56	18.97%	399	6.27	8.90%	0	0	0.00%
美容化妆	一级兴趣类目词	2 368	22 891	3 312	103.45	0.71	14.67%	351	6.74	10.60%	0	0	0.00%
教育培训	一级兴趣类目词	2 000	19 905	2 885	100.48	0.69	14.49%	311	6.43	10.80%	0	0	0.00%
生活服务	一级兴趣类目词	1 900	7 216	1 044	263.30	1.82	14.47%	110	17.27	10.54%	0	0	0.00%

（5）场景定向效果分析。场景定向效果可以分析节日场景、活动场景、气候天气、平台环境的定向效果。某企业通过全部平台定向和全部网络定向后的推广效果如图4-13所示，可以看出，目标受众主要使用的是Android版本手机，网络类型主要是Wi-Fi，广告预算较少时可只选择使用Android版本手机的目标受众和网络类型是Wi-Fi的目标受众。

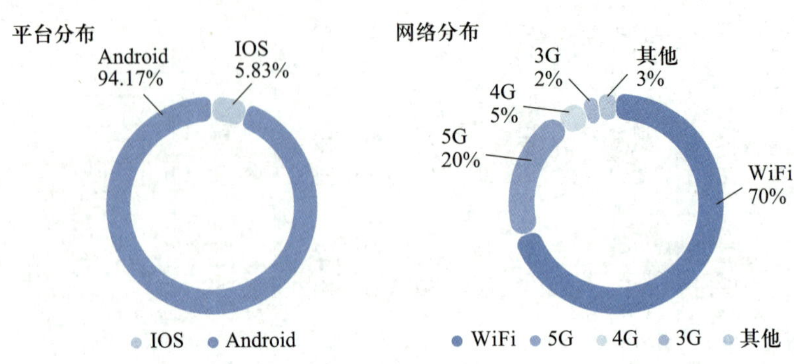

图4-13 平台与网络定向效果分布

4.3.2 推荐引擎广告数据优化

广告营销转化漏斗涵盖了整个广告投放流程，而推荐引擎广告营销优化通常就是在营销漏斗的进程中展开的。漏斗的每一层级都对应着营销的各个环节，反映了从展现量、点击量、访问量、咨询量，直到实际成交的客户数量及流失情况。因此，推荐引擎广告营销在进行优化时，可以按照营销漏斗各个环节进行优化，完成广告展现量、点击量、转化量的优化。

1. 广告展现量优化

通常情况下，影响广告展现量的主要因素是出价、投放预算、投放时段、受众定向，以及广告创意。

（1）出价。出价在很多情况下决定了广告是否有展现机会。以下是常见的一些错误出价方式，它们会导致投放广告的展现量比较低，针对这些问题进行出价优化可以提高展现量。

① 出价低于行业均值。如果广告出价低于行业均值，就可能会导致投放广告竞争力低，广告曝光量不足。特别是对于新的广告计划，前期出价应该略高于行业平均值，才能尽快抢占流量，增强展现。

② 新计划冷启动出价无竞争力。一般来说，在新设置一个广告计划时，建议适当调高出价，等有一定展现量后，再逐渐下调出价。如果产生的转化成本费用在可接受范围，可以不再调整出价，按原本出价继续投放即可。

③ 创意中的大图、组图和小图出价一致。通常情况下，创意中大图的出价要高于组图，组图的出价要高于小图。所以大图、组图和小图的出价应该按照此种方式来进

行推荐引擎广告展现量优化。

④ iOS 端和安卓端出价一致。实际在大盘流量中，iOS 端用户本身少于安卓端用户，所以在出价上，iOS 端的出价应该高于安卓端，以保证广告正常展示。

⑤ 品牌售卖旺季出价和平时一致。大盘流量属于客观因素并且存在波动性，遇到节假日或者电商节日等营销时机，推荐引擎广告会普遍出现展现量降低的情况，主要是品牌销售旺季多数企业都进行了加价。因此，企业若想获得更多的展现量，就需要适当提高出价。

(2) 投放预算。推荐引擎广告投放的展现量受广告计划预算的影响很大。因预算设置不合理导致展示量低的情况有以下几种，遇到这些情况时需要进行预算调整，从而提高广告展现量。

① 整体预算低时未集中安排好预算。如果推荐引擎广告投放选择平均预算的模式，广告预算在重点时间段内会出现预算不足停止投放的情况，这时展现量在全时段都会比较低；在前期预算不足的情况下，企业需要根据流量需求调整优化投放策略，比如将预算优先集中在有效的投放时间段或进行有效的受众定向。

② 新计划未设置较高预算。对于新广告计划，建议设置较高预算，保证初始的投放效果，同时紧盯总账户，在总体转化量到达一定量级时再进行调整优化，避免消耗过多费用。由于在广告投放前期对各个地区时段状况并不了解，优化推荐引擎广告时可以将预算消耗模式调整为匀速消费，以实现平稳过渡。

如果在推荐引擎广告营销中预算消耗过快，进行优化时可以考虑按照地域、平台等精细化分配预算；可以先分析一段时间内不同地域、不同平台或其他维度的消耗占比情况，再进行预算分配。

(3) 投放时段。通常中午、晚上是流量高峰期，因为在这两个时间段受众有更多的时间浏览媒体平台资讯，广告投放时间段的设定一般依据目标受众在推广平台上的活跃时间来确定，不恰当的投放主要表现如下，需要及时调整优化。

① 投放时段错误地避开了高峰时间段。投放计划中每天勾选的投放时段选择过短，错过了最佳优质时间段，导致展现量低；或者过早消耗完一天的预算，导致未能覆盖下午及晚上的优质时间段。此时应该对推荐引擎广告投放时间段的范围进行优化，有针对性地扩大广告投放时间段。

② 优质时间段出价无竞争力导致展现量低。广告在优质时间段出价不合理会导致竞争力低、广告展现量低，从而无法在竞争中获胜。推荐引擎广告营销平台主要针对用户的碎片化时间进行广告营销，诸如上下班通勤时间段、午休时间段都是平台流量的高峰期，优化时建议将抢量时间段提前 1~2 个小时，如在早上 5 点和下午 4 点提前提高出价，抢占流量。如果预算充足，优化时建议全天投放，尽量减少断档。

(4) 受众定向。在设置目标受众定向时应尽量避免以下操作，否则会出现展现量数据过小或定向不到目标受众的情况。

① 定向过于精准小众，导致覆盖受众过少。在没有数据支撑的情况下，建议前期的地域、兴趣定向不要过于精细，以免限制覆盖目标受众的范围。例如，某广告平台可以通过设置关键词的方式定向目标受众，而过于长尾的关键词往往覆盖的目标受众较少，限制定向到的目标受众数量，因此在进行优化时，建议关键词定向“宜大词忌长尾”。

② 多重定向重叠，导致定向过窄。如果同一账户下多个计划或单元选择了相同的定向会导致相互竞争。所以前期不建议同时采用关键词、兴趣两种定向方式，多重定向取交集，容易导致定向范围过窄。

因此，前期需要先大范围地定向目标受众，后期再根据获得的数据情况，逐步缩窄定向范围，进行精细化运营。当广告账户稳定之后再考虑开拓其他受众定向，避免前期制订过多的定向计划分散预算。

(5) 广告创意。创意、落地页等广告素材都存在自然衰退期，同一素材使用时间不宜过久。受众对持续、相同的广告创意会产生审美疲劳，从而降低关注度，这会导致该创意的历史点击率和转化率下降，从而削弱其竞争力。而且，推荐引擎能自动检测到并对同一个素材进行过滤，素材过久会导致流量获取能力持续减弱。

创意的点击情况也会影响展示量，广告创意质量高，点击率高，系统就会判定广告创意好，就会持续增加这条广告创意的推荐次数，进而增加其展示量。

2. 广告点击量优化

在广告展现量一定的情况下，创意质量、广告排名和目标受众精准度直接影响用户的点击量和点击率，因此在进行推荐引擎广告营销优化时，可以从这三个方面来优化广告点击量。

(1) 创意质量。创意质量主要是指创意的吸引力、创意图片质量、创意与受众的匹配程度、创意表现形式（一般而言，大图点击率高于小图点击率）等。

广告投放有“黄金 2 秒”的原则，目标受众浏览信息的速度很快，所以创意需要在 2 秒内让受众读懂。如果创意没有吸引力，不能很好地表达落地页内容，图片质量较差且不能满足目标受众的需求，就无法高效传递信息，也不能吸引目标受众点击。所以，创意要能吸引受众、调动受众情绪，才能提升点击量。

(2) 广告排名。在其他条件相同的情况下，广告排名越靠前，越有机会获得展现资格，点击量也会越高，因此要尽可能地提高广告排名位置。在进行广告点击量优化时，可以通过提高出价、提高创意质量等方式提高广告排名。

(3) 目标受众精准度。如果目标受众定向不精准，会导致受众对刷到的广告不感兴趣，也就不会产生点击行为。因此，在保证能够获得一定展现量的前提下，目标受众定向尽可能精准，在提高点击率的同时降低广告成本。

3. 转化量优化

目标受众通过广告创意进入落地页，通过转化实现企业的最终营销目标。影响转

化量的因素主要有以下三种:

(1) 目标受众精准度。目标受众精准度不高,对广告推广的产品或品牌的关注度就会较低,产生转化行为的概率也会较低,因此要提高目标受众的精准度。

(2) 页面内容。页面内容包括以下几方面:

① 与创意的相关性。当目标受众被创意卖点吸引并点击进入落地页面后,如果无法找到相应的内容,就会直接关闭页面。因此,落地页与创意的相关性直接决定转化量,落地页与创意要同时体现活动详情与品牌信息,承接用户转化及其他线上互动行为。

② 核心内容突出。受众浏览信息的速度较快,因此落地页要把最核心的卖点、活动信息放在首屏,确保目标受众进入落地页,能够一眼看到核心优势、卖点,以及引导转化的营销组件,加上引导用语或利益诱惑等,实现最终转化。

③ 页面结构简洁、明了、美观。通常来说,落地页的整体页面结构应该简洁、明了、美观,对于进行线索收集的企业来说,表单设计上一定要简化,同时应简化表单填写步骤,只需要引导目标受众填写主要信息即可,或者直接在表单最下方放置“立即拨打电话”之类的按钮。

(3) 页面加载速度。如果页面打开速度过慢,目标受众就会放弃浏览,选择关闭页面。因此广告落地页的页面不要过长,单张图片不要过大,否则会影响页面加载速度,产生无效点击,降低页面转化率。

(4) 客服销售能力。客服销售能力对转化量的影响主要体现在对主动打电话咨询产品或发起在线聊天的目标受众的转化行为的影响上。当目标受众产生咨询行为时,购买的意图就比较高,只要客服能够耐心、专业地讲解,就有可能促使受众产生进一步的转化行为。

职场透视

推荐引擎广告优化师的岗位职责

推荐引擎广告优化师的工作任务是提升广告推广效果。以下是某企业推荐引擎广告优化岗位的具体职责及任职要求,以供参考。

1. 岗位职责

(1) 负责百度、今日头条、广点通、凤凰新闻、知乎等媒体平台的推广及数据收集和分析。

(2) 利用统计工具跟踪分析投放效果,通过点击率(CTR)、均幅指标(ATR)、投资回报率(ROI)等指标对物料、落地页进行优化。

(3) 熟悉以上各大平台的投放逻辑及后台操作。

(4) 可以对账户的投放方式及相关问题做出判断,及时调整投放策略。

(5) 对平台展示创意有独到看法。

2. 任职要求

（1）熟悉信息流投放细节并可以指定有效的优化策略和落地执行方案。

（2）对目标受众需求敏感，对数字敏感，有较强的数据分析能力。

（3）有良好的沟通表达能力，有一定审美素养，有内容产出能力，有文案撰写能力。

（4）积极主动、踏实认真、善于沟通，有良好的团队合作精神及职业修养。

（5）有良好的账户把控能力，吃苦耐劳，服从公司及领导分配，能按时完成本职工作内容。

◆ 任务演练

演练任务3 落地页推广数据分析

1. 任务目标

- 能够根据推广结果，结合营销报表，完成落地页推广效果数据统计。
- 能够根据统计结果，结合营销目标，对落地页推广效果进行评估。

2. 任务背景

经过一段时间的落地页推广，某服装品牌的品牌流量得到了明显的提升。为了降低广告预算消耗速度，保证最大限度地获取商城首页的在线咨询，需要对前期的推广数据进行分析，通过数据间的联系分析推广过程中的问题，为进一步推广优化打好基础。有了此认知，周义决定根据落地页推广效果数据报表，统计展现量、点击量等主要的营销数据，分析推广账户各指标维度，对落地页推广效果进行整体评估。

3. 任务分析

对落地页推广数据进行统计，主要是从账户数据、受众基础属性、受众行为、受众兴趣四个维度进行点击量、展现量等指标的分析。

根据统计到的营销数据，结合营销漏斗模型，分析影响广告投放环节的种种因素，发现广告投放过程中的问题，从而进行下一阶段的优化调整。

4. 任务操作

（1）结合落地页推广数据，分别找到与账户数据、受众基础属性、受众行为、受众兴趣相关的指标分析报表。

（2）记录与账户数据、受众基础属性、受众行为、受众兴趣相关的指标。

（3）根据落地页的推广数据，结合营销漏斗模型，分析影响广告投放环节的种种因素，发现广告投放过程中的问题，完成表4-12和表4-13。

表4-12 落地页效果分析表——按展现量排序

序号	性别分布	年龄分布	地域分布	时段分布	App行为分布	手机品牌分布	兴趣分类分布	兴趣关键词分布
1								
2								
3								
4								

表4-13 落地页效果分析表——按点击量排序

序号	性别分布	年龄分布	地域分布	时段分布	App行为分布	手机品牌分布	兴趣分类分布	兴趣关键词分布
1								
2								
3								
4								

5. 任务评价

本任务评价见表 4-14。

表4-14 落地页推广数据分析任务评价

评价方式	客观评价
评价内容	能分析推广效果的流程与流失数据
	对目标受众的地域、时段分布数据进行分析
	对目标受众的基础属性数据进行分析
	对目标受众的行为与兴趣数据进行分析

6. 任务拓展

(1) 此实训任务是以落地页推广为目标的推荐引擎广告营销效果数据的分析及优化，请结合落地页推广数据分析的思路，完成线下门店、电商店铺的推荐引擎广告营销数据分析。

(2) 请结合本任务的技能学习，完成数码行业某企业的推荐引擎广告营销数据分析。

1 + X证书知识训练

一、单项选择题

1. 针对母婴用品感兴趣的受众，定向“女性、25—35 岁、已婚”的目标受众，这种目标受众定向方式属于（　　）。

A. 基础属性定向　　B. 兴趣定向

C. 行为定向　　D. 场景定向

2. 某推荐引擎广告的出价方式为 CPC，广告出价为 0.2 元，广告预估点击率为 50%，那么它的广告展示预估收益（ECPM）为（　　）。

A. 0.1　　B. 0.2

C. 100　　D. 200

3. 金融、汽车、房地产、出国游学等行业，客源重合度高，价格自然就会水涨船高。这类人群适合采用（　　）的出价方式。

A. 先高价后调价　　B. 紧俏的资源高出价

C. 旺季高出价　　D. 热门人群高出价

4. 在推荐引擎广告营销过程中，不利于提高转化量的落地页内容是（　　）。

A. 页面内容与创意相关　　B. 核心内容突出

C. 有活动信息放在落地页首屏　　D. 落地页页面内容丰富，页面可以长一点

5. 推荐引擎广告展现量高、点击量高、页面访问量低时，要着重排查的问题是（　　）。

A. 广告定向设置是否过窄　　B. 创意内容是否与目标用户群体相关

C. 页面打开速度是否过慢　　D. 页面设计是否符合用户体验

二、多项选择题

1. 常见的广告扣费规则有按（　　）扣费。

A. 点击　　B. 展现

C. 时间周期　　D. 转化

2. 下列属于预估点击率影响因素的有（　　）。

A. 历史点击率　　B. 创意相关性

C. 落地页质量　　D. 账户的历史表现

3. 下列关于推荐引擎的内容推荐原则，描述正确的有（　　）。

A. 所推荐的内容必须合规　　B. 标题中有错别字不影响内容推荐

C. 侵犯著作权的内容影响平台推荐　　D. 内容质量高利于平台推荐

4. 按照展现出价的出价方式是（　　）。

A. CPA　　B. CPM

C. CPV　　D. OCPM

5. 广告投放进行目标受众定向时，以下属于平台环境定向的有（　　　　）。

A. 气温定向　　　　B. 手机品牌定向

C. 化妆指数定向　　　　D. 网络类型定向

三、判断题

1. 内容发布后反复修改不利于内容的推荐。（　　）
2. 在首次推荐的反馈信息中，转发数的权重最高。（　　）
3. 推荐引擎广告排名只受预估点击率的影响，和出价无关。（　　）
4. 推荐引擎在推荐信息的过程中，对于点击率低的内容会增加二次推荐，以增加内容的点击率。（　　）
5. 一般来说，在新设置一个广告计划时，建议适当调高出价；等有一定展现量后，再逐渐下调出价。（　　）

项目 5

数字广告效果分析与综合应用

学习目标

素养目标

- 树立数据合规意识，引导学习者合理规范地使用数据，维护消费者权益，保护消费者数据隐私
- 以效益为目标，以法律为准绳，杜绝不正当竞争和虚假宣传行为
- 培养学习者统筹规划的能力，使其能为实现特定的数字广告营销目标提出新颖的思路与对策

知识目标

- 掌握数字广告整合营销的过程与方法
- 了解数字营销效果分析的思路和方法
- 掌握数字广告效果评估的过程与方法

技能目标

- 能够根据企业品牌信息与营销需求，结合目标受众的特征，进行推荐引擎广告营销；借助搜索引擎进行搜索排名优化与搜索竞价排名广告营销
- 能够通过搜索引擎与推荐引擎营销，增加企业广告信息的展现量和点击量，提升品牌认知度，实现品牌传播的目的
- 能够结合效果分析方法，选择效果评估指标与样本数据，完成不同渠道的广告效果综合评估

思维导图

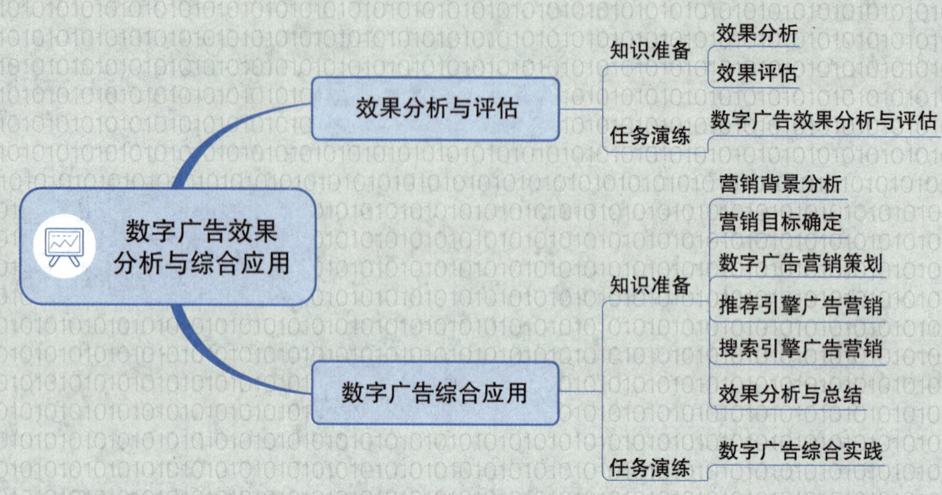

学习计划

素养提升计划

知识学习计划

技能训练计划

案例导入

瞪羚企业与独角兽企业的市场营销策略

瞪羚企业、独角兽企业均指高成长性科技企业。瞪羚企业是指跨过创业初期后，在较短时间内以超常规速度发展，并且无论在技术、商业模式还是产业组织形式上都有强大创新能力的企业。这类企业犹如非洲草原上具有极强奔跑和跳跃能力的群居动物瞪羚一样，虽然个头不大，但是跑得快、跳得高，被认为具有发展成为独角兽企业的潜质。独角兽企业，一般指成立时间不超过10年、估值超过10亿美元，且具备独有核心技术、独特竞争优势和市场潜力的未上市公司。

瞪羚企业与独角兽企业在成长之路上，通过一定的市场营销策略，可以实现品牌价值最大化：

1. 明确目标受众，提高广告精准度

通过市场调研和数据分析，明确目标受众的年龄、性别、地理位置、兴趣爱好等信息，从而制定更具有针对性的广告策略，有助于企业更精准地投放广告，提高广告的曝光率和转化率。

2. 灵活控制预算，优化广告效果

数字广告在预算方面非常灵活，企业可以根据自身需求和资金状况调整广告投放的预算和规模。通过定期监测广告的展示量、点击量、转化率等关键指标，了解广告效果，并有针对性地进行优化调整。例如，调整广告的标题、图片、关键词等，以提升广告的吸引力和点击率。

3. 创新广告形式，提升品牌形象

数字广告的创意设计是吸引用户注意和引起兴趣的关键。通过独特的创意设计和视觉呈现，企业可以突出广告的主要信息、产品特点或差异化优势，从而提升品牌形象和用户认知度。数字广告可以通过图文、音频、视频、H5等多种媒体形式呈现，为用户提供更加丰富而生动的广告体验。

4. 拓宽营销渠道，扩大市场覆盖

数字广告可以通过网站、社交媒体、搜索引擎等多种渠道投放，覆盖更广泛的用户群体。这有助于企业拓宽营销渠道，扩大市场覆盖范围和品牌影响力。企业也可以将数字广告与其他营销手段相结合，形成整合营销传播。通过线上线下联动、大屏小屏共振等方式，实现多渠道、多形式的营销传播，提升品牌知名度和市场竞争力。

引思明理：

2024年7月30日，中共中央政治局召开会议，分析研究当前的经济形势，

部署下半年的经济工作。会议指出，要培育壮大新兴产业和未来产业，有力有效支持发展瞪羚企业和独角兽企业。独角兽企业作为具备强大创新能力和巨大成长潜力的企业群体，是衡量一个国家和地区创新能力与创新生态的重要风向标，也是提升国际竞争力和区域竞争力的重要市场主体。为了让“瞪羚”企业跑得更快、跳得更高，让“独角兽”的成长环境和竞争环境更优良，我国正在建立梯度培育体系，从政策扶持到金融赋能，为企业发展营造更优越的创新生态。站在新的历史起点，瞪羚企业、独角兽企业大有可为，也必将大有作为。

任务5.1
效果分析与评估

◆ 任务描述

广告效果分析是衡量广告质量的重要手段。通过广告效果分析，可以发现广告存在的问题，方便企业有针对性地调整广告策略，这是企业提高数字广告营销活动效果的有效方法。数字广告效果分析需要工作人员按照科学的效果分析思路，采用合理的效果分析方法，对各个渠道的营销效果进行分析与评估，为数字广告营销优化方向提供数据支撑。本任务的主要工作流程包括：

（1）获取并清洗各渠道的广告效果数据；

（2）根据营销目标选取分析指标；

（3）从多种维度进行营销效果分析与评估；

（4）通过营销效果与营销目标的对比，确定优化方向。

◆ 知识准备

5.1.1 效果分析

要分析数字广告营销效果，应先确定效果分析思路，再选择合适的效果分析方法，完成效果分析。

1. 确定效果分析思路

数字广告营销效果数据可以按照以下思路分析：

（1）根据营销目标，确定效果分析的关键指标。

（2）按照每周、每月、每季度收集数据，或在指定时间跨度范围内汇总效果数据，进行关键指标数据的趋势分析和具体时间点分析，找出优势与劣势。

（3）进行不同渠道效果数据的对比，分渠道、多维度细化分析关键指标。

（4）基于以往的数据报告和分析结论，根据新的数据分析和市场洞察情况设计新的广告投放方向并制定优化方案，充分挖掘市场潜力，推动整个营销活动进入正向发展循环。

博文约礼

数据合规性

在国家政策不断明晰、行业监管持续加强的背景下，数据合规时代已全面到来。对于很多企业来说，数据就是核心资产，数据的合规与安全成了企业无法回避的话题。如何排除数据风险，切实做到数据合规，是许多企业亟须解决的问题。数据合规风险主要有以下几种：

1. 侵犯个人信息

许多App在使用之前会向用户请求各种授权，包括位置信息、通信录、摄像头、录音权限等。在这种索要授权的过程中，可能产生侵犯个人信息的数据风险。在App过度收集用户信息时，哪怕用户同意，仍然可能不合规。

2. 侵犯商业秘密

商业秘密是企业的重要数据，侵犯企业的数据安全，可能会侵犯企业的商业秘密。例如，客户名单受商业秘密保护，通过非法手段获取他人的客户名单时，就会侵犯其商业秘密。

3. 不正当竞争

侵犯他人数据的行为还可能构成不正当竞争，给企业带来涉诉风险。例如，在大数据引发不正当竞争第一案——新浪微博诉脉脉非法获取其用户信息的案件中，脉脉未经用户允许和微博平台授权，非法抓取、使用新浪微博的用户信息，非法获取并使用脉脉注册用户手机通信录的联系人与微博用户的对应关系，对新浪微博构成不正当竞争。

4. 虚假宣传和虚假广告

此类风险最常见的表现形式是通过刷单为店铺增加交易量，提高信誉，即人们常说的“刷单炒信”行为。“刷单炒信”意味着“虚构交易”，并利用虚构交易进行“虚假宣传”，此类行为违反《中华人民共和国反不正当竞争法》和《中华人民共和国电子商务法》，可能为企业带来行政处罚。

5. 侵犯计算机、信息网络违法犯罪

（1）在数据获取环节，如果采用违法方式获取数据，会给企业带来以下刑事风险：

① 利用爬虫工具非法侵入国家事务、国防建设、尖端科学技术领域的计算机信息系统的，可能构成“非法侵入计算机信息系统罪”。

② 利用爬虫工具规避网站经营者设置的反爬虫措施，非法获取信息的，可能涉嫌“非法获取计算机信息系统数据罪”。

③ 干扰“被爬”网站的正常运营，可能构成“破坏计算机信息系统罪”。

④ 如果是提供专门用于侵入、非法控制计算机信息系统的爬虫工具，或者明知他人实施侵入，非法控制计算机信息系统的违法犯罪行为而为其提供爬虫工具，可构成“提供侵入、非法控制计算机信息系统程序、工具罪”。

（2）在数据存储、管理环节，如果企业作为网络服务提供者不履行法律、行政法规规定的信息网络安全管理义务，经监管部门责令采取改正措施而拒不改正，导致违法信息大量传播、用户信息泄露等，可能构成拒不履行信息网络安全管理义务罪。

为了规范数据处理活动，保障数据安全，促进数据开发利用，保护个人和组织的合法权益，维护国家主权、安全和发展利益，2021年6月10日，第十三届全国人民代表大会常务委员会第二十九次会议通过了《中华人民共和国数据安全法》，自2021年9月1日起施行。按照总体国家安全观的要求，《中华人民共和国数据安全法》明确数据安全主管机构的监管职责，建立健全数据安全协同治理体系，提高数据安全保障能力，促进数据出境安全和自由流动，促进数据开发利用，保护个人、组织的合法权益，维护国家主权、安全和发展利益，让数据安全有法可依、有章可循，为促成我国的数字化转型，构建数字经济、数字政府、数字社会提供法治保障。

2. 选择效果分析方法

（1）趋势分析法。趋势分析法又叫比较分析法、水平分析法，主要通过连续的相同指标或比率进行定基对比或环比对比，得出数据变动的方向、数额和幅度，分析整体变化趋势。主要分析维度有时段趋势、逐日趋势、逐周趋势、逐月趋势、逐季趋势等，目的是根据自身行业，针对不同时间的趋势情况进行广告策略调整。某企业品牌官网的浏览量和访客数的变化趋势如图5-1所示。

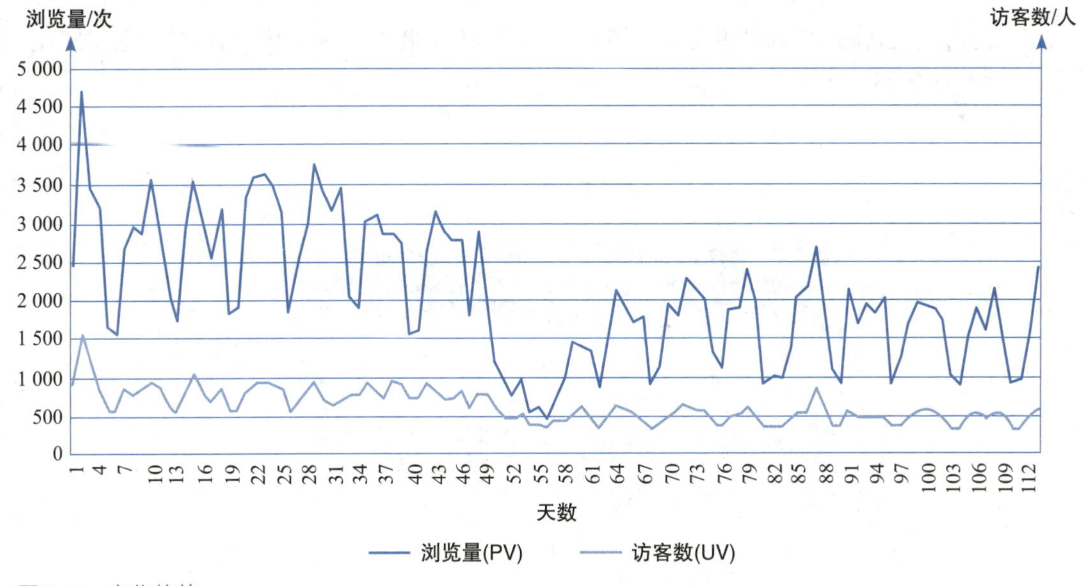

图5-1　变化趋势

（2）TOP—N分析法。TOP—N分析法基于汇总数据的前N名，与其余汇总数据进行对比，得到最主要的数据占比。TOP—N分析法有很多实际运用，如关键词分析、受众分析等。在运用 TOP—N 分析法时，应选取消费额、展现量、点击量、点击率等数据中最高或最低的关键词和目标受众进行重点分析。当广告计划与广告单元数量较多时，同样可以进行广告计划与广告单元分析，如表 5-1 所示。可以先按广告消耗进行降序排序，找出消耗 80% 费用的前 20% 的广告单元，再对这些广告单元进行详细分析，找出消费高的原因。

表5-1 利用TOP—N分析法分析广告单元

广告计划	广告单元	点击率 /%	转化率 /%	消费额 / 元	展现成本 / 元	点击成本 / 元
数码家电	手机通信	4.26	3.36	4 000	16	0.54
	摄影设备	3.88	5.58	2 300	10	0.56
	计算机配件	5.92	4.17	1 500	25	1.02
	手机配件	4.42	3.21	645	12	0.35
	网络设备	4.41	5.04	367	13	0.26

（3）四象限分析法。四象限分析法通常提取两个最核心的指标，每个指标都以某一标准为界，分为高和低两部分，将全部样本划分为四个象限后再进行数据分析。

在搜索竞价排名广告营销和推荐引擎广告营销中，企业经常会用四象限模型来分析关键词和目标受众定向的效果。某搜索竞价排名广告关键词的四象限分析模型如图 5-2 所示，它以关键词的转化量和转化成本为指标，将全部关键词划分为四类，对应不同的优化策略，企业可以有的放矢地进行优化。

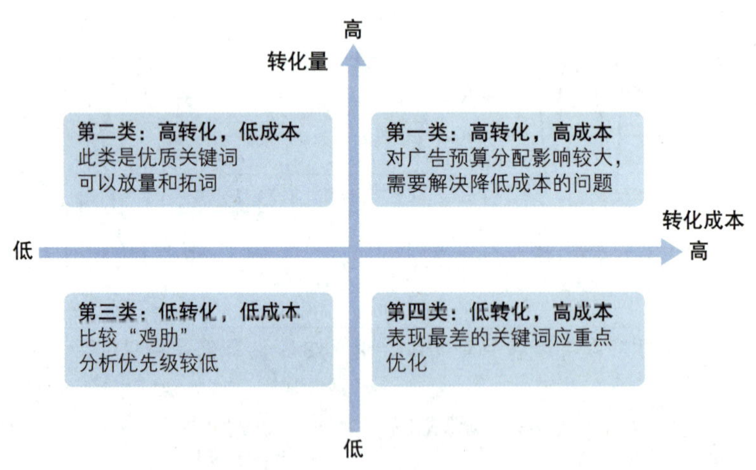

图5-2 搜索竞价排名广告关键词的四象限分析模型

除了使用转化量和转化成本这两个核心指标划分四象限进行分析，还可以加入一个指标，构建散点图进行分析。比较常见的是加入“广告消费”维度的分析。如图 5-3 所示的散点图展现了搜索竞价排名广告营销中各类关键词的数据情况。在该图中，横坐标是转化成本，纵坐标是转化量，圆形气泡面积表示广告消费金额。

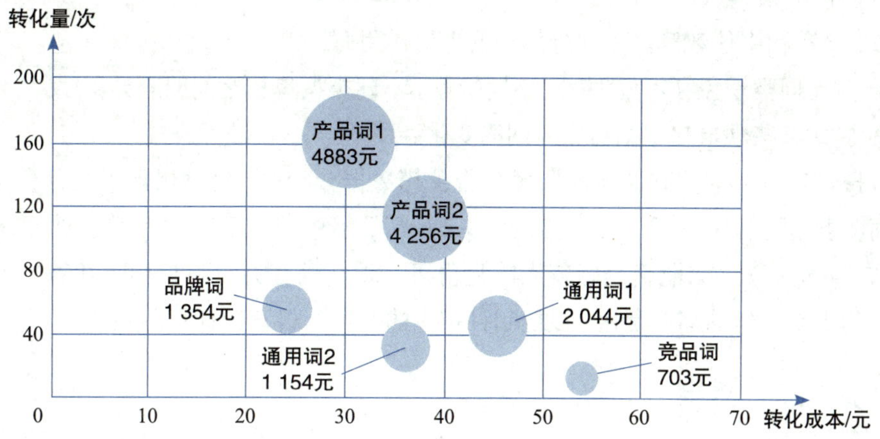

图5-3　搜索竞价排名广告关键词数据分析的散点图

通过分析可以看出，产品词1（4 883元）和产品词2（4 256元）是广告消费的主力，带来了可观的转化量，是需要重点维护的关键词；同时，以平均目标转化成本40元为基准，产品词1的成本较低，可以再进行大量广告投放。如果广告预算有限，则可以考虑削减通用词1和竞品词的预算，实现搜索竞价排名广告营销整体效果的进一步优化。

（4）对比分析法。对比分析法是指将两个或两个以上的数据进行比较，分析它们的差异，从而揭示这些数据所代表的事物发展变化情况和规律性。对比分析法的特点是能够直观地发现事物某方面的变化或差距，并且可以准确、量化地表示出这种变化或差距是多少。对比分析法可以分为静态比较和动态比较两类。静态比较是在同一时间条件下对不同总量指标的比较；动态比较也叫纵向比较，是在同一总体条件下对不同时期指标数值的比较。可根据企业的实际情况采用不同的维度进行对比分析，静态比较和动态比较两种方法既可以单独使用，也可以结合使用。进行对比分析时还要考虑并注意以下三个方面：

① 指标的口径范围、计算方法和计量单位要一致，要用同一种单位或标准去衡量。如果各指标的口径范围不一致，必须调整后才能进行对比。没有统一的标准就无法比较。例如，推荐引擎广告账户报告中既有推广计划报告，也有推广单元报告，但二者的层级不同，不可直接进行对比。

② 有可比性。在选择和确定对比对象时，一定要分析它们是否具有对比的意义。例如，某公司有两个推荐引擎广告账户，A账户的推广地域主要是在北上广深一线城市，B账户的推广地域主要是在云南、贵州、西藏等地区，地域差异性较大。因此不能拿这两个账户的消费情况进行对比。

③ 对比的指标类型一致。在进行对比分析时，对比的指标必须一致。例如，广告

账户中的展现量、点击率属于不同类型的数据指标，无法进行对比。

（5）平均分析法。平均分析法是指运用计算平均数的方法来反映总体在一定时间和地点条件下某一数量特征的一般水平。平均指标有算术平均数、调和平均数、几何平均数、众数和中位数等。平均分析法的主要作用有：

① 对比同类现象在不同地区、不同行业、不同类型单位之间的差异程度。

② 对比某些现象在不同历史时期的变化。

在搜索竞价排名广告和推荐引擎广告营销数据分析中，经常用到平均分析法。某公司每月推荐引擎广告平均消费如表 5-2 所示，从中可以看出每月消费的平均值为 14 877.04 元，与平均消费差距较大的月份可以重点关注并分析原因。计算平均数有利于预测未来一年的消费费用，以便制订相应的数字广告营销计划。

表5-2 推荐引擎广告平均消费金额

月份	消费金额 / 元
1月	12 453.56
2月	10 256.47
3月	12 458.23
4月	15 632.79
5月	17 581.21
6月	16 578.22
7月	18 452.92
8月	14 521.62
9月	13 598.24
10月	17 563.29
11月	16 152.58
12月	13 275.36
平均值	14 877.04

（6）分组分析法。数据分析不仅要对总体的数量特征和数量关系进行分析，而且要深入总体内部进行分组分析。分组的目的是进行组间对比，把总体中具有不同性质的对象区分开来，把性质相同的对象合并在一起，保持各组内对象属性的一致性和组与组之间属性的差异性，以便进一步运用各种数据分析方法来解析内在的数量关系，并进行不同组之间的对比。因此，分组分析法可与对比分析法结合运用。

（7）交叉分析法。交叉分析法又称交叉表分析法，它同时将两个有一定联系的变量及其值交叉排列在一张表格内，使各变量值成为不同变量的交叉结点，形成交叉表，从而分析交叉表中变量之间的关系。某企业 5 月 1 日至 5 月 7 日不同渠道推广方式的消费情况如表 5-3 所示。

表5-3　某企业5月1日至5月7日不同渠道推广方式的消费情况

日期	推广渠道	展现量 / 次	点击量 / 次	消费额 / 元
5 月 1 日	360 搜索	23 445	3 645	18 115.65
5 月 1 日	百度搜索	24 185	3 850	20 020.00
5 月 1 日	今日头条	26 906	4 120	22 660.00
5 月 2 日	360 搜索	29 943	3 915	13 663.35
5 月 2 日	百度搜索	31 367	4 095	15 151.50
5 月 2 日	今日头条	33 826	4 327	17 308.00
5 月 3 日	360 搜索	33 525	4 491	13 922.10
5 月 3 日	百度搜索	36 082	4 708	16 948.80
5 月 3 日	今日头条	40 298	4 995	19 980.00
5 月 4 日	360 搜索	45 153	4 837	23 943.15
5 月 4 日	百度搜索	47 281	5 002	25 510.20
5 月 4 日	今日头条	49 023	5 264	28 425.60
5 月 5 日	360 搜索	48 294	5 355	26 935.65
5 月 5 日	百度搜索	49 878	5 579	31 969.60
5 月 5 日	今日头条	51 238	6 032	33 779.20
5 月 6 日	360 搜索	43 281	4 122	18 301.68
5 月 6 日	百度搜索	44 283	4 389	20 628.30
5 月 6 日	今日头条	46 832	5 302	26 510.00
5 月 7 日	360 搜索	45 522	3 933	13 568.85
5 月 7 日	百度搜索	47 926	4 089	15 538.20
5 月 7 日	今日头条	48 329	4 920	20 172.00

在表 5-3 中，推广渠道和消费额既不同列也不同行，这时就需要通过交叉分析法，得出 5 月 1 日至 5 月 7 日不同商品线的消费额情况，整理后的数据如表 5-4 所示。

表5-4 某企业5月1日至5月7日不同商品线的消费额情况

单位：元

日期	不同推广渠道的消费额			消费总额
	360 搜索	百度搜索	今日头条	
5月1日	18 115.65	20 020	22 660	60 795.65
5月2日	13 663.35	15 151.5	17 308	46 122.85
5月3日	13 922.1	16 948.8	19 980	50 850.90
5月4日	23 943.15	25 510.2	28 425.6	77 878.95
5月5日	26 935.65	31 969.6	33 779.2	92 684.45
5月6日	18 301.68	20 628.3	26 510	65 439.98
5月7日	13 568.85	15 538.2	20 172	49 279.05
总计	128 450.43	145 766.6	168 834.8	443 051.83

通过交叉表对比分析，可以得出：行小计为不同日期所有渠道的消费情况，如 5 月 1 日不同渠道的消费总额为 60 795.65 元；列小计为所有日期不同渠道的消费情况，如 5 月 1 日至 5 月 7 日 360 搜索推广渠道的消费总额为 128 450.43 元；各交叉结点值为不同日期、不同推广渠道的消费情况，如 5 月 3 日百度搜索推广的消费额为 16 948.8 元；“总计消费总额”表示所有日期所有渠道的消费总额为 443 051.83 元。

（8）漏斗分析法。漏斗分析法是用类似漏斗的框架进行分析的一种方法，能对研究对象在“穿越漏斗”时的状态特征进行时序类、流程式的刻画与分析，其作用是“定位问题节点”，找到出现问题的业务环节。漏斗分析法常用于流失分析，可以分析主要流失的业务环节和流失原因，其最终目的都是不断减少流失率。

广告类型和转化目标不同，漏斗框架也有细微差异。例如，在应用商店的付费推广中，漏斗框架为：曝光量→下载量→激活量→注册量→新客量（衡量标准各有不同）；在以获取销售线索为核心目标的营销中，转化漏斗为：展现量→点击量→落地页访问量→有效销售线索量。构建漏斗框架，检测营销漏斗的各项数据（如展现量、点击量、消费量、平均点击价格等），可以有针对性地分析数字广告在哪个环节出了问题，并进一步分析原因，从而为数字广告指明优化方向。

职场透视

广告数据分析师的岗位职责

广告数据分析师要有数据分析和数据挖掘的理论基础、数据分析的思维和视野、数据分析和数据挖掘的落地应用能力等。下面是某企业广告数据分析师的岗位职责，以供参考。

（1）研究并熟悉主流程序化广告算法和策略。

（2）分析广告效果以及数据成效，寻找解决方案，提升转化效率。

（3）持续跟进平台数据，梳理影响关键指标的变量和归因。

（4）进行日常报表和A/B TEST的规划和决策。

（5）主导并与业务团队配合，完成整个数据化驱动业务项目的计划制订和实施。

5.1.2 效果评估

在数字经济时代，目标受众的兴趣和注意力更加分散，上网行为更加碎片化，流量获取来源也就更加分散。企业不可避免地要同时选择多个广告投放渠道，同时也要涵盖不同类型的广告媒体，如社交类、娱乐类、工具类等；也可能要涉及不同的广告类型，如搜索竞价排名广告、推荐引擎广告、社交广告、线下数字广告等，企业需要对多种渠道的广告效果进行评估，有针对性地制定优化策略。多广告渠道的整体效果评估可以按照评估指标选取、样本数据选取、数据标准化、指标权重确定、效果综合评分与优化、广告策略优化的步骤进行。

例如，某旅游服务公司通过多种广告渠道推广一款综合旅游服务 App，主要的营销渠道有 10 个，涵盖搜索竞价排名广告、推荐引擎广告、应用商店广告等不同类型。该公司的营销目标是在 20 万元的日均广告预算下进行广告投放，应用商店广告 App 注册成本单价不高于 40 元，搜索竞价排名广告 App 注册成本单价不高于 36 元，推荐引擎广告的注册成本单价不高于 30 元。下面以该公司的效果数据为例，查看效果评估的过程。

1. 评估指标选取

营销目标不同，关注的数据指标也不相同。一般来说，最重要的两个指标是转化量和转化成本，在此基础上可以适当关注投放稳定性、转化量增长性等评估指标。下面选取转化量、转化成本、投放稳定性、转化量增长性四个维度的数据指标构建综合效果评分模型。

（1）转化量。转化量代表渠道的转化能力，也是区分渠道大小的重要指标，主要是统计周期内日均转化量的算术平均值。

（2）转化成本。转化成本代表渠道的投入成本，在目标受众质量相对稳定的条件下，转化成本与投入产出比直接相关，主要统计周期内的平均转化成本。

（3）投放稳定性。投放稳定性代表了渠道长期稳定投放的可能性，间接影响着营销人员对预算消耗和广告投放渠道的管理。该指标主要通过转化量和转化成本的离散系数[①]来衡量。

---

① 离散系数是统计学上常用的一个统计量，是样本标准差与平均值之比，用来衡量各观测值的离散程度。离散系数越大，稳定性相对越差。

(4) 转化量增长性。转化量增长性是以表现较好的一半数据为参照，评估整个渠道流量的增长空间。在计算时要将主要统计周期内的转化量按降序排列，可以取前50% 的转化量平均值与整体平均值之比。

2. 样本数据选取

在选取样本数据时，要考虑数据是否能够代表统计周期内各广告营销渠道的正常投放效果。在选取样本数据时，一般以日数据为最小单位，选取连续若干周作为统计周期。另外，要对部分“离群值”进行剔除，即删除明显偏高或偏低的数据。可以将每个渠道统计周期内的平均值和标准差计算出来，以 ±2 倍的标准差为界限，将超出这个界限的样本作为“离群值”剔除。

平均值和标准差均可以用 EXCEL 公式快速计算，其中平均值计算函数为 AVERAGE 函数，标准差计算函数为 STDEV 函数。标准差也被称为标准偏差或者实验标准差，是方差的算术平方根。在概率统计中，常使用标准差作为统计分布程度的测量依据。标准差可以反映一个数据集的离散程度。例如，计算从 B2 到 B36 单元格的平均值和标准差，平均值的计算公式为“=AVERAGE（B2：B36）”，标准差的计算公式为“=STDEV（B2：B36）”。

行业洞察

人工智能与数据分析

随着数据规模的爆炸性增长，传统的数据分析方法面临着巨大的挑战，而人工智能技术以其强大的计算能力和智能算法，成为处理庞大数据集的得力助手。通过自动化的数据清洗、特征选择、模式识别和预测分析等手段，人工智能能够从海量数据中提取有价值的信息和见解，为决策制定、业务优化和创新提供强有力的支持。

与传统的数据分析方式相比，人工智能在数据分析中的优势体现在以下几方面：

1. 从上下文理解数据输入

人工智能具备在特定环境中解读信息的能力，能够综合考虑各种因素，从而提供更准确、更相关的分析。这种对数据细微差别和含义的理解，使其超越了单纯的数字处理，提供更深入、更全面的数据洞察。

2. 自然语言查询

借助大语言模型，用户可以使用日常语言与数据系统进行交互，使得复杂的数据分析变得直观且友好。这一功能不仅简化了数据分析过程，而且使非技术人员也能轻松获取和理解数据信息。

3. 支持自动化和实时分析

能够自动执行重复、耗时的数据处理任务，显著提高数据分析的效率。同时还能进行实时分析，提供即时、准确的见解，使企业能够迅速应对市场变化，抓住商业机遇。

4. 识别模式、相关性和关系

在大型数据集中，人工智能可以发现复杂而微妙的关联，为准确预测市场趋势和消费者行为提供有力支持。这种能力使其成为企业战略规划和决策的重要依据。

5. 提高数据质量和准确性

通过完善信息和识别异常值，人工智能可以确保数据的高质量和准确性。这为企业提供了可靠的数据基础，降低了因错误信息导致决策失误的风险，增强了企业战略的可信度。

6. 数据处理的可扩展性

人工智能在面对不断增加的数据量或更复杂的数据处理需求时，能够轻松地增加资源(如计算能力、存储容量等)，从而保持高效、稳定的处理性能。

随着技术的不断发展，机器学习和人工智能将在未来发挥更加重要的作用，帮助企业和组织更好地处理和分析大规模、复杂的数据，提高决策的效率和精确性。同时，也需要不断克服机器学习算法的可解释性、速度和数据质量等问题，以推动机器学习和人工智能在数据分析中的进一步发展。

对样本数据进行处理后，首先要计算 App 在各广告渠道的日均注册量、注册量标准差、平均注册成本和注册成本标准差，如表 5-5 所示。样本数据选择广告营销渠道 35 天的数据，经过对离群值的剔除，再次计算得到各广告营销渠道的日均注册量、注册量标准差、平均注册成本、注册成本标准差。其中，日均注册量和平均注册成本对应评估指标中的转化量和转化成本。

表5-5　App在各广告渠道的日均注册量、注册量标准差平均注册成本、注册成本标准差

广告渠道		日均注册量 / 次	注册量标准差	平均注册成本 / 元	注册成本标准差
应用商店广告	华为	1 471	220.65	46.20	8.778
	vivo	717	136.23	41.70	5.421
	小米	293	79.11	51.30	9.234
	应用宝	1 419	170.28	43.10	3.448
	百度	231	32.34	34.90	5.933
搜索竞价排名广告	百度	324	19.44	29.10	3.492
	360	229	20.61	29.30	3.516
推荐引擎广告	今日头条	245	31.85	22.50	3.375
	百度	195	25.35	23.60	3.068
	腾讯新闻	129	16.77	29.20	3.504

接下来计算投放稳定性的数据指标。各广告渠道的转化数据的离散系数如表 5-6 所示。计算出各渠道的日均注册量和平均注册成本的离散系数（计算公式如下）。同时将这两个指标的和计为该渠道的综合离散系数，用于衡量该渠道的投放稳定性。离散系数越小，稳定性越好。

$$离散系数=\frac{标准差}{平均值}$$

表5-6　各广告渠道的转化数据的离散系数

广告渠道		日均注册量离散系数	平均注册成本离散系数	综合离散系数
应用商店广告	华为	0.15	0.19	0.34
	vivo	0.19	0.13	0.32
	小米	0.27	0.18	0.45
	应用宝	0.12	0.08	0.20
	百度	0.14	0.17	0.31
搜索竞价排名广告	百度	0.06	0.12	0.18
	360	0.09	0.12	0.20
推荐引擎广告	今日头条	0.13	0.15	0.27
	百度	0.13	0.13	0.26
	腾讯新闻	0.13	0.12	0.24

最后计算转化量增长性。各广告渠道的转化量增长性指标如表 5-7 所示。前 50% 日均注册量均值与日均注册量的比值就是转化量增长性指标，该指标一般大于 1，该指标的数值越大，说明对应渠道转化量的增长空间越大。

表5-7　各广告渠道的转化量增长性指标

广告渠道		前 50% 日均注册量均值 / 次	日均注册量 / 次	前 50% 与全部日均注册量的比值
应用商店广告	华为	1 646	1 471	1.12
	vivo	824	717	1.15
	小米	357	293	1.22
	应用宝	1 552	1 419	1.09
	百度	260	231	1.13

续表

广告渠道		前 50% 日均注册量均值 / 次	日均注册量 / 次	前 50% 与全部日均注册量的比值
搜索竞价排名广告	百度	340	324	1.05
	360	247	229	1.08
推荐引擎广告	今日头条	272	245	1.11
	百度	217	195	1.11
	腾讯新闻	143	129	1.11

3. 数据标准化

动画：数据标准化

数据标准化是将数据按比例缩放，使不同量级、不同单位的数据指标归为同一数量区间，方便比较。数据标准化的方法很多，常见方法的包括 Min-Max 标准化①、z-score 标准化②和 log 函数转换③等。对于不同维度的数据指标，在数据标准化上使用的方法略有差异。

在确定了四个维度的评估指标后，要将指标转化为 1~10 区间内的数据，以 10 分制作为标准，进行数据标准化操作。这里数据标准化采取的方法是 Min-Max 标准化。其公式为：

$$标准化值=\frac{原数据-最小值}{最大值-最小值}$$

各渠道转化量指标的数据标准化和评分如表 5-8 所示。将全部数据转化为 0~1 的不同值，再将标准化后的数值转化为 10 分制，采取进位制，保留整数，不足 1 分的按照 1 分计算。

表5-8　各渠道转化量指标的数据标准化和评分

广告渠道		日均注册量 / 次	Min-Max 标准化值	10 分制数值
应用商店广告	华为	1 471	1.00	10
	vivo	717	0.44	5
	小米	293	0.12	2
	应用宝	1 419	0.96	10
	百度	231	0.08	1

① Min-Max 标准化，也称极差标准化，将原始数据映射到 0 和 1 之间。
② z-score 标准化。也称标准分数标准化，通过计算数据的标准差和均值，将原始数据转化为标准分数（z-score）。
③ log 函数转换：通过对数转换，将数据转换为均值为 0、方差为 1 的标准正态分布。

续表

广告渠道		日均注册量 / 次	Min-Max 标准化值	10 分制数值
搜索竞价排名广告	百度	324	0.15	2
	360	229	0.07	1
推荐引擎广告	今日头条	245	0.09	1
	百度	195	0.05	1
	腾讯新闻	129	0.00	1

不同广告渠道的目标注册成本不同，在进行数据标准化时，需要考虑目标注册成本的影响。在 5.1.2 小节的案例中，可以先计算平均注册成本和目标成本之比，以对比二者之间的差距。比值大于 1，表明对应渠道的平均注册成本高于目标成本；反之则是后者大于前者。通过观察数据发现，该比值在 0.75~1.15，不同广告渠道的分数相对集中。由于这是对成本的评估，比值越低，评分就应该越高。

在进行标准化换算时，可以按照每 0.75 换算 10 分的原则，每 0.05 划为一档，在 0.75~1.25 之间划分出 1~10 分的区间。不同渠道转化成本指标的标准化数据和评分换算如表 5-9 所示。

表5-9　不同渠道转化成本指标的标准化数据和评分换算

金额单位：元

广告渠道		平均注册成本 / 元	目标成本 / 元	比值	10 分制
应用商店广告	华为	46.2	40.0	1.15	2
	vivo	41.7	40.0	1.04	4
	小米	51.3	40.0	1.28	1
	应用宝	43.1	40.0	1.08	3
	百度	34.9	40.0	0.87	8
搜索竞价排名广告	百度	29.1	36.0	0.81	9
	360	29.3	36.0	0.81	9
推荐引擎广告	今日头条	22.5	30.0	0.75	10
	百度	23.6	30.0	0.79	9
	腾讯新闻	29.2	30.0	0.97	6

各渠道投放稳定性指标的数据标准化及 10 分制评分如表 5-10 所示。各渠道转化量增长性指标的数据标准化及 10 分制评分如表 5-11 所示。数据标准化采用的方法仍

是 Min-Max 标准化。对于投放稳定性指标来说，数值越低，代表标准差与平均值之比越小，说明投放越稳定，即评分越高；对于转化量增长性指标来说，数值越大，说明渠道投放量的空间越大，即评分越高。

表5-10 各渠道投放稳定性指标的数据标准化及10分制评分

广告渠道		综合离散系数	Min-Max 标准化	10 分制
应用商店广告	华为	0.34	0.59	5
	vivo	0.32	0.52	5
	小米	0.45	1.00	1
	应用宝	0.20	0.09	10
	百度	0.31	0.48	6
搜索竞价排名广告	百度	0.18	0.00	10
	360	0.20	0.10	10
推荐引擎广告	今日头条	0.27	0.35	7
	百度	0.26	0.30	7
	腾讯新闻	0.24	0.24	8

表5-11 各渠道转化量增长性指标的数据标准化及10分制评分

广告渠道		转化量增长性	Min-Max 标准化	10 分制
应用商店广告	华为	1.12	0.41	5
	vivo	1.15	0.59	6
	小米	1.22	1.00	10
	应用宝	1.09	0.26	3
	百度	1.13	0.45	5
搜索竞价排名广告	百度	1.05	0.00	1
	360	1.08	0.17	2
推荐引擎广告	今日头条	1.11	0.36	4
	百度	1.11	0.38	4
	腾讯新闻	1.11	0.35	4

4. 指标权重确定

根据营销目标和评估目标确定主要核心指标，赋予最高评分权重，其余指标按照排序递减，表 5-12 列举了不同营销目标的权重设置，数值仅供参考。权重设置要适用于现阶段的首要营销目标。当营销目标发生变化时，要根据实际情况调整。

表5-12　不同营销目标的权重设置

营销目标	各维度指标的权重 /%			
	转化量	转化成本	投放稳定性	转化量增长性
获得转化量	60	10	10	20
控制广告成本	20	60	10	10
获得转化并稳定投放	40	10	40	10

5. 效果综合评分与优化

效果综合评分是指根据各指标的权重，按照一定的计算方式进行效果评分计算。本次营销活动把获得转化量定为主要营销目标，如表 5-12 所示，四个维度指标的权重分别为 60%、10%、10% 和 20%。以今日头条推荐引擎广告为例，其加权总分 = 1×60% + 10×10% + 7×10% + 4×20% = 3.1。表 5-13 是根据各维度指标的评分加权计算得出的各渠道广告效果的综合评分。

表5-13　各渠道广告效果的综合评分

广告渠道		各维度指标的 10 分制评分				加权总分
		转化量（60%）	转化成本（10%）	投放稳定性（10%）	转化量增长性（20%）	
应用商店广告	华为	10	2	5	5	7.7
	vivo	5	4	5	6	5.1
	小米	2	1	1	10	3.4
	应用宝	10	3	10	3	7.9
	百度	1	8	6	5	3
搜索竞价排名广告	百度	2	9	10	1	3.3
	360	1	9	10	2	2.9
推荐引擎广告	今日头条	1	10	7	4	3.1
	百度	1	9	7	4	3
	腾讯新闻	1	6	8	4	2.8

从表 5-13 中可以看到，在以转化量为主要营销目标时，应用商店广告—华为和应用宝这两个渠道的加权总分最高，应将其作为重点关注的渠道；其次是应用商店广告——vivo 和小米，可进一步优化；其余渠道的加权总分均在 3 分左右，可继续投放转化量增长性高的渠道，降低剩余渠道的广告预算。

效果综合评分计算的方法不是一成不变的，需要根据营销目标的变动调整。例如，在获得一定的转化量后，对转化量增长的需求可以适当放缓；又如，在考虑降低成本时，需要降低转化量指标的权重，提高转化成本的权重。

6. 广告策略优化

对各广告营销渠道进行评分时，不仅要关注总分，而且要关注不同维度的评分。总分的意义是对全部渠道的整体转化效果产生更全面、更准确的认知，而各维度的评分是各渠道营销策略优化时的重要参考数据。各广告渠道的数据表现、反映问题及优化思路如表 5-14 所示。

表5-14　各广告渠道的数据表现、反映问题及优化思路

广告渠道		数据表现	反映问题	优化思路
应用商店广告	华为	转化量满分，转化成本评分低	转化量较高，但转化成本过高	在保证转化量稳定的前提下，优先降低成本
	vivo	各项得分均处于中等水平	以转化量为目标时，转化量不足	在保证转化成本可控的前提下，优先放量
	小米	转化量、转化成本、投放稳定性评分较低，转化量增长性评分高	以转化量为目标时，转化量不足但有很大增长空间	先尽可能放量，待转化量显著增长后再优化成本
	应用宝	转化成本和转化量增长性评分低，稳定性高	转化成本高，转化量增长慢但较为稳定	在保证转化量稳定的前提下，优先降低成本
	百度			
搜索竞价排名广告	百度	转化量得分过低，转化成本得分高，转化量增长性得分低	转化量低，转化成本较低，转化量增长较慢	在转化成本上涨到目标成本水平之前，优先放量
	360			
推荐引擎广告	今日头条			
	百度			
	腾讯新闻	转化量得分过低，投放稳定性得分高，其余得分中等水平	转化量低，但转化成本正常，较为稳定，转化量增长空间不大	维持现状

◆ 任务演练

演练任务 1　数字广告效果分析与评估

1. 任务目标

• 能够按照营销目标确定营销指标，选取并处理营销效果数据。

• 能够结合营销目标，进行不同渠道数字广告营销效果的评估。

• 能够根据不同渠道数字广告营销效果的评估数据，分析不同渠道的数字广告营销存在的问题，提出优化思路。

2. 任务背景

近日，某家居公司推出《为美好做出改变》的环保主题广告，营销目标是在 150 万元的广告预算下进行广告投放，增加线下实体店铺的到店量。其主要的营销渠道包括百度搜索、360 搜索、搜狗搜索、今日头条、百度新闻、腾讯新闻，涵盖搜索竞价排名广告、推荐引擎广告等不同类型的数字广告。经过 5 周的推广后，公司的到店量明显提升。为了分析此次广告营销活动的效果，公司决定对此次营销效果做出评估，并按照渠道分析问题，对广告投放活动的不足之处进行改进。

3. 任务分析

该企业可以按照评估指标选取、样本数据选取、数据标准化、指标权重确定、效果综合评分与优化、广告策略优化的步骤，对多种渠道的广告效果进行评估与优化。

本次营销的目标是在 150 万元的广告预算下进行广告投放，增加线下实体店铺的到店量，核心评估指标是转化量和转化成本。由于此次广告活动在 5 周后还要继续投放，可以适当关注投放稳定性、转化量增长性等评估指标；指标权重偏向于转化量，其余指标权重相对均衡。样本数据需要进行离散数的剔除，可以利用 EXCEL 公式快速计算平均值和标准差，并剔除离散值；数据标准化也可以参考本节知识准备中的方法介绍。最后，按照评分权重计算效果评分，根据不同渠道的数据表现进行效果优化。

4. 任务操作

（1）根据营销目标和营销效果数据，选取评估指标并剔除离散值。

（2）计算各渠道的日均到店量、到店量标准差、平均到店成本和到店成本标准差，完成表 5-15。

表5-15　各渠道的到店情况

广告渠道		日均到店量 / 人次	到店量标准差	平均到店成本 / 元	到店成本标准差
搜索竞价排名广告	百度				
	360				
	搜狗				

续表

广告渠道		日均到店量 / 人次	到店量标准差	平均到店成本 / 元	到店成本标准差
推荐引擎广告	今日头条				
	百度				
	腾讯新闻				

(3) 计算各渠道转化数据的离散系数，完成表 5-16。

表5-16 各渠道转化数据的离散系数

广告渠道		到店量离散系数	到店成本离散系数	综合离散系数
搜索竞价排名广告	百度			
	360			
	搜狗			
推荐引擎广告	今日头条			
	百度			
	腾讯新闻			

(4) 计算各渠道的转化量增长性指标，完成表 5-17。

表5-17 各渠道的转化量增长性指标

广告渠道		前 50% 日均到店量均值 / 人次	日均到店量 / 人次	比值
搜索竞价排名广告	百度			
	360			
	搜狗			
推荐引擎广告	今日头条			
	百度			
	腾讯新闻			

（5）设计各维度指标的权重，完成表 5-18。

表5-18　各维度指标权重表

推广目标	转化量权重 /%	转化成本权重 /%	投放稳定性权重 /%	转化量增长性权重 /%
转化量增长优先				
成本调控优先				
稳定投放优先				

（6）计算各渠道广告效果综合评分，完成表 5-19。

表5-19　各渠道广告效果综合评分

（评分，无单位）

广告渠道		转化量	转化成本	投放稳定性	转化量增长性	加权总分
搜索竞价排名广告	百度					
	360					
	搜狗					
推荐引擎广告	今日头条					
	百度					
	腾讯新闻					

注：加权总分为各维度指标的 10 分制评分

（7）整理各渠道的数据表现、反映问题和优化思路，完成表 5-20。

表5-20　各渠道的数据表现、反映问题和优化思路

广告渠道		数据表现	反映问题	优化思路
搜索竞价排名广告	百度			
	360			
	搜狗			
推荐引擎广告	今日头条			
	百度			
	腾讯新闻			

5. 任务评价

本任务评价见表 5-21。

表5-21 广告效果分析与评估任务评价

评价方式	客观评价
评价内容	正确剔除广告效果数据离散值
	正确计算各渠道的日均到店量、到店量标准差、平均到店成本、到店成本标准差
	正确计算各渠道转化数据的离散系数
	正确计算各广告渠道转化量的增长性指标
	合理设计各维度指标的权重
	正确计算各渠道广告效果的综合评分
	合理设计各渠道的优化思路

6. 任务拓展

随着广告投放活动的开展，该企业关注的方向正在向转化成本和转化数据的稳定性转变。请根据新的营销需求，按照以上步骤重新评估广告效果数据。

任务5.2
数字广告综合应用

◆ 任务描述

随着越来越多的广告主将营销预算向数字广告倾斜，数字广告产业迎来发展的黄金时期。本任务主要是使用搜索引擎、推荐引擎等数字营销技术触达未知受众，进行品牌传播工作，逐步建立与未知受众之间的联系，增强客户对品牌的认知。对本工作任务而言，需要综合数字广告的所有知识与技能，进行多渠道数字广告营销，并考虑多方面因素，合理分配广告预算，完成整体的数字营销工作。本任务的主要工作流程包括：

（1）根据营销背景，制定营销目标，完成广告策划；

（2）进行推荐引擎广告营销和搜索竞价排名广告；

（3）完成搜索排名优化；

（4）分析并评估数字广告营销的效果。

◆ 知识准备

5.2.1 营销背景分析

五和商城是五和股份有限公司面向全国进行服务的官方网站，销售手机、笔记本电脑、平板电脑、台式机、智能手表、显示器、智能音响等多种 IT 数码商品，还提供最新款商品的在线订购服务，同时提供以旧换新服务和售前售后的客服支持。数字营销团队需要在给定的营销预算范围内，借助搜索引擎渠道和推荐引擎渠道，为企业开展一系列数字营销活动。

为了配合营销活动，企业推出 5 款核心商品，均由工厂直接配送，货源稳定，质量有保证。为防止缺货，团队对以往的销售数据进行了认真分析，对商品销量进行了预估并提前补货。为了刺激消费，公司决定对所有商品打九五折，在此前提下，数字营销团队与美工团队经过多次商定，为此次营销活动制作了许多精美的图片进行广告创意展示。具体网站信息和主营商品信息如图 5-4 和表 5-22 所示，由于篇幅有限，主营商品信息只展示商品名称与主要属性。

商家名称:	五和股份有限公司
商家标题:	五和商城-手机、笔记本电脑、平板电脑、台式机、智能手表
商家关键词:	数码产品、电子产品、手机、笔记本电脑、平板电脑、台式机、智能手表、智能设备
商家品牌词:	五和;五和股份
商家描述:	五和股份有限公司坚持研发及前瞻性技术的持续投入,为全球消费者带来不断创新的智能设备。其主要产品涉及办公数码产品、智能设备、影音设备等。五和商城是五和股份有限公司面向全国服务的官方网站,直营公司旗下的所有产品,包括手机、笔记本电脑、平板电脑、台式机、智能手表、显示器、智能音响等多种IT数码产品,提供最新款产品的在线订购,同时提供以旧换新服务及售前售后支持。

图5-4　具体网站信息

表5-22　主营商品信息

序号	商品名称	属性
商品一	安卓系统多功能全面屏智能手机	商品分类: 数码商品 商品类型: 手机、移动电话、智能手机 手机类型: 智能平板拍照手机 外观颜色: 黑色、白色、灰色 屏幕类型: 全面屏 操作系统: 安卓 拍照特色: 超清夜景、大光圈、延时摄影 摄像头: 前置 800 万像素、后置 1 600 万像素 屏幕尺寸: 6.5 英寸[①] 超大屏 存储: 512GB 分辨率: 高清分辨率 机身接口: Type-C 接口 造型设计: 直板 网络: Wi-Fi、移动、联通、电信、全网通 解锁功能: 面部识别、指纹解锁 视频播放: 高清视频播放 音频通话: 视频通话 是否支持蓝牙: 支持 特色功能: 大光圈、媲美专业相机、智能防抖 电源电池: 快速充电、55W 快充

① 1 英寸 =2.54 厘米

续表

序号	商品名称	属性
商品二	轻薄便捷商务办公笔记本电脑	商品分类：数码商品 商品类别：笔记本、笔记本电脑、计算机、商务本 商品颜色：标准黑、简约白 显示屏尺寸：14 英寸 分辨率：高清 内存：DDR4 存储设备：512GB 固态硬盘 摄像头：集成摄像头 音频系统：杜比认证音效 电池电源：自适应交流电源适配器 操作环境：Windows 商品重量：1.28 千克轻薄笔记本电脑 操作系统：Windows 无线设备：支持无线协议 充电设备：66W 超级快充 处理器：英特尔酷睿处理器 外设接口：电源接口、usb 接口、Type－C 接口 人脸识别：支持人脸识别 蓝牙：支持蓝牙 续航时间：十小时超长续航 芯片：第十代英特尔酷睿 商品类型：家用、商用便携笔记本电脑 商品定位：轻薄笔记本电脑，商务办公本电脑 核心：四核 屏幕：超高清屏幕
商品三	全面屏高清迷你平板电脑	商品分类：数码商品 商品类别：平板、平板电脑、掌上电脑 细分类型：平板电脑二合一 外观颜色：黑色、玫瑰金、白色 存储空间：256GB 屏幕尺寸：7.9 英寸迷你小屏幕 重量：385 克超轻 连接端口：usb Type-C 分辨率：2 560×1 600 高清 芯片：高通骁龙 摄像头：双摄像头 拍摄：全景模式、流光快门、延时摄影 视频拍摄：支持防抖视频拍摄、延时摄像 扬声器：四声道扬声器 感应器：加速感应器、指纹识别器、陀螺仪传感器、地磁传感器等 电池类型：7 040mAh 大容量锂电池 商品定位：娱乐平板电脑、通话平板电脑 操作系统：安卓 处理器型号：高通骁龙 解锁方式：指纹解锁、面部识别 WiFi：支持 WiFi 网络 蓝牙功能：支持蓝牙 导航功能：内置 GPS 导航、北斗导航

续表

序号	商品名称	属性
商品四	办公商务行政台式电脑家用商用一体台式机	商品分类：数码商品 商品类别：计算机、台式机、台式电脑、一体机 操作系统：Windows CPU：英特尔酷睿 i7 显示器尺寸：19.5 英寸 显卡类型：独立显卡 机箱类型：立式 机箱颜色：黑色 内存容量：8GB 硬盘：机械硬盘 键鼠特性：有线鼠标、有线键盘 机箱：一体机 网络接口：RJ45（网络接口） 显存容量：2GB 独立显卡 无线网卡：支持无线协议 有线网卡：集成网卡 电源：250W 电源适配器 操作环境：正常室温
商品五	五和高端商务运动健康监测时尚智能手表腕表	商品分类：数码商品 商品类别：手表、手环、智能手表、智能手环 商品类型：运动手表、健康监测手表 外观颜色：商务黑、土豪金、玫瑰金 电池容量：锂离子聚合物安全电池 匹配系统：安卓、苹果 屏幕尺寸：1.39 英寸 屏幕类型：高清液晶显示屏 蓝牙：支持蓝牙 适用人群：成年人、中青年、商务人士、运动爱好者、老年人 触控：电容式触摸屏 表盘形状：圆形 通信功能：通话记录、接听电话、拨打电话 定位功能：支持定位 传感器：心率传感器、陀螺仪、环境光传感器、气压高度计 其他功能：血氧饱和度监测、睡眠监测、智能心律检测 续航时间：两周长续航 充电方式：无线充电 商品重量：52 克

5.2.2 营销目标确定

在 10 万元的预算下，在一个广告周期（一周）内，分析企业网站信息和企业商品数据，结合目标受众的特征，借助推荐引擎进行推荐引擎广告营销；结合目标受众的搜索行为，借助搜索引擎进行搜索排名优化与搜索竞价排名营销，增加网站展现量、点击量和点击率，提升品牌认知度，达到品牌传播的目的。营销任务要求如表 5-23 所示。

表5-23　营销任务要求

广告目标	增加网站展现量、点击量和点击率，提升品牌认知度	
广告预算	10 万元	
广告方式	搜索排名优化、搜索竞价排名广告、推荐引擎广告	
广告周期	一周	
广告渠道	搜索引擎	搜索排名优化、搜索竞价排名广告
	推荐引擎	推荐引擎广告

5.2.3　数字广告营销策划

数字广告营销策划可分为数字广告营销市场分析和数字广告投放策划两部分。

1. 数字广告营销市场分析

（1）品牌分析与定位。五和股份有限公司经营的商品为数码类有形商品，主要有智能手机、笔记本电脑、平板电脑、台式机、智能手表五类商品。未提供其市场情况、销售情况、利润情况等数据，此处不做更多分析。

五和股份有限公司的品牌词有“五和”与“五和股份”，利用关键词分析工具进行品牌词搜索，结果如图 5-5、图 5-6 所示。

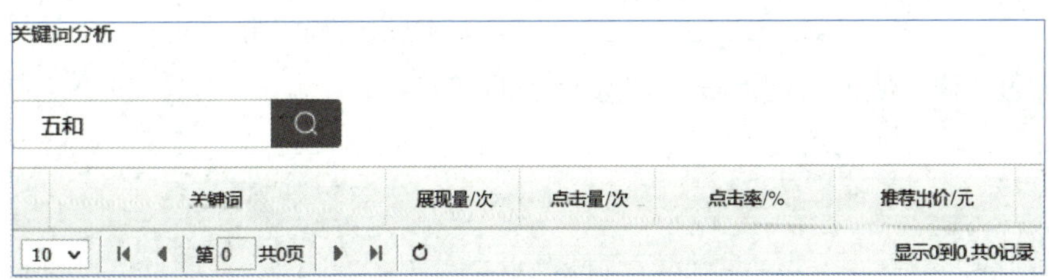

图5-5　品牌词“五和”的搜索结果

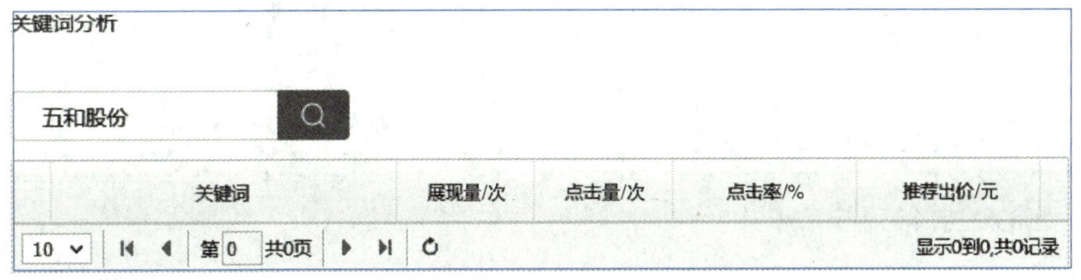

图5-6　品牌词“五和股份”的搜索结果

通过搜索品牌词发现，五和股份有限公司的品牌词没有展现量，可以看出，目前品牌竞争力和品牌认知性较差，在以提高展现量和点击量为营销目标的情况下，可以放弃品牌词的推广。

动画：
TGI 指数

（2）目标受众分析。目标受众分析主要是查看目标受众的行业分布情况与 TGI 值。行业分布情况是指当前行业下目标受众中具有某一特征的群体所占的比例。TGI 则是 Target Group Index 的缩写，意为目标群体指数，TGI 值的计算公式为：

$$\text{TGI 值} = \frac{\text{目标群体中具有某一特征的群体所占比例}}{\text{总体中具有相同特征的群体所占比例}} \times 100$$

TGI 值等于 100 表示处于平均水平，高于 100 则表示该类用户对某类特征的关注程度高于整体水平。当前数码产品销售行业目标受众的基础属性分布情况如图 5-7 和图 5-8 所示。

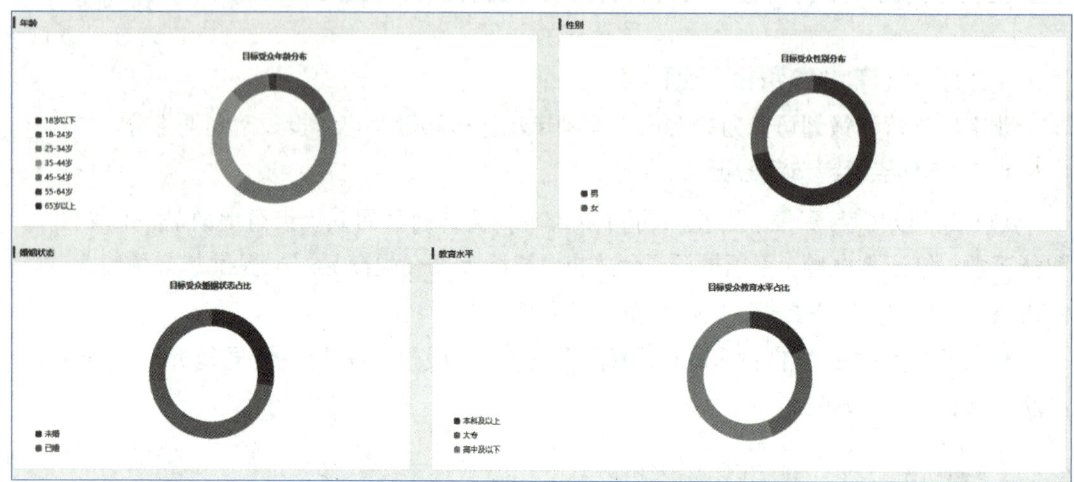

图5-7　目标受众年龄、性别、婚姻状态、教育水平分布情况

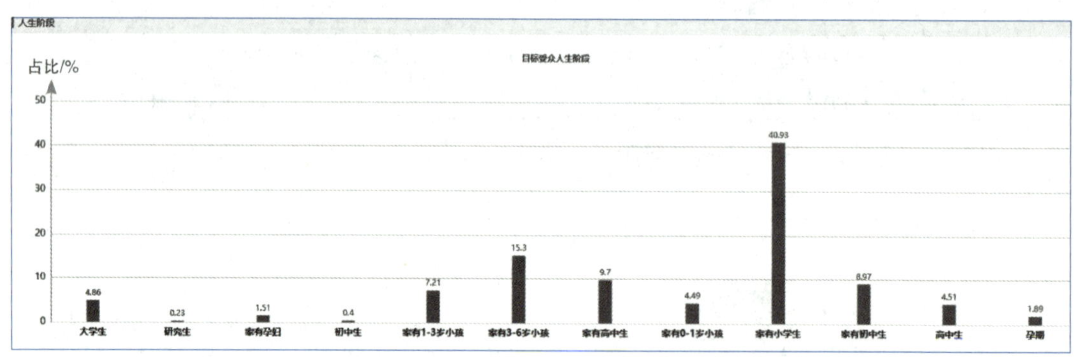

图5-8　目标受众人生阶段分布情况

首先，对目标受众的年龄、性别、婚姻状态、教育水平、人生阶段进行分析。目标受众具体分布情况与 TGI 值情况如表 5-24 所示。

表5-24　目标受众具体分布情况与TGI值情况

分析维度	分层	分布	TGI 值
年龄	18 岁以下	0.34	147.08
	18—24 岁	17.15	128.67
	25—34 岁	43.51	107.45
	35—44 岁	26.91	95.56
	45—54 岁	10.43	71.09
	55—64 岁	1.48	61.25
	65 以上	0.18	25.39
性别	男	71.33	138.89
	女	28.67	58.94
婚姻状态	未婚	27.99	158.63
	已婚	72.01	87.44
教育水平	高中及以下	56.07	81.65
	大专	26.03	135.09
	本科及以上	17.90	148.42
人生阶段	初中生	0.40	186.20
	大学生	5.26	448.16
	研究生	1.23	344.50
	家有孕妇	1.51	253.46
	家有 0—1 岁小孩	4.49	95.59
	家有 1—3 岁小孩	7.21	179.32
	家有 3—6 岁小孩	15.30	163.83
	家有小学生	40.93	81.38
	家有初中生	9.97	72.15
	家有高中生	10.70	117.22

从年龄维度分析，人数最多的是 25—34 岁的目标受众，对本行业关注度最高的是 18 岁以下的目标受众；从性别维度分析，目标受众人数最多的是男性，对本行业关注度最高的也是男性目标受众；从婚姻状态维度分析，目标受众人数最多的是已婚，

对本行业关注度高的是未婚人士；从教育水平维度分析，目标受众人数最多的是高中及以下学历的人群，对本行业关注度最高的则是本科及以上学历的目标受众；从人生阶段维度分析，人数最多的是家有小学生的目标受众，对本行业关注度最高的是大学生。

综合多个维度分析目标受众时，目标受众的分布数为不同维度具体分层下目标受众的分布数的乘积，目标受众的 TGI 值为不同维度具体分层下目标受众的 TGI 值的乘积再除以 100 的 n 次方，其中 n = 维度数 −1。

例如：年龄、性别、婚姻状态三个维度下定向的目标受众的 TGI 值 = 具体年龄分层的 TGI 值 × 具体性别分层的 TGI 值 × 具体婚姻状态分层的 TGI 值 /100^2。

通过对表 5-24 中的各个维度进行分析，可以发现，目标受众人数最多的人群特征是 25—34 岁、男性、已婚、高中及以下、家有小学生；对本行业关注度最高的是 18 岁以下、男性、未婚、本科及以上、大学生。

分析目标受众的兴趣偏好情况。通过分布和 TGI 值分析发现，本行业目标受众的兴趣偏好中，爱购物的人数最多，对本行业关注度最高的目标受众的兴趣偏好是汽车。如图 5-9 和图 5-10 所示。

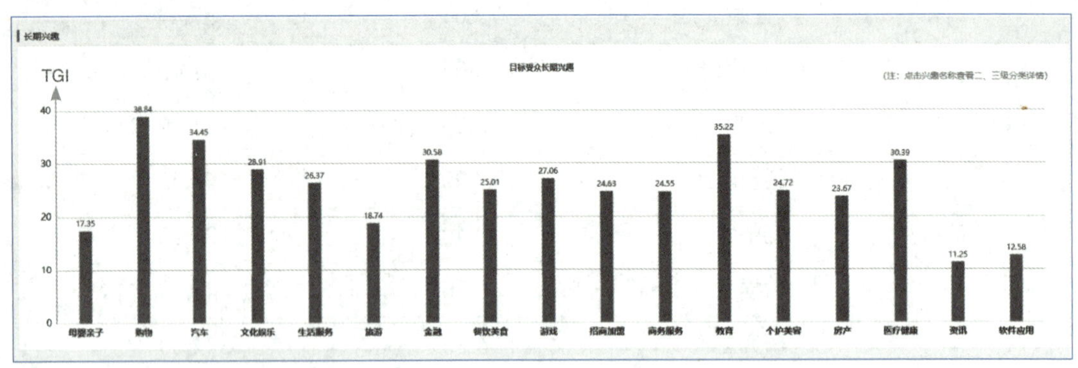

图5-9　目标受众长期兴趣分布

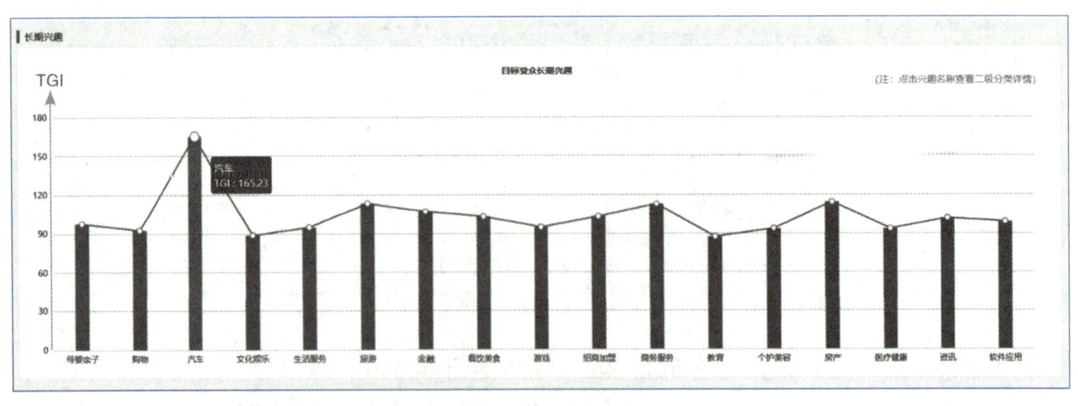

图5-10　目标受众长期兴趣TGI值

此处数据是虚拟仿真实训系统提供的模拟数据，暂时未提供详细的竞争对手数据，此处不再做详细的竞争对手分析。

2. 数字广告投放策划

（1）数字广告营销账户。数字广告营销账户搭建的基本原则是方便查找，避免重复，格式固定，合理即可。由于此次参与营销活动的产品数量较少，其广告营销账户可按照给每个产品单独建立推广计划的方式搭建。

在此周期内，没有重大活动和特定时间，可参考一周内不同时间的展现指数和点击指数确定主要投放时段。不同地域内对数码行业商品的喜好程度不同，可参考地域分布数据确定主要投放地域，如图 5-11 和图 5-12 所示。

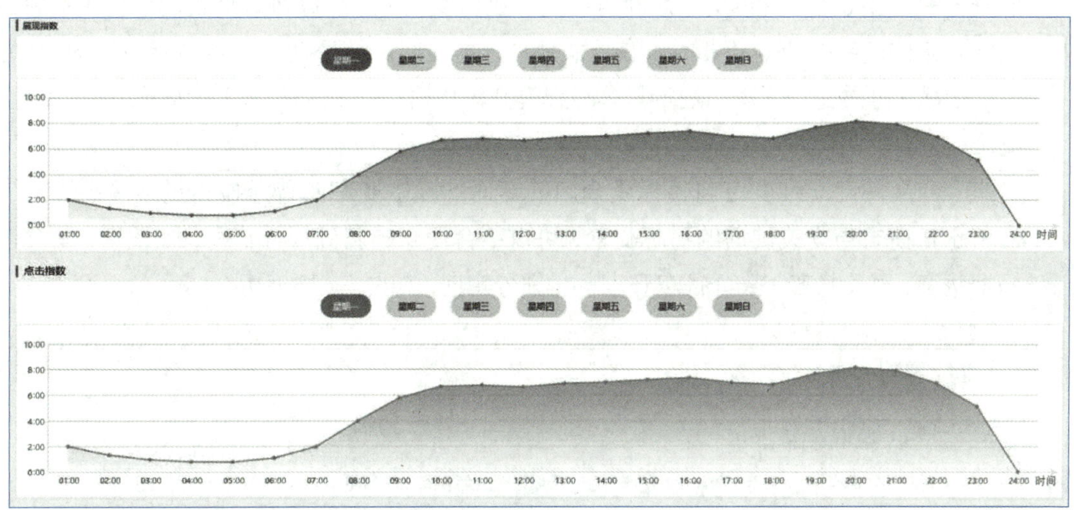

图5-11　不同时间点的展现指数和点击指数

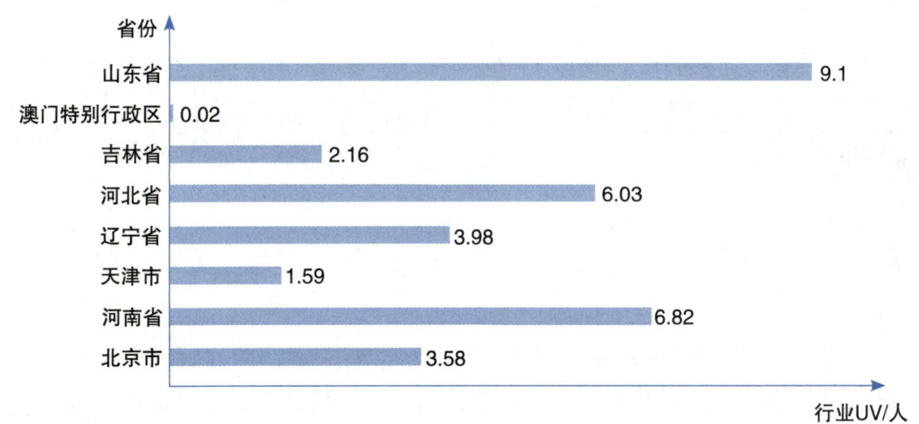

图5-12　地域分布

（2）广告预算分配。此处的广告预算分配主要是指不同广告渠道下的预算分配。在当前的营销环境中，主要是在推荐引擎广告营销和搜索引擎广告营销渠道下分配预算，由于还未进行不同渠道的详细分析，可以先平均分配预算额，再根据具体的推荐引擎广告营销定向目标受众的人数和出价数、搜索引擎广告营销添加的关键词数、关键词的出价数等因素，调整已分配的广告预算。

5.2.4 推荐引擎广告营销

推荐引擎广告营销的第一步是新建推广计划与推广单元，以方便识记为原则即可，但在推广计划与推广单元新建时要注意区分目标受众，避免目标受众定向交叉、重复。

1. 目标受众定向与出价

推荐引擎广告营销的核心是目标受众的定向，模拟实训提供的目标受众是按照行业划分的，因此在做目标受众定向时仅从行业角度入手分析即可。广告展示位置不同，最终带来的营销效果也不相同，在此案例中，不强调目标受众与广告展示位置的关联性，此处不再做过多阐释。进行具体目标受众定向时，可以从两个维度入手，一是关键词维度，二是受众兴趣维度。

(1) 从关键词维度定向目标受众。关键词维度主要定向曾经搜索过某些关键词、当前正在搜索某些关键词的目标受众，可以结合受众的基础属性信息，如性别、年龄、婚姻状态、育儿状态、教育状态等进一步细分定向，如图 5-13 所示。

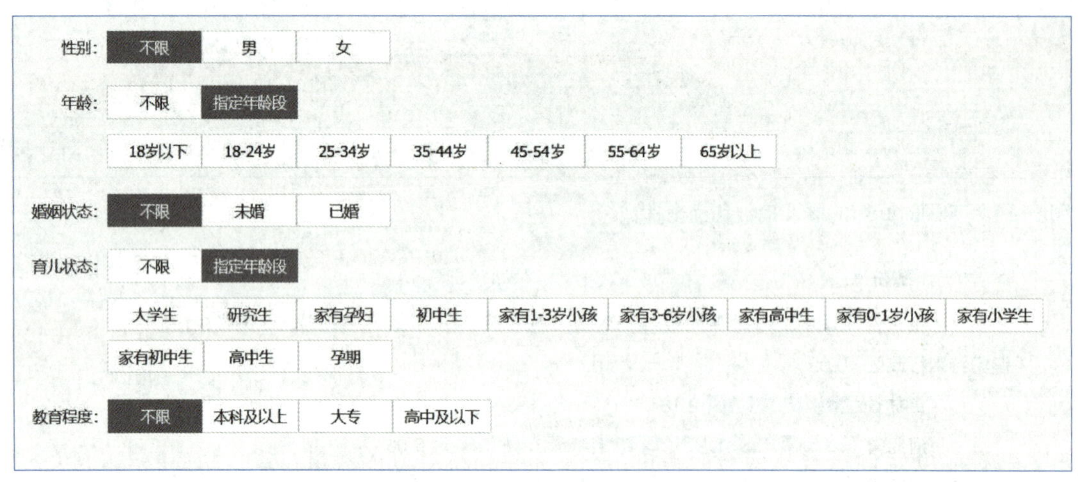

图5-13 受众基础属性信息定向

一般而言，搜索过某些关键词或者正在搜索某些关键词的目标受众，往往会有明确的信息需求意向。例如，搜索过“笔记本电脑”的目标受众可能只是单纯地了解笔记本电脑的相关信息，也有可能有购买笔记本电脑的意向。通过关键词定位搜索过某些关键词或正在搜索某些关键词的目标受众，可以紧跟目标受众的需求，把品牌信息或商品信息有针对性地展现在有需求的目标受众面前。

要结合主营业务内容选择关键词。例如，五和股份有限公司的主要商品是手机、笔记本电脑、平板电脑、台式机、智能手表，在进行关键词定向时，可以围绕这五款商品的产品核心词进行拓展。

关键词的展现量在一定程度上代表搜索过相关关键词的人数，关键词的点击量在一定程度上代表搜索过相关关键词并点击查看详细信息的人数。要结合关键词的展现量和点击量筛选关键词，以保证目标受众的数量和最终能够带来的点击效果。以关键词“笔记本电脑”为例，其展现量和点击量的搜索结果如图 5-14 所示。

笔记本电脑

关键词	展现量	点击量
MateBook笔记本电脑	2 621	286
qrtech笔记本电脑	46	3
笔记本电脑	879	234
笔记本电脑 知乎	26	1
笔记本电脑susv	14	1
笔记本电脑w	14	1
笔记本电脑啊	34	3
笔记本电脑吧	139	22

图5-14　关键词“笔记本电脑”的搜索结果

目标受众定向要避免定向过窄，多种定向并存时，广告平台会取交集。例如，关键词定向为历史搜索“笔记本电脑”的目标受众、基础属性定向于性别为男性、年龄在 18-24 岁的目标受众，则最终定向的目标受众群体是搜索过“笔记本电脑”且年龄在 18-24 岁的男性。

通过基础属性定性目标受众时要与目标受众的行业分布与行业 TGI 相结合，保证定向到的目标受众数量。同时，也要确保目标受众对本行业的关注度，尽可能提高广告展现和点击的概率。

(2) 从兴趣维度定向目标受众。从兴趣维度定向目标受众是指通过受众的兴趣偏好定向目标受众，从兴趣维度定向目标受众主要分为两种类型，一是偏好本行业的目标受众，二是除了偏好本行业外还关注其他相关行业的目标受众。目标受众的兴趣偏好是大数据分析的结果，偏好本行业的目标受众是指对本企业主营产品所在行业感兴趣的目标受众。例如，五和股份的主营产品行业分类为数码产品，在进行目标受众定向时，可以分析对数码产品感兴趣的目标受众。

目标受众关注的相关行业是从目标受众兴趣上延伸拓展出来的。例如，对数码类产品感兴趣的目标受众可能会对旅游、商务服务、房产等行业产生兴趣偏好。

目标受众定向需要从两方面考虑，一方面是目标受众的数量，另一方面是目标受众对行业的关注程度。定向范围不能太窄，否则会导致广告展现的机会过少；定向的目标受众对本行业的关注度不能太低，否则会导致广告展现后点击的概率过小。既可以基于关键词维度，又可以基于兴趣维度定向目标受众，也可以两种定向方式混合使用。在确定好目标受众与广告展现位置后，还需要设置合理的出价，确保能够获得广告展现的资格。大部分广告平台会给出建议出价供企业参考，不同兴趣分类下的目标受众的建议出价如图 5-15 所示。一般而言，受众的数量越多，对本行业的关注程度越高，相应的出价也就会越高。

一级人群兴趣 ▲	二级人群兴趣	建议出价/元
数码家电	手机通信	3.41
数码家电	摄影设备	3.84
数码家电	计算机配件	6.20
数码家电	手机配件	3.76
数码家电	网络设备	4.26
数码家电	影音设备	3.43
数码家电	平板电脑	3.82
数码家电	办公设备	3.89

图5-15　不同兴趣分类下的目标受众的建议出价

为了保证企业能够获得展现资格，真实出价可稍微高于建议出价。

2. 创意编辑与设置

推荐引擎广告创意具有让目标受众看、让目标受众点击、提高广告排名、降低广告费用的作用，当营销目标是为整个企业引流时，创意的编写要围绕企业所有的业务内容；当营销目标是为某个具体产品引流时，创意要围绕具体推广的产品编辑。例如，若当前企业主的营销目标是推广笔记本电脑，就要围绕笔记本电脑的基本信息编写创意。

5.2.5　搜索引擎广告营销

关键词分析与挖掘、搜索竞价广告排名和搜索排名优化是搜索引擎广告营销的重要环节。

1. 关键词分析与挖掘

（1）确定核心关键词。通过企业信息分析主营业务内容，找出企业的品牌词、营销词、产品核心词、产品属性词作为网站的核心关键词。通过分析确定主要核心关键词，如表 5-25 所示。由于营销词与属性词数量较多，此处并未全部列举。

表5-25　主要核心关键词

关键词分类	核心关键词
品牌词	五和、五和股份
营销词	创意、智能、官方网站、直营、最新款、超大屏、大容量、全网通、正品、高清、便携、商务、指纹解锁、面部识别、国产、运动，等等
产品核心词	手机、电话、平板电脑、笔记本电脑、商务本、台式机、手表、手环、智能手环、智能手表
产品属性词	智能、拍照、黑色、白色、灰色、全面屏、安卓、超清，等等 商务、高清、14 英寸、固态硬盘、Windows，等等 7.9 英寸、迷你、小屏幕、超轻、双摄像头，等等 运动、健康监测、安卓、液晶显示屏、老年人、触控，等等

(2) 挖掘与拓展关键词。可以从多个角度手动拓展关键词，如利用八爪鱼拓词法围绕核心关键词进行拓展；还可以利用工具进行快速拓展，如借助系统的关键词分析工具搜索核心关键词，拓展出与核心关键词相关的关键词。但是，拓展的关键词需要适当分析与产品的相关性。利用关键词分析工具拓展关键词如图 5-16 所示。

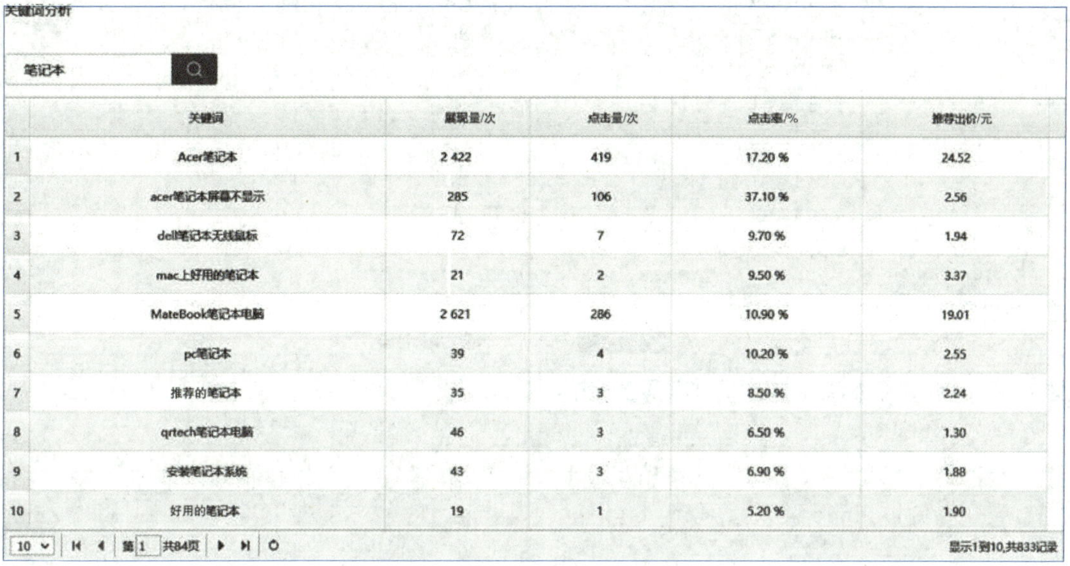

关键词分析

笔记本

	关键词	展现量/次	点击量/次	点击率/%	推荐出价/元
1	Acer笔记本	2 422	419	17.20 %	24.52
2	acer笔记本屏幕不显示	285	106	37.10 %	2.56
3	dell笔记本无线鼠标	72	7	9.70 %	1.94
4	mac上好用的笔记本	21	2	9.50 %	3.37
5	MateBook笔记本电脑	2 621	286	10.90 %	19.01
6	pc笔记本	39	4	10.20 %	2.55
7	推荐的笔记本	35	3	8.50 %	2.24
8	qrtech笔记本电脑	46	3	6.50 %	1.30
9	安装笔记本系统	43	3	6.90 %	1.88
10	好用的笔记本	19	1	5.20 %	1.90

10 第1 共84页 显示1到10,共833记录

图5-16　利用关键词分析工具拓展关键词

关键词挖掘与拓展的目的是为搜索排名优化与搜索竞价排名广告储备足够多的关键词。如果推广商品数量较少，也可以先只确定核心关键词，在开展具体工作时再根据实际需求挖掘与拓展相关关键词。

2. 搜索竞价广告排名

搜索竞价广告排名的第一步是新建推广计划与推广单元。如果商品数量较少，可新建的推广计划与推广单元的数量大于商品数，则可以为每个商品单独建立推广计划。

(1) 关键词添加。关键词添加有两种方法，一种是添加在关键词挖掘与分析过程中确定的关键词，另一种是把关键词挖掘与分析过程中确定的核心关键词作为词根，利用系统给定的关键词添加工具查找并添加关键词，如图 5-17 所示。把核心关键词“笔记本电脑”作为词根填写至搜索框，借助关键词添加工具找到更多的相关关键词，完成添加。

新添加的关键词需要筛选。在其他条件相同的情况下，要尽可能地保证关键词的质量度。在排名相同的情况下，关键词质量度越高，点击花费越高；在出价相同的情况下，关键词质量度越高，排名也会越靠前。关键词质量度最高分为 10 分，关键词质量度为 0 分时不参与排名。判断质量度时，主要考虑关键词与主营产品的相关性，相关性越高，质量度越高。部分关键词的质量度如图 5-18 所示。

笔记本电脑

关键词	日搜索量/次	推荐价格/元	竞争激烈程度
联想超薄笔记本电脑报价大全	33	1.74	20
笔记本电脑除尘	53	4.55	11
笔记本电脑比较	110	8.56	15
笔记本电脑屏幕坏了怎么办	20	3.37	11
什么笔记本电脑最好用	62	1.85	10
笔记本电脑进水	95	7.79	8
笔记本电脑为什么没有声音	46	2.02	1
笔记本电脑摔了	15	1.73	8
购买笔记本电脑	78	6.46	3
笔记本电脑买什么牌子的好	35	3.7	18

100 第 1 页 共5页 显示1到100，共401记录

确定 返回关键词管理

图5-17 利用系统给定的关键词添加工具查找并添加关键词

关键词	排名	质量度/分
最轻薄的笔记本电脑	1	8
笔记本电脑	1	4
最快笔记本电脑	1	3
笔记本电脑全新	2	1
最便宜的二手笔记本电脑	……	0

图5-18 部分关键词的质量度

在图 5-18 中，添加的关键词质量度最高分为 8 分，最低分为 0 分，质量度为 0 分的关键词可直接删除。关键词数量较多时，还可以删除质量度较低的关键词，如质量度为 1 分的关键词；当关键词数量较少时，可暂时保留。

在搜索人气相同的情况下，关键词的点击量、点击率不同，最终带来的流量也不相同。如表 5-26 所示，关键词“蓝牙手表”和“老人健康手表”的搜索人气相同，但后者的点击量和点击率均高于前者。

表5-26 关键词分析

关键词	搜索人气 / 次	点击量 / 次	点击率
蓝牙手表	3 854	797	20.60%
老人健康手表	3 854	851	22.00%

经过一段时间的广告推广后，流量情况统计如表 5–27 所示，“老人健康手表”的点击量和点击率仍高于“蓝牙手表”。

表5–27　关键词推广后的流量情况

关键词	展现量 / 次	点击量 / 次	点击率
蓝牙手表	852	184	21.60%
老人健康手表	843	194	23.01%

热门关键词在推广后能够带来更多的流量，但是其竞争程度相对较高，价格也会较高，在进行推广时要综合权衡。例如，在预算充足且需要抢占流量的情况下，可以进行热门关键词推广；当预算有限，又想获得更多流量时，可避开高竞争程度的关键词，选择推广冷门关键词，通过冷门关键词数量的积累达到一定的推广效果。

（2）关键词出价。添加关键词后需要调整出价，出价过低会导致排名靠后，推广后流量效果较差或没有流量；出价过高虽然能够提高排名，但单次点击花费高，会造成推广资金浪费。例如，在所有关键词出价为 10 元的情况下，关键词“笔记本电脑键盘价格”“笔记本电脑键盘失灵”的预估排名分别为“150 位”与“134 位”，如图 5–19 所示。可见，其排名位置相对靠后，基本没有机会展现。

计划　单元　关键词　创意

新建关键词

编号	关键词	预估排名/位	质量度/分	推广计划	推广单元	出价/元
163346	笔记本电脑键盘价格	150	4	111	11	10.00
163316	笔记本电脑键盘失灵	134	5	111	11	10.00
163328	笔记本电脑截屏	14	4	111	11	10.00
163331	笔记本电脑进水	7	7	111	11	10.00

图5–19　出价10元时的预估排名情况

上述关键词若想获得展现资格，就需要提高出价。当出价调整至 120 元时，关键词“笔记本电脑键盘价格”“笔记本电脑键盘失灵”的预估排名分别为“第 7 位”与“第 5 位”，如图 5–20 所示。

关键词	预估排名/位	质量度/分	推广计划	推广单元	出价/元	消耗额/元	展现量/次	点击量/次	平均点击价格/元	点击率
笔记本电脑键盘价格	7	4	111	11	120.00	0.00	0	0	0	0
笔记本电脑键盘失灵	5	5	111	11	120.00	427.58	25	4	106.89	16.00 %
笔记本电脑截屏	14	4	111	11	10.00	0.00	0	0	0	0
笔记本电脑进水	7	7	111	11	10.00	9.39	4	1	9.39	25.00 %

图5–20　修改出价后的排名与流量情况

一般而言，通过提高出价的方式提高排名会导致平均点击花费升高。如图 5-20 所示，在推广一段时间后，关键词“笔记本电脑进水”的平均点击价格为“9.39 元”，“笔记本电脑键盘失灵”的平均点击价格为“106.89 元”，后者约是前者的 11.4 倍，但预估排名仅仅提升了 2 位，这在一定程度上造成了资金浪费。

排名是关键词出价的重要参考，排名越靠前，能够获得的展现量和点击量的机会也就越多。但是，在营销预算有限，可添加的关键词数量较多的情况下，并不一定能争取到排名特别靠前的位置，如第一、第二名；当系统出价太高时，甚至可以放弃此类关键词的推广。

关键词出价并不只是设置一个统一的价格，为达到不同的营销目标，需要具体关键词具体分析。例如，个别关键词本身的搜索人气和点击数据较好，能够带来较好的流量，就需要适当提高出价，确保其排名能够出现在靠前位置。

(3) 创意优化。创意与关键词具有相关性，在一定程度上可以提高关键词的质量度。按照一个商品一个推广计划的方式新建计划时，在每个计划内的创意均可围绕具体商品信息和具体推广关键词编辑。例如，笔记本推广计划下的关键词如图 5-21 所示，在进行创意编辑时可以融入这些推广关键词，组合成创意标题“轻薄轻巧的笔记本电脑、全新实用手提笔记本电脑”。它一方面与推广商品相关，另一方面也与推广的关键词相关。创意描述一般是对创意标题的进一步解释性描述，写法与创意标题基本相同，此处不再重复。

关键词	预估排名/位	质量度/分	推广计划	推广单元
抢购笔记本电脑	20	4	笔记本	11
轻薄笔记本电脑	25	5	笔记本	11
轻的笔记本电脑	16	3	笔记本	11
轻巧的笔记本电脑	15	3	笔记本	11
全新笔记本电脑	6	7	笔记本	11
全新的笔记本电脑	32	2	笔记本	11
实用笔记本电脑	14	4	笔记本	11
实用笔记本电脑推荐	25	3	笔记本	11
实用的笔记本电脑	16	4	笔记本	11
手提笔记本电脑	34	5	笔记本	11

图5-21　笔记本推广计划下的关键词列表

(4) 预算设置。预算设置要遵循先整体维度再细节维度的原则。

整体维度主要是考虑搜索竞价排名广告和推荐引擎广告的均衡。先对搜索竞价排名广告中大部分关键词的出价进行统计，大致预估整体的出价范围；再对比推荐引擎广告的建议出价，可将大部分预算分配给出价相对较低的广告方式。在考虑出价的同时，还需要保证广告效果。例如，当搜索竞价排名广告关键词数量较少时，最终带来的展现量和点击量有限，可以减少预算分配。

细节维度主要是考虑不同推广计划的预算分配。可以在完成关键词添加后，从添加的关键词数量，添加的关键词本身的搜索人气、点击量等数据上入手，将更多的预算分配至能够带来更多展现量和点击量的推广计划。推荐引擎广告预算的分配方式相同，也是将更多的预算分配给更精准、定向受众更多的推广计划。

（5）推广时段与推广地域设置。在不考虑营业范围等情况时，推广时段与推广地域的设置与广告效果紧密相关。当搜索竞价排名广告关键词数量较少时，关键词本身的搜索人气、点击量数据相对较差，不能缩减推广时段并减少推广地域；当搜索竞价排名广告关键词数量较多时，关键词本身的搜索人气、点击量数据相对较高，可适当缩减投放时段并减少投放地域。总之，应充分利用推广资金，争取带来更高的展现量与点击量。

在进行具体的推广时段与推广地域设置时，可参考一周内不同时间点的展现指数和点击指数，确定主要投放时段；同时，要参考地域分布数据确定主要投放地域。部分推广时段的展现与点击指数统计示例如表5-28所示。

从整体来看，工作日与休息日差距较大；从细节来看，具体时刻不同，展现指数和点击指数有较大差距。可对所有的时段进行对比，删除部分展现指数和点击指数不好的时段，重点推广展现指数和点击指数高的时段。

表5-28　部分推广时段的展现指数与点击指数统计示例

星期	时刻	展现指数与点击指数	星期	时刻	展现指数与点击指数
一	1	1.992	一	11	6.768
一	2	1.320	一	12	6.636
一	3	0.960	一	13	6.900
一	4	0.792	一	14	9.996
一	5	0.780	一	15	7.200
一	6	1.092	一	16	7.356
一	7	1.968	一	17	6.972
一	8	3.984	一	18	6.816
一	9	5.772	一	19	7.668
一	10	6.672	一	20	8.148

续表

星期	时刻	展现指数与点击指数	星期	时刻	展现指数与点击指数
一	21	7.908	六	11	11.28
一	22	6.924	六	12	11.06
一	23	5.100	六	13	11.50
一	24	0.000	六	14	11.66
六	1	3.32	六	15	12.00
六	2	2.20	六	16	12.26
六	3	1.60	六	17	11.62
六	4	1.32	六	18	11.36
六	5	1.30	六	19	12.78
六	6	1.82	六	20	13.58
六	7	3.28	六	21	13.18
六	8	6.64	六	22	11.54
六	9	9.62	六	23	8.50
六	10	11.12	六	24	0.00

3. 搜索排名优化

推荐引擎广告和搜索竞价排名广告可以提高网站的展现量、点击量、点击率等数据，这些数据越高，目标受众搜索关键词时网站的广告排名越靠前，搜索排名优化的难度也就越低。

搜索排名需要从网页内容、关键词、链接等多方面优化。在此案例中，未给出网页内容、链接等方面的信息，进行关键词优化即可。关键词优化主要是进行 T（Title）、K（Keywords）、D（Description）三大元素的优化。全国职业院校技能大赛高职组“市场营销技能”竞赛数字营销模块只要求进行 T（Title）、K（Keywords）优化。

网站首页是整个网站的入口，是对网站的整体描述。网站首页关键词优化要结合网站所有商品进行优化。当前网站首页的标题、关键词元素如表 5-29 所示。

表5-29　网站首页的标题、关键词元素

标题（Title）	五和商城——手机、笔记本、平板、台式机、智能手表——五和股份
关键词（Keywords）	数码商品、电子商品、手机、笔记本、计算机、平板、台式机、智能手表、智能设备

对其中的关键词进行分词处理，分词的方案按照自然语言语义分析即可。由于系统采用的分词方法不同，分出的关键词也略有不同。此处的处理结果仅供参考，如表5-30所示。

表5-30　标题和关键词分词处理结果

标题（Title）	五和	商城	手机	笔记本	平板	台式机	智能	手表	五和	股份
关键词（Keywords）	数码商品	电子商品	手机	笔记本	计算机	平板	台式机	智能	手表	设备

分析上述关键词与商品的相关性，与企业网站首页的描述信息、商品详情页的属性、描述信息进行对比，删除不相关的关键词，如“电子商品”。

接下来，利用关键词分析工具查看具有相关性的关键词是否具有搜索人气，删除不具备搜索人气的关键词如“五和”“商城”“股份”等，查询处理结果如表5-31所示。

表5-31　标题和关键词查询处理结果

标题（Title）	搜索人气/次	关键词（Keywords）	搜索人气/次
五和	—	数码商品	32 134
商城	—	手机	9 599 236
手机	9 599 236	笔记本	605
笔记本	605	计算机	962
平板	452	平板	452
台式机	2 857	台式机	2 857
智能	1 701	智能	1 701
手表	2 694	手表	2 694
股份	—	设备	—

验证具有搜索人气的关键词搜索排名，如表5-32所示。当前标题元素和关键词元素中的关键词的排名效果均比较靠前，可保留。

表5-32 标题和关键词排名

标题（Title）	搜索排名	关键词（Keywords）	搜索排名
手机	3	数码商品	1
笔记本	4	手机	3
平板	1	笔记本	4
台式机	3	计算机	7
智能	6	平板	1
手表	12	台式机	3

最后进行优化，主要是添加更多具有搜索人气且排名靠前的关键词。在添加关键词时，主要是添加网站首页描述、商品的属性、商品描述中的关键词，保证添加的关键词与主营业务相关。关键词添加至标题元素和关键词元素后，仍然需要借助搜索排名查询工具和关键词分析工具分析具体的搜索排名优化情况与关键词的搜索人气，删除排名靠后和不具备搜索人气的关键词。

关键词的搜索人气保证了当前关键词的搜索量，要尽可能覆盖更多的相关关键词。相关关键词的搜索人气越高，优化效果越好。目标受众搜索相关关键词时，搜索引擎对搜索结果采用广泛匹配的方法，如果目标受众的关键词能够匹配当前标题元素和关键词元素中的关键词，广告信息就有机会展现。所以，还需要借助关键词分析工具，查看相关关键词的数量和搜索人气。相关关键词的数量越多，搜索人气越高，表示标题优化的效果越好。

采用以上规则完成标题优化后，再次验证标题元素和关键词元素中关键词的搜索排名和搜索人气情况，适当记录相关关键词的数量和搜索人气，以部分关键词为例，相关数据记录如表 5-33 所示。

表5-33 标题和关键词优化后的情况

标题（Title）	搜索排名	搜索人气/次	相关关键词/个	关键词（Keywords）	搜索排名	搜索人气/次	相关关键词/个
超大屏	1	—	6	数码商品	2	3 213 437	37
蓝牙	62	118 084	700	手机	26	9 599 236	3 300
拍照	14	—	53	笔记本	14	605	833
指纹	2	2 730	24	计算机	7	962	1 750
面部识别	1	—	—	平板	4	452	366
手机	26	9 599 236	3 300	台式机	28	2 857	393

续表

标题（Title）	搜索排名	搜索人气/次	相关关键词/个	关键词（Keywords）	搜索排名	搜索人气/次	相关关键词/个
便捷	46	—	6	智能	56	1 701	2 200
商务	102	1 424	210	手表	12	2 694	1 100
笔记本电脑	21	879	401	手环	155	2 785	685
笔记本	14	605	833	智能手表	21	2 548	794
平板	4	452	366	智能手环	314	2 657	510

删除搜索排名靠后、没有搜索人气或搜索人气较低、相关关键词数量较少的关键词后，再次重复上面的步骤，直到获得满意的标题为止。最终形成网站首页的标题元素与关键词元素。

本次营销活动的主要目的是获取更多的展现量。因此，在保证展现量的前提下需要删除没有搜索人气的品牌词。当营销目标偏向品牌推广时，可以保留品牌词。在真实的优化工作中，还需要考虑目标受众的阅读体验、标点符号是否正确使用等因素。优化工作因人而异，没有绝对固定的工作流程，此处仅提供一种工作思路作为参考。产品页优化思路与网站首页优化思路相似，但在判断相关性时，只考虑关键词与本产品属性和描述的相关性。

5.2.6 效果分析与总结

在进行搜索排名优化的过程中，强调了不断进行分析与优化的过程，此处不再强调搜索排名优化效果分析的方法，重点分析搜索竞价排名广告和推荐引擎广告营销的效果。

1. 整体效果分析

营销团队完成一个周期的搜索竞价排名广告和推荐引擎广告营销后，获得的营销效果数据如图 5-22 所示。整体来看，在 10 万元广告预算下，搜索竞价营销和推荐引擎营销的消费总额不足 10 万元，仍有预算剩余，意味着还有提高营销效果的空间。

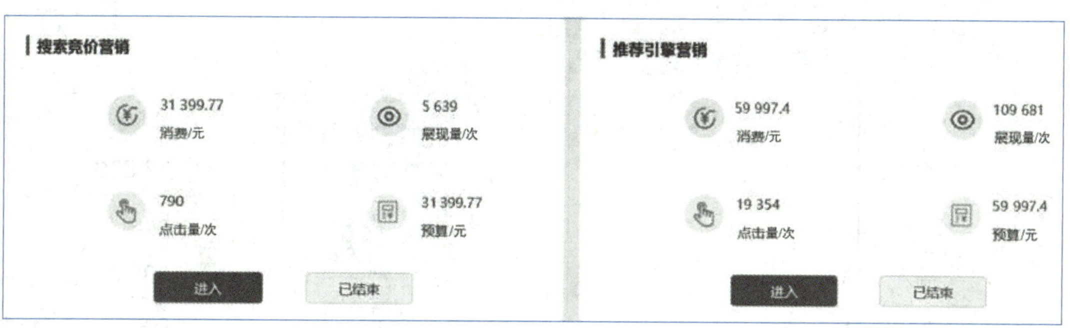

图5-22 营销效果数据

对比不同营销方式下的营销效果，如表 5-34 所示。可以看出，搜索竞价排名广告获得的展现量和点击量明显小于推荐引擎广告的。计算搜索竞价排名广告与推荐引擎广告营销的平均点击价格与平均展现价格后发现前者明显高于后者。所以，在此次营销活动中推荐引擎营销的效果远远高于搜索引擎营销。

在此案例中不再分析投放稳定性与转化量增长性。

表5-34　搜索竞价营销与推荐引擎营销效果数据对比

营销方式	展现量 / 次	点击量 / 次	消费额 / 元	平均点击价格 / 元	平均展现价格 / 元
搜索竞价营销	5 639	790	31 399.77	39.76	5.57
推荐引擎营销	109 681	19 354	59 997.40	3.12	0.55

2. 搜索竞价排名的广告效果分析

（1）推广计划分析与推广单元分析。推广计划分析主要是多个推广计划之间的对比。两个推广计划的营销效果数据如图 5-23 所示，对比发现，“智能手表”推广计划获得的展现量较低，但是平均点击价格相对较高，推广效果较差。若要分析具体原因，还需要查看该推广计划下所有的推广单元与推广关键词。“平板电脑”推广计划获得的展现量和点击量相对较高，但是平均点击价格依然高于表 5-34 中的推荐引擎营销，若要分析具体原因，还要先查看该推广计划下所有推广单元与推广关键词。

计划名称	推广业务	预算/元	消费额/元	展现量/次	点击量/次	平均点击价格/元	点击率	地域	状态
平板电脑	五和股份有限公司	29 892.27	29 892.27	5455	760	39.33	13.93 %	北京市,东北区,华北区,沈阳市	有效
智能手表	五和股份有限公司	1 507.5	1 507.5	184	30	50.25	16.30 %	北京市,东北区,华北区,沈阳市	有效

图5-23　推广计划的营销效果数据

推广单元的分析思路与推广计划基本相同，主要是对比相同推广计划下每个推广单元的流量、花费情况和不同的推广计划下所有推广单元的流量、花费情况，此处不再重复。

当设置多个推广时段与推广地域时，还需要分析不同时段和不同地域的推广效果。不同推广时段的效果数据如表 5-35 所示。

表5-35　不同推广时段的效果数据

时间	展现量 / 次	点击量 / 次	点击率
周六 2 时	16	10	62.50%
周六 3 时	12	7	58.33%
周六 4 时	10	6	60.00%
周六 5 时	10	6	60.00%

续表

时间	展现量 / 次	点击量 / 次	点击率
周六 6 时	13	8	61.54%
周六 7 时	24	14	58.33%
周六 8 时	49	29	59.18%
周六 9 时	71	42	59.15%
周二 2 时	10	6	60.00%
周二 3 时	7	4	57.14%
周二 4 时	6	3	50.00%
周二 5 时	6	3	50.00%
周二 6 时	8	5	62.50%
周二 7 时	14	9	64.29%
周二 8 时	29	17	58.62%
周二 9 时	42	25	59.52%

可对每天和每个时间段内的数据做交叉分析，制作周六和周二推广效果对比表和分时刻推广效果对比表，如表 5-36 和表 5-37 所示。通过对比表 5-36 和表 5-37，可以大体得出以下结论：周六的推广效果远远好于周二；在每天的 17:00—21:00，推广效果（展现量和点击量）逐小时递增；在 18:00 的点击率最高。

表5-36　周六和周二推广效果对比表

时间	展现量 / 次	点击量 / 次	点击率
周六	205	122	59.51%
周二	122	72	59.02%

表5-37　分时刻推广效果对比表

时间	展现量 / 次	点击量 / 次	点击率
16:00	16	9	56.25%
17:00	16	9	56.25%
18:00	21	13	61.90%
19:00	38	23	60.53%
20:00	78	46	58.97%
21:00	113	67	59.29%

(2) 关键词分析。虽然“平板电脑”推广计划的展现量和点击量相对较高，但是平均点击花费高于推荐引擎营销。为了查明原因，需要对推广计划下的关键词进行分析。该计划部分关键词情况如图 5-24 所示，按照出价从低到高排序。可以发现，该推广计划下的关键词出价均高于推荐引擎广告营销对“平板电脑”的建议出价（见图 5-15），若降低出价可能会导致排名靠后，失去展现机会。从此处可以看出，推荐引擎广告营销的营销效果要高于搜索竞价排名广告。

关键词	预估排名/位	质量度/分	推广计划	推广单元	出价/元	消费额/元	展现量/次	点击量/次	平均点击价格/元	点击率
苹果华为平板	1	7	平板电脑	11	9.00	89.96	85	10	9.00	11.76 %
三星华为平板	1	7	平板电脑	11	9.00	89.96	76	10	9.00	13.16 %
平板耳机	1	7	平板电脑	11	9.50	188.94	200	21	9.00	10.50 %
平板电脑什么牌子好	11	5	平板电脑	11	10.00	0.00	0	0	0	0
平板电脑数据线	8	5	平板电脑	11	10.00	0.00	0	0	0	0
平板电脑贴膜	9	5	平板电脑	11	10.00	0.00	0	0	0	0
平板电脑外接键盘	9	5	平板电脑	11	10.00	0.00	0	0	0	0
买笔记本电脑	9	6	平板电脑	11	10.00	0.00	0	0	0	0
平板	3	4	平板电脑	11	10.00	206.57	53	28	7.38	52.83 %

图5-24　“平板电脑”推广计划部分关键词情况

同样地，为了查明“智能手表”推广计划展现量较低但是平均点击花费相对较高的原因，需要进行详细的推广关键词分析。该计划部分推广关键词如图 5-25 所示，可以看出，当前推广计划下仅有一个关键词“智能机器人手环”获得流量但平均点击价格较高。进一步查看其具体出价与排名情况，发现当前该关键词的出价为 50.00 元，远远高于“平板电脑”推广计划内关键词的出价。分析没有流量的关键词发现，这些关键词在出价较高的情况下排名仍然相对靠后，这正是导致它们没有流量的原因。

关键词	预估排名/位	质量度/分	推广计划	推广单元	出价/元	消费额/元	展现量/次	点击量/次	平均点击价格/元	点击率
智能机器人手环	7	7	智能手表	11	50.00	1 507.50	184	30	50.25	16.30 %
智能机器人智能手环	28	7	智能手表	11	50.00	0.00	0	0	0	0
智能蓝牙手表手环	19	5	智能手表	11	50.00	0.00	0	0	0	0
智能蓝牙手表运动手环	15	5	智能手表	11	50.00	0.00	0	0	0	0
智能手表多功能智能手环	259	5	智能手表	11	21.90	0.00	0	0	0	0
智能手表血压心率运动手环	87	6	智能手表	11	20.39	0.00	0	0	0	0
智能手表与智能手环	108	3	智能手表	11	10.00	0.00	0	0	0	0

图5-25　“智能手表”计划部分推广关键词情况

对比两个推广计划的数据发现，“智能手表”推广计划的执行效果远远低于“平板电脑”，说明“智能手表”的推广难度大于“平板电脑”。

3. 推荐引擎广告效果分析

(1) 推广计划与推广单元分析。推荐引擎推广计划与推广单元的分析方法与搜索竞价排名广告相同，若在不同的推广计划或推广单元下设置不同维度定向的目标受众，通过对比推广效果数据可以找出性价比高的目标受众的定向方式。

（2）受众分析。部分受众效果数据如图 5-26 所示，首先分析个别兴趣名称效果数据为“0”的原因。

兴趣名称	推广计划	推广单元	消费额/元	展现量/次	点击量/次	平均点击价格/元	点击率	状态
股票	11	11	9151.2	15867	2952	3.10	18.60%	有效
母婴护理服务	11	11	8642.8	16195	2788	3.10	17.22%	有效
仙侠玄幻	11	11	7371.8	14145	2378	3.10	16.81%	有效
时尚女装	11	11	6990.5	12095	2255	3.10	18.64%	有效
策略塔防	11	11	6355	11316	2050	3.10	18.12%	有效
婚恋型	11	11	4829.8	8610	1558	3.10	18.10%	有效
射击	11	11	3050.4	5740	984	3.10	17.14%	有效
保洁	11	11	2796.2	5043	902	3.10	17.89%	有效
奶粉	11	11	2796.2	5412	902	3.10	16.67%	有效
厨具餐具	11	11	2542	4797	820	3.10	17.09%	有效
厨房电器	11	11	2160.7	4018	697	3.10	17.35%	有效
日用百货	11	11	1016.8	1968	328	3.10	16.67%	有效
儿童游戏	11	11	889.7	1558	287	3.10	18.42%	有效
数码产品	11	11	508.4	1066	164	3.10	15.38%	有效
网页游戏	11	11	381.3	697	123	3.10	17.65%	有效
网易	11	11	260.4	457	84	3.10	18.38%	有效
儿童摄影	11	11	0	0	0	0	0.00	有效
家具(办公家具)	11	11	0	0	0	0	0.00	有效

图5-26　部分受众效果数据

当目标受众对本行业的关注度较低时会导致数据变为“0”。如图 5-27 和图 5-28 所示，“儿童摄影”兴趣人群的行业 TGI 值为“60.52”，低于 100，他们对数码行业的关注度较低，导致没有流量。但“家具（办公家具）”兴趣人群的行业 TGI 值为“126.89”，大于 100，说明他们对数码行业的关注度较高，在这种情况下需要另做分析。

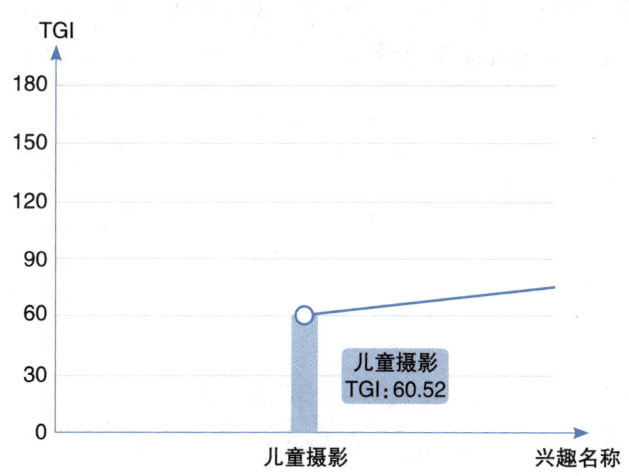

图5-27　“儿童摄影”兴趣人群行业TGI

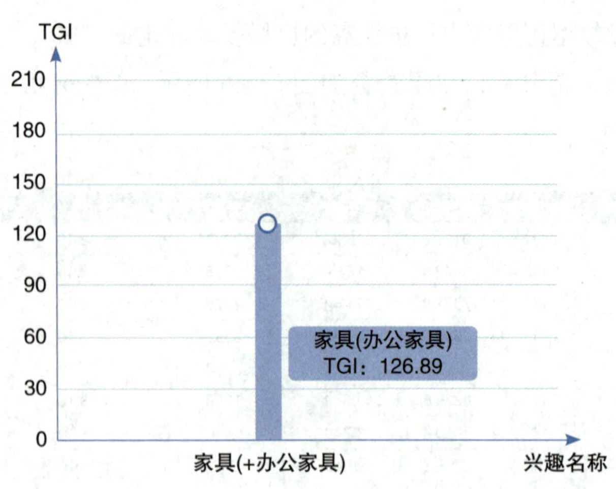

图5-28 “家具（办公家具）”兴趣人群的行业TGI

首先，查看“家具（办公家具）”兴趣人群的建议出价，如图 5-29 所示，该人群的建议出价为 3.31 元。然后，查看建议出价。一般而言，如果建议出价高于实际出价，就会导致没有流量。

人群兴趣出价分析

搜索人群兴趣

	一级人群兴趣	二级人群兴趣	人群推荐出价/元	相关性
41	家具	家具（办公家具）	3.31	相关

图5-29 “家具（办公家具）”兴趣人群的建议出价

在虚拟仿真实训中，推荐引擎推广目标受众的出价是整个推广单元的出价。当前推广单元的出价为“3.20 元”，如图 5-30 所示，这意味着在进行推荐引擎营销时目标受众的实际出价为 3.20 元。而“家具（办公家具）”兴趣人群的建议出价为 3.31 元，高于实际出价，这就会导致其没有流量。

推广单元名称	推广计划名称	推广位	出价/元
11	五和股份	固定	3.20元

图5-30 推广单元出价

如果兴趣人群对本行业的关注度较高，实际出价已高于建议出价，但仍然没有流量，则需要考虑预算是否过低，不足以支撑获得一次广告展现的消费额，导致还未获得展现资格就提前停止推广。

注：本节内容中的数据均出自虚拟仿真实训系统，此系统模拟目标受众进行搜索

或者浏览广告，可以缩短广告周期，即时反馈效果数据，并采用真实的数据、类似的引擎、相近的算法、虚拟的资金、相同的用户界面（UI），效果闭环、直观，使推广效果数据具有一定的说服力。

大赛直通车

1. 赛项名称及竞赛模块

市场营销技能赛项——数字营销模块

2. 赛项组别

高职

3. 竞赛内容

各参赛团队在相同的市场环境下，结合给定的企业数据与市场数据，借助数字媒体平台进行品牌传播，增加网站曝光度，提升品牌认知度。

4. 评分标准说明

所有参赛团队均在相同的竞争环境下，采用人人对抗（参赛团队之间无竞争）的形式展开搜索排名优化、搜索竞价营销和推荐引擎营销。评分项为展现量、点击量、点击率、搜索排名优化值。在竞赛过程中，首先要完成搜索竞价营销和推荐引擎营销，然后才能进行搜索排名优化。搜索竞价营销和推荐引擎营销可以在一定程度上改变网站的展现量、点击量、点击率等数据。目标受众搜索某一关键词时，不考虑其他因素，展现量、点击量、点击率越高，网站排名越靠前。因此，通过搜索竞价营销和推荐引擎营销提升的展现量、点击量、点击率越高，搜索排名优化越容易。

◆ 任务演练

演练任务 2　数字广告综合实践

1. 任务目标

- 能够根据给定的数据图表，分析企业网站信息、企业产品或服务信息等数据，以及目标受众特征；
- 能够根据数据分析结果，借助推荐引擎，完成推荐引擎广告营销；
- 能够根据数据分析结果，借助搜索引擎，完成搜索排名优化和搜索竞价排名广告。

2. 任务背景

在给定的营销预算范围内，为某护肤品牌开展一系列数字营销活动，通过搜索引擎与推荐引擎增加网站展现量、点击量和点击率，提升品牌认知度，达到品牌传播的目的。该品牌的企业网站与重点产品的介绍如下：

（1）网站介绍。坚持“自然养肤”理念，该品牌开发出一系列美白、保湿、控油的产品，让肌肤内在重获健康，自然、主动而且持久地筑起肌肤的外在美丽。其品牌官网是该品牌面向全国服务的官方网站，直营公司旗下所有产品，包括眼霜、精华、面膜、防晒霜、洗面奶等多种护肤产品，同时提供客户服务及售后支持。

（2）眼霜。眼霜是指可以缓解由于紫外线照射，长时间计算机辐射，不良生活习惯等导致的黑眼圈、眼袋、鱼尾纹和脂肪粒等问题的化妆品。基本参数包含产品名称、品牌、产品类型、适用人群、产地、净含量、功效、主要成分、产品颜色、产品气味、包装设计、适用部位、限制使用日期、批准文号、规格类型、是否为特殊用途化妆品等。

（3）精华。精华是含有功效成分多、功效齐全、使用效果明显，可以改善稳定皮肤状况的化妆品。基本参数包含产品名称、品牌、净含量、功效、主要成分、产品质地、产品气味、包装设计、保质期、上市时间、产地、适合肤质、批准文号、规格类型、是否为特殊用途化妆品等。

（4）面膜。面膜是敷在脸上用于美容的护肤品。基本参数包含产品名称、品牌、面膜分类、净含量、功效、主要成分、包装设计、保质期、上市时间、产地、适合肤质、批准文号、规格类型、是否为特殊用途化妆品等。

（5）防晒霜。防晒霜是指添加了能阻隔或吸收紫外线的防晒剂来达到防止肌肤被晒黑、晒伤的化妆品。根据防晒原理，可将防晒霜分为物理防晒霜、化学防晒霜。基本参数包括产品名称、品牌、净含量、PA 值、防晒指数、适合肤质、适用部位、适用对象、功效、主要成分、包装设计、保质期、上市时间、产地、批准文号、规格类型、是否为特殊用途化妆品等。

（6）洗面奶。洗面奶属于洁肤化妆品，其目的是清除皮肤上的污垢，使皮肤清爽，有助于保持皮肤的正常生理状态。基本参数包括产品名称、品牌、界面分类、净含量、适合肤质、适用部位、适用对象、功效、起泡程度、产品质地、主要成分、包装设计、保质期、上市时间、产地、批准文号、规格类型、是否为特殊用途化妆品等。

3. 任务分析

本任务要求在给定的营销预算范围内进行一个周期的营销推广。需要查看企业背景，分析企业信息与商品详细信息；查看目标受众的基础信息、兴趣信息、时间地域分布情况，明确搜索引擎营销和推荐引擎营销的方向。在进行推荐引擎营销时，最重要的是根据目标受众分析的结果，确定目标受众定向的方式，进行定向受众出价时，可以参考兴趣人群的建议价格，在建议价格的左右出价。搜索竞价营销主要是关键词的购买与出价，可以按照商品建立多个推广计划，每个商品逐个添加关键词，关键词可以根据商品的核心关键词进行拓展，添加时要参考关键词本身的搜索人气、点击率等数据，对于添加后的关键词，需要进行质量度判断，删除质量度为“0”的关键词或质量度较低的关键词。出价的调整需要参考预估排名。在搜索排名优化过程中，要不断判断关键词与企业信息的相关性、关键词的搜索人气、相关关键词的个数等因素。

4. 任务操作

（1）推荐引擎广告营销。根据企业网站介绍与产品或服务介绍，结合营销预算，制定并实施推荐引擎广告营销策略。通过人群标签定向，圈定目标受众，以付费方式获得不同广告位置网页信息的强势展现机会并带来更多的点击量。将信息传递给目标受众，促进品牌认知度与商业价值变现。具体包括推广计划设置、推广单元设置、精准投放条件设置、添加创意等操作，如表 5-38 所示。

表5-38　推荐引擎广告营销

推广计划设置	交易类型	
	计费方式	
	计划名称	
	预算	
	推广时段	
	设备选择	
推广单元设置	单元名称	
	推广位	
	单元出价	
精准投放条件设置	投放区域	
	投放媒体	
	投放受众	

续表

创意设置	创意类型	
	创意标题	
	创意描述	

（2）搜索竞价营销。根据营销预算、企业信息及企业商品进行搜索引擎竞价营销：通过关键词定位主动搜索的目标受众，以付费方式获得目标受众检索关键词时网页的展现机会并带来更多的点击量；将信息传递给目标受众，促进品牌认知度与商业价值变现。具体需要进行推广计划设置、推广单元设置、关键词添加与出价、创意设置等操作，如表 5-39 所示。

表5-39　搜索竞价营销

推广计划设置	计划名称		
	推广地域		
	推广时段		
	预算		
推广单元设置	单元名称		
	单元出价		
关键词添加与出价	序号	关键词	出价
	1		
	2		
	3		
	4		
	……		
创意设置	创意类型		
	创意标题		
	创意描述		

（3）搜索排名优化。根据企业网站介绍与产品或服务介绍，进行网站主页标题、关键词的优化与产品或服务页标题、关键词的优化。通过搜索中心对每个关键词进行检索，查看网页的实时排名，如表 5-40 所示。在以免费方式获得目标受众检索关键词

的同时，尽可能多地增加展现机会，将信息传递给目标受众。

表5-40　搜索排名优化

项目	标题	关键词	描述
公司首页			
产品 1			
产品 2			
产品 3			
产品 4			
产品 5			

5. 任务评价

本任务评价见表 5-41。

表5-41　数字广告综合应用任务评价

评分项	评分细则
推荐引擎营销效果	• 推荐引擎营销的效果反馈通过展现量、点击量和点击率反馈，展现量满分为 3 分、点击量满分为 5 分、点击率满分为 3 分。 • 每个赛场根据各参赛团队的营销效果排序，展现量第一名的团队获得该项成绩的满分 3 分，按照名次递减 0.15 分，第二名 2.85 分，依此类推；点击量第一名获得该项成绩的满分 5 分，按照名次递减 0.25 分，第二名 4.75 分，依此类推；点击率第一名获得该项成绩的满分 3 分，按照名次递减 0.15 分，第二名 2.85 分，依此类推
搜索引擎营销效果	• 搜索引擎营销的营销效果反馈通过展现量、点击量和点击率反馈，展现量满分为 3 分、点击量满分为 5 分、点击率满分为 3 分。 • 每个赛场根据各参赛团队的营销效果排序，展现量第一名的团队获得该项成绩的满分 3 分，按照名次递减 0.15 分，第二名 2.85 分，依此类推；点击量第一名获得该项成绩的满分 5 分，按照名次递减 0.25 分，第二名 4.75 分，依此类推；点击率第一名获得该项成绩的满分 3 分，按照名次递减 0.15 分，第二名 2.85 分，依此类推
搜索排名优化效果	搜索排名优化的效果通过 SEO 值反馈，每个赛场根据各队的 SEO 值进行排序，SEO 值第一名获得该项成绩的满分 8 分，按照名次递减 0.4 分，第二名 7.6 分，依此类推

6. 任务拓展

某公司官网是该公司面向全国服务的官方网站，以清新明快、现代简约的风格展现。官网直营公司旗下的所有产品，包括衬衫、T恤、卫衣、连衣裙、半身裙、西装、棉衣、羽绒服、外套等多种女装服饰产品，同时提供客户服务及售后支持。

在给定的营销预算范围内，该公司官网开展了一系列数字营销活动，需要分析平台给定的企业网站信息、企业产品或服务信息等数据，结合目标受众的偏好，借助推荐引擎进行推荐引擎营销；结合目标受众的搜索行为，借助搜索引擎进行搜索排名优化与搜索竞价营销。通过搜索引擎与推荐引擎可以增加网站的展现量、点击量和点击率，提升品牌认知度，达到品牌传播的目的。

1+X证书知识训练

一、单项选择题

1. 在进行投放效果数据分析时，如果效果数据得出的结论与假设不符，应该（　　）。

A. 直接重复前面流程进行再次验证

B. 检查流程是否存在问题导致出错，然后再次验证

C. 以此次数据得出的结论为准

D. 以假设为准

2. 某广告主的推广目的是要求用户下载并注册他们的 App，根据有效下载量来支付费用，建议使用（　　）计费方式。

A. CPC　　B. CPV

C. CPA　　D. CPM

3. （　　）对于优化点击率没有作用。

A. 关键词精确分组　　B. 优化推广的页面

C. 提高出价　　D. 优化创意

4. 关于推广优化的表述错误的是（　　）。

A. 优化可以帮助我们在相同的投入下获得更多的回报

B. 优化是一个持续的过程

C. 账户持续投放就能获得良好的效果，不需要进行优化

D. 优化是提升账户投放效果时必须进行的操作

5. 以下关于推广排序的说法正确的是（　　）。

A. 质量度越高，排名越靠前　　B. 质量度越高，排名越靠前，不必考虑出价

C. 质量度与出价的乘积越大，排名越靠前　　D. 出价越高排名越靠前，不必考虑质量度

二、多项选择题

1. 如果希望提升效果广告素材点击率，可以从（　　　）等方法入手。

A. 大面积突出品牌 Logo，强化品牌输出　　B. 场景化展示，提升用户代入感

C. 展现福利诱惑，刺激用户需求　　D. 使用有授权的明星或代言人

2. 进行广告营销数据分析时，如果采用对比分析法，以下做法正确的有（　　　）。

A. 指标的口径范围、计算方法、计量单位一致

B. 对比对象相似处多，有可比性

C. 对比的指标分别选择展现量和点击量

D. 统一标准

3. 在广告营销的过程中，如果想运用四象限分析法分析广告的转化情况，最适合作为分析指标的有（　　　）。

A. 点击量

B. 点击率

C. 转化量

D. 转化成本

4. 有关 TGI 的说法，正确的是（　　）。

A. TGI 若等于 100 表示处于平均水平

B. TGI 若高于 100 表示该类用户低于平均水平

C. TGI 是指当前行业下目标受众中具有某一特征的群体所占的比例

D. TGI 值 = $\frac{\text{目标群体中具有某一特征的群体所占比例}}{\text{总体中具有相同特征的群体所占比例}}$

5. 可以从（　　）等方面优化软文，增加软文推广内容的用户信任度。

A. 添加真实案例展示

B. 模仿新闻体

C. 展示产品相关资质证明或者证书

D. 自然穿插，展示用户好评

三、判断题

1. 对历史投放广告样式数据进行分析，可以得出更适合广告主投放的广告样式。（　　）
2. 在选取样本数据时，一般以日数据为最小单位，选取连续若干周为统计周期。（　　）
3. 在不同的省份，搜索引擎竞价的结果不同，出价也有所区别。（　　）
4. 优质的账户结构有利于提高质量度。（　　）
5. 一个推广单元下可以创建 50 个创意，创意越多，效果越好。（　　）

参考文献

［1］王鑫，张晓红．数字营销基础［M］．北京：高等教育出版社，2021.
［2］刘宇，赵宏宇，刘书斌，孙明珠等．智能搜索和推荐系统：原理、算法与应用［M］．北京：机械工业出版社，2021.
［3］齐云涧．广告数据定量分析：如何成为一位厉害的广告优化师［M］．北京：机械工业出版社，2019.
［4］菲利普·科特勒，加里·阿姆斯特朗．市场营销原理与实践［M］．17版．楼遵，译．北京：中国人民大学出版社，2020.
［5］罗丹，马明泽．信息流广告实战［M］．北京：电子工业出版社，2019.
［6］郑承志．广告原理与实务［M］．2版．北京：高等教育出版社，2020.
［7］肖涧松．现代市场营销［M］．4版．北京：高等教育出版社，2023.

郑重声明

读者意见反馈

为收集对教材的意见建议，进一步完善教材编写并做好服务工作，读者可将对本教材的意见建议通过如下渠道反馈至我社。

咨询电话 400-810-0598

反馈邮箱 gjdzfwb@pub.hep.cn

通信地址 北京市朝阳区惠新东街4号富盛大厦1座

高等教育出版社总编辑办公室

邮政编码 100029

防伪查询说明

用户购书后刮开封底防伪涂层，使用手机微信等软件扫描二维码，会跳转至防伪查询网页，获得所购图书详细信息。

防伪客服电话 （010）58582300

资源服务提示

授课教师如需获得本书配套教辅资源，请登录“高等教育出版社产品信息检索系统”（http://xuanshu.hep.com.cn/）搜索下载，首次使用本系统的用户，请先注册并完成教师资格认证。

高教社高职市场营销专业QQ群：20643826

高教社高职电子商务专业QQ群：218668588